Joseph Grente & Oscar Havard

Villedieu-les-Poëles

sa Commanderie,

sa Bourgeoisie, ses Métiers

Librairie Champion

9, Quai Voltaire. – Paris – 1898.

L. LeMonnier

Villedieu-les-Poëles

VUE D'ENSEMBLE DE VILLEDIEU

Joseph Grente & Oscar Havard.

Villedieu-les-Poêles

sa Commanderie,
sa Bourgeoisie, ses Métiers

Librairie Champion
9, Quai Voltaire - Paris - 1899.

L. Lemonnier

PREMIÈRE PARTIE

L'ANCIEN RÉGIME

CHAPITRE Ier

LES ORIGINES

La tradition primitive. — Le nom de Villedieu. — Les Hospitaliers de Saint-Jean de Jérusalem. — Leur établissement à Villedieu sous Henri Ier roi d'Angleterre. — Les religieuses de Saint-Désir de Lisieux et leurs possessions de Saultchevreuil.— Fondations en faveur de la Commanderie : Richard de Grisey. — Les Moulins d'Agneaulx. — Les biens des Templiers de Valcanville. — Fiefs de la Commanderie en dehors de Villedieu.

Lorsque le train de Paris à Granville a franchi les collines qui servent de limites à la vallée ravissante de la Vire, le voyageur ne tarde pas à découvrir à droite de nouveaux horizons non moins dignes de captiver ses regards. La petite rivière de Sienne, sortie de la forêt de Saint-Sever, coule devant lui au fond d'une vallée encaissée par de riants côteaux, où le feuillage des grands arbres s'unit harmonieusement aux couleurs variées des moissons et des pâturages. Bientôt il aperçoit la tour d'une église, près de laquelle se dessinent dé

nombreuses habitations qui semblent tomber dou-
cement des hauteurs environnantes: c'est la petite
ville de Villedieu-les-Poëles, chef-lieu de canton de
l'arrondissement d'Avranches.

Peu de localités en Basse-Normandie ont acquis
une célébrité capable de rivaliser avec le renom
de Villedieu.

L'industrie de ses Poëliers n'a pas été la seule
cause de cette popularité : les privilèges nombreux
dont jouissaient ses habitants sous le gouvernement
des Chevaliers de Malte étaient bien faits pour exciter l'envie des populations d'alentour. Les hommes célèbres qui lui doivent leur origine, l'organisation si chrétienne et si charitable de ses corporations, sont des titres qui devraient désigner cette
ville à l'imitation encore plus qu'à l'admiration de
ses voisins.

La tradition (1) rapporte que Villedieu portait

(1) La tradition a été consignée au siècle dernier dans un
ouvrage manuscrit dont plusieurs copies se trouvent en la
possession des anciennes familles de Villedieu. Parmi les
exemplaires qui nous ont été confiés pour notre travail, il
en est un qui mérite une mention spéciale: il a été transcrit
par M. l'abbé PIÉDOYE, né à Villedieu, ancien vicaire de la
paroisse, devenu Curé de Chérencé-le-Héron. Le vénérable
septuagénaire a ajouté, de 1853 à 1858, des notes précieuses
à sa copie: il y compare l'état actuel de la ville à ce qu'il
avait pu connaître dans son enfance; son témoignage vient
ainsi corroborer les descriptions et narrations de l'ancien
manuscrit. Le volume de M. Piédoye porte en tête le visa
de M. Garnier, Vicaire général, Curé de Saint-Gervais d'A-
vranches, en date du 26 septembre 1859.

avant le XIe siècle le nom de Siennêtre, de la rivière de Sienne qui la traverse. Un château, appelé *Boucan* dans d'anciens titres de la commune (1), était situé près de l'emplacement actuel de l'église. Quelques maisons, servant d'hôtelleries aux voyageurs composaient sans doute toute la bourgade.

Le nom actuel de Villedieu se retrouve fréquemment en France donné à des localités où les Frères Hospitaliers de Saint-Jean de Jérusalem avaient installé une de leurs Commanderies: ils trouvaient très naturel de désigner ainsi les maisons dont ils ne devaient se servir que pour la gloire de Dieu, comme les chrétiens du Moyen Age appelaient Maison-Dieu ou Hôtel-Dieu la demeure réservée aux pauvres.

L'ordre des Frères Hospitaliers, né en Terre-Sainte à l'époque voisine des Croisades, peut-être

---

Nous ferons à l'occasion des emprunts à cet ouvrage, en le désignant sous le nom de *Manuscrit traditionnel* ou *Manuscrit de Villedieu*. Tous les faits n'y sont pas d'une exactitude irréprochable: l'auteur lui-même nous en expose les raisons dans sa préface: les titres originaux et les anciens chartriers avaient été transportés à Paris au siège du Grand Prieuré de France; on ne devait guère pouvoir prendre connaissance que des copies des registres terriers déposées à la Mairie de Villedieu. — Les Archives du Grand Prieuré, déposées depuis la Révolution aux Archives Nationales, ainsi que les autres documents officiels que nous avons pu consulter, nous permettront de rétablir autant que possible la vérité historique.

(1) *Le terrier de 1587* (fol. 26) dit que le *Pont du Moulin* tenait au CHATEAU BOUCAN.

même, suivant l'opinion aujourd'hui plus commune, à la suite de la première Croisade, avait pour
but de veiller sur les pèlerins qui se rendaient aux
Lieux Saints, de les héberger, et de les défendre
au besoin contre les infidèles. La nécessité de remplir ce rôle de défenseurs des chrétiens en l'absence des croisés d'Occident, fit prendre à ces religieux
des habitudes militaires: ils furent à la fois chevaliers et religieux. Leur règle, consacrée par l'autorité du souverain Pontife Pascal II, en 1113 (1),
et de ses quatre successeurs, reconnaît plusieurs
classes parmi eux : les *chevaliers*, les *prêtres* ou
chapelains, et les *frères servants*. Les premiers seuls,
avec les servants d'armes, aidés par des chevaliers
non religieux désignés sous le non de *donnés* ou *do-
nats,* s'occupaient des affaires militaires ; les autres restaient dans les attributions exclusives d'hospitaliers.

La reconnaissance des rois et des seigneurs
d'Occident pour les services rendus à la chrétienté
par un Ordre d'ailleurs composé de leurs meilleurs
sujets ou de leurs proches parents, les amena à
lui donner, pour assurer la permanence de ses
bienfaits, des biens considérables dans leurs pro-

_____

(1) D'après M. Delaville-Le-Roulx (*Biblioth. de l'École
des Chartes,* 1887 : LES STATUTS DE L'ORDRE DE L'HOPITAL),
il ne s'agirait pour ces Pontifes que de la confirmation des
donations et privilèges accordés à l'Hôpital : la règle n'aurait été définitivement approuvée que par Eugène III (1145-
1153).

pres domaines. Les rois d'Angleterre et ducs de Normandie furent des premiers à faire en sa faveur des fondations enrichies des privilèges les plus étendus.

Parmi les établissements les plus anciens, la Commanderie de Villedieu lès Saultchevreuil peut figurer au premier rang (1). Guillaume, moine de Jumièges, écrivain du xiie siècle, attribue son origine à la libéralité du roi Henri Ier d'Angleterre.

Après avoir parlé (au 8e livre, chap. 32) de la mort de ce monarque arrivée en 1135, il rapporte quelques-unes des fondations religieuses dont on lui fut redevable (2): « L'Hôpital de Jérusalem reçut de lui, dans le territoire d'Avranches, une terre où ces serviteurs du Christ bâtirent un bourg appelé Villedieu, muni avec une royale magnificence de grands privilèges. »

L'établissement d'une maison de l'Hôpital à Villedieu est certainement antérieure à 1147, puisqu'à cette date nous voyons les Frères recevoir

---

(1) Le terrier de 1741 prétend même que ce fut la première Commanderie établie en France. Nous aurons du moins l'occasion de montrer bientôt que les Chartes sur lesquelles s'appuyaient d'autres Commanderies pour se prétendre plus anciennes, sont en réalité d'une date postérieure à 1135.

(2) Hospitali etiam Hierusalem quamdam terram in pago Abrincatensi dedit, in qua illi servi Christi vicum quemdam, quem vocant Villam Dei, magnis privilegiis regia munificentia munitum aedificaverunt. — V. le texte dans le *Recueil des Historiens de France* (1781): T. XII, p. 581. a.

l'autorisation (1) de tenir un marché le mardi, à condition que l'abbesse et les religieuses de Notre-Dame de Lisieux jouiront de la moitié des droits,

(1) « G., dux Normanie et com. And. Hugoni archiepo atque omnibus epis. comit... Ego dedi et concessi fratribus sancte domus Hospitaliis Jhlrm marchehum apud Villam Dei in die Martis, tali conditione q. abatissa et sanctimoniales Scte Marie Lexovian Ecclie medietatem illius fori habeant quod apud Villam Dei erit, et similiter Fratres Scte domus Hospitalis apud Villam Dei existen medietatem ptm illius habeant quam abatissa et sanctimoniales habent in foro de Saltu Caprioli. Ita facta est concordia inter fratres illius Hospitalis et sanctimoniales de foro unde prius discordia fuerat... Testes... Anno ab incarnatione Dni millesimo centesimo quadragesimo septimo, in pascha predenti, carta data apud Mirrebellum. »

La copie de cette Charte fait partie du fonds de l'abbaye de N.-D. de Saint-Désir de Lisieux conservé aux Archives du Calvados. Dans les différentes pièces d'un procès du XVIᵉ siècle dont nous aurons à parler plus tard, les premiers mots avaient été traduits par erreur : GUILLAUME, *duc de Normandie et comte d'Anjou.* Il ne peut être question ici de Guillaume II, fils du conquérant de l'Angleterre, mais de Geoffroy Plantagenet, père du roi Henri II, et qui lui-même ne possédait la Normandie qu'en vertu de son mariage avec *Mathilde,* petite fille de Guillaume Iᵉʳ et fille de Henri Iᵉʳ. *L'Archevêque* Hugues, à qui cette Charte est adressée, n'est point l'évêque Hugues de Lisieux, mais Hugues III archevêque de Rouen. La date de 1147 se trouve ainsi pleinement justifiée. — Nous devons cette rectification à une communication bienveillante de M. Armand Bénet, archiviste du Calvados.

Nous avons nous-mêmes remarqué cette même erreur dans la traduction de chartes émanant de Geoffroy Plantagenet. Ainsi pour la première charte confirmative des possessions de la Commanderie de Villedieu de Bailleul (à quel-

et qu'elles partageront également avec les Hospitaliers les droits du marché de Saultchevreuil au
sujet desquels ils étaient en discord.

Pour expliquer la portée de cette décision, il
importe de rapporter ici une partie de la Charte de
fondation de l'Abbaye de Notre-Dame de Lisieux :
Guillaume Ier, *comte* (il ne signe pas encore roi
d'Angleterre) confirme les donations de Hugues,
évêque de Lisieux, et de sa mère Lesceline aux religieuses, et entre autres celle (1) « de la terre de
Saultchevreuil, du bourg et du marché, de l'église
avec ses décimes, du moulin avec le bois ; de même il concède la paroisse de cette même église

le fut rattachée plus tard celle de Villedieu de Saultchevreuil) le G. initial était couramment traduit par GUILLAU-
ME, sans égard au titre de *comte d'Anjou* ajouté à celui de
duc de Normandie. L'absence de date dans le texte avait
permis de mettre en tête d'abord le chiffre de 1060 afin
d'avoir la gloire de remonter à GUILLAUME LE CONQUÉRANT ;
puis on y avait substitué 1105 en se contentant de l'époque
plus récente de GUILLAUME II : c'était encore une petite erreur, puisque ce dernier roi était mort en 1100. (*V. Arch.
Nat. M. 15, n° 1*).

(1) Voici le texte latin d'après la *Neustria pia* (p. 585) et
le *Gallia Christ*. (T, XI, Instr., col. 203) : « Terram quoque
Sanchevrol, Burgum et Forum, Ecclesiam cum decimis,
molendinum quoque cum sylva : Concedimus etiam Parœ-
chiam ejusdem Ecclesiæ, a divisione fluminis usque ad fi-
nes Leugæ, præter decimas frugum, terram quoque duo-
rum aratrorum in dominio, Burgum etiam totum a divisione pontis ; et omnes redditiones ex eo exeuntes ; septum
vineæ ; et unam sylvulam ; Decimas etiam omnium molen-
dinorum totius Leugæ ; vineam quoque veterem, cum de-
super adjacente sibi sylva ».

depuis le partage de la rivière jusqu'aux limites de la *Leuga,* outre les dîmes des fruits.; de plus une terre de deux acres en propriété, et tout le bourg depuis la division du pont ; ainsi que tous les revenus qui en proviennent ; une vigne et un petit bois, avec les dîmes de tous les moulins de toute la *Leuga* (1), une ancienne vigne enfin, avec le bois adjacent au-dessus. »

Cette Charte, antérieure à la conquête de l'Angleterre, et cependant postérieure au commencement de l'épiscopat de Hugues de Lisieux (1050) doit être de 1060 ou environ.

La Charte de 1147 fut confirmée par une autre (2) de Henri II, roi d'Angleterre, duc de Normandie et d'Aquitaine, (Caen 1172), qui s'en rapporte au témoignage de la lettre de son père Geoffroy Plantagenet.

(1) Le mot *Leuga,* d'après Du Cange, signifie un terrain vague susceptible de recevoir des constructions. — Ce terrain bâti correspondait sans doute à notre *Bourg-l'Abbesse.*

(2) *Mémoires des Antiq. de Normandie.* T. VII, p. 247. 3., et T. XIV, p. 351. — Voici les passages importants de cette Charte, apportée, comme la première, comme pièce à conviction dans le procès du XVIe siècle (n° 17) : «... Confirmasse monialibus S. Mariæ de Lexovio, quod habeant medietatem fori Villadei in omnibus acquisitionibus et in nundinis quas eis concessi, — et quod suum proprium servitorem ibidem habeant, qui recipiat quod suum provenerit, sicut conventio fuit inter hospital et ipsas, et sicut carta patris mei, quam inde habent, testatur... Apud Cadom. 1172. — *Copie donnée sous le grand scel de la Sénéchaussée de Lisieux le 25 juin 1377.*

Deux siècles plus tard, de nouvelles difficultés entre les deux communautés amèneront Philippe VI, roi de France et de Navarre, comte d'Evreux, à donner un mandement (1), ou lettres royaux (13 février 1338), en vertu duquel « il accordait à l'abbesse et couvent de N.-D. de Lisieux le droit, dont elles jouissaient précédemment, de percevoir la moitié des coutumes de Villedieu et de Sault-chevreuil en commun avec les Hospitaliers dudit lieu. — Il ajoute que, s'il arrivait que ces derniers s'y opposassent, ils seraient tenus envers les moniales au paiement d'une somme d'argent double de celle desdites coutumes qu'ils auraient retenue injustement. »

Nous trouverons plus loin un procès assez long entre les mêmes religieux au XVIe siècle. Le dossier, qui fait parti du fonds non encore catalogué de l'Abbaye de Saint-Désir de Lisieux, nous a d'ailleurs été d'une grande utilité pour les renseignements qu'il contient sur la situation de la Commanderie à cette époque.

Les Archives Nationales conservent les titres des possessions des différentes Commanderies du Grand Prieuré de France. Voici l'indication de ceux qui concernent la Commanderie de Villedieu de Saultchevreuil (S. 5057).

Le premier, daté de 1185, dans la Chapelle de

(1) *Mémoires des Antiq. de Normandie*. T. VII. p. 247. 18 ; et T. XIV, p. 351.

Saint-Blaise, à Villedieu de Saultchevreuil (*de Saltu Capreoli*), est un acte par lequel RICHARD DE GRISEY (*de Griseio*), *donné* de l'Hôpital, « pour le salut de son âme et de tous ses ancêtres, abandonne à l'Hôpital de Jérusalem tous ses châteaux (*castella*) avec ses terres d'acquêts ou d'héritages présents ou à venir, à condition que, sa vie durant, il tiendra toutes ces terres de l'Hôpital au cens de 5 sols par an. — Fait par le conseil et avec l'assistance de frère ANSEL DE CORBEIL, *prieur* de France et de Normandie, entre les mains de frère Bernard, *gardien aumônier* du Saint-Hôpital de Jérusalem à Villedieu. »

Nous voyons par cette pièce l'organisation de l'Hôpital à cette époque. Déjà un *Prieur* est chargé du gouvernement général d'une province de l'Ordre, et chaque maison est placée sous la direction d'un *gardien* ou *aumônier* qui prendra plus tard le titre de *Commandeur*. C'est une faveur pour certains prêtres ou fidèles que d'être admis parmi les Hospitaliers, et tout au moins d'être reçus comme pensionnaires dans une de leurs maisons sous le nom de *Donné*.

Le même Richard de Grisey, quelques années après, sollicitait la première de ces faveurs après avoir joui de la seconde : en renouvelant la donation précédente de tous ses biens à l'Hôpital, il y ajoute celle de *son âme et de son corps*, à condition que, *donné des Frères*, il deviendra lui-même *frère* quand il leur plaira.

Une troisième pièce, datée par erreur de 1123,

et qui est sans doute de 1193, à en juger par les noms des témoins identiques à ceux qui sont cités dans les autres actes de cette époque, est une confirmation de la donation par le *frère* Grisey de toutes ses acquisitions postérieures à sa première fondation. En voici l'énumération : « Un manoir situé près de Coutances, qu'il tenait de Hugues de Saint-Planchers, avec toutes ses dépendances ; toute la terre de Nicorps, que Richard le Barbe et Gilles de Sap tenaient de lui au cens de 18 quartiers de froment; le domaine de Maldoit tenu de Gillot de Coutances pour 6 quartiers de froment, 6 pains et 6 chapons par an; un autre domaine à Corce (Gorges ?); une terre à la Croix-Gaudin tenue par Bocher Crespin pour 6 boisseaux de froment par an ; et un tènement à Maldoit, qui lui rapportait 20 quartiers d'avoine et 2 sols tournois. »

Certaines autres fondations de la même époque n'étaient peut-être pas aussi désintéressées, comme on pourra en juger par les extraits suivants :

Vers 1190 (pas de date). — Moi, BELIN BACON, je confirme, pour le salut de mon âme et de mes ancêtres, aux pauvres du Saint-Hôpital de Jérusalem une donation d'un pré que JOURDAIN, fils DAUDE, tenait de moi par droit héréditaire, que ce dernier avait donné à Dieu et à la Maison de l'Hôpital de Jérusalem à sa mort pour son âme en perpétuelle aumône, dans toute son étendue, suivant le témoignage des bourgeois de Villedieu qui avaient été présents, à condition que la Maison de l'Hôpital rendrait à ses héritiers par an XII sols d'Anjou de rente à la Fête de Tous les Saints. Sa femme et ses héritiers ont concédé cette donation et ont juré de la ternir devant *la porte du bienheureux Blaise.* Le frère ETIENNE DE BLOIS; alors Précepteur en Normandie, compatissant à la pauvreté de la femme et des fils du même Jourdain, leur donna 40 sols d'Anjou et remit 15 sols et 8 deniers que lui devait le même Jourdain. Et à moi, BELIN BACON, le dit Etienne, de sa propre volonté, m'a accordé 20 sols par an sur les aumônes du Saint-Hôpital. Et pour que cette donation ne puisse désormais être enlevée par fraude, je l'ai revêtue de ma signature.

Témoins: GILBERT, chapelain, frère LAMBERT, GEOFFROY de AMBLIE, CLÉMENT et MICHEL de MONTAIGU.

—1202 : JEAN de SUPSENA donne à la Maison et aux Frères de l'Hôpital de Jérusalem, 3 deniers de rente que les Frères lui rendaient chaque année pour le pré qui est le premier au-dessus de leur moulin. Approuvé par sa femme et ses enfants. — Juré sur le Saint Évangile, à l'autel du B. Blaise ; entre les mains du frère Étienne, qui donna au donateur 20 sols d'Anjou, 12 à sa femme, et autant à chaque enfant.

Témoins : Fr. LAMBERT, GILBERT, prêtre, RANOULPHE de SAINTE CÉCILE, FÉRON CARPENTIER, GEOFFROY de AMBLIE, ROBERT D'AUBIGNY, RICHARD ROER, GLENE, LE MIGRE, GERONDI.

En 1197, par devant Gilles, évêque de Coutances, GILLES DE SMOITT chevalier, fait don à l'Hôpital, du consentement de ses deux fils, de la maison et de la terre de SimonMedietarius, libre de toute servitude, fieffée moyennant 6 quartiers de froment par an à la Saint-Michel, et 3 *nummatas* (du Mans) de pain, plus 3 gelines à Noël ; — ainsi que d'une autre terre qui rapportait 4 quartiers de froment, 3 *nummatas* de pain et 3 gelines. La pièce est revêtue du sceau de Gilles, évêque de Coutances.

Au mois d'avril 1293, trois pièces de terre sises à Sainte-Cécile rapportent à l'Hôpital 3 sous tournois de rente, 1 pain et une geline.

La même année, au mois d'octobre, nous trouvons des Lettres d'amortissement du roi Philippe le Bel, obtenues par Frère GUILLAUME DE GRISEY, prêtre de la maison de l'Hôpital de Saint-Jean de Jérusalem de Villedieu de Saultchevreuil, et NICOLAS BARDEL, Vicomte du même Hôpital au même lieu, au nom du Prieur, et des Frères dudit Hôpital, pour certaines acquisitions faites depuis 47 ans: — savoir une pièce de terre contenant des bois sis en la paroisse de *Villedieu sur la Rivière*, près la maison de l'Hôpital, d'une valeur de 108 sols tournois de rente annuelle, provenant de la vente de Robert Corton et de Philippe dit Bigot. 25 livres tourn. avaient été *financées* pour obtenir ces Lettres.

Un accord passé par-devant le Bailly de Coutances, le lundi avant la *Saint-Clier* 1328, entre le Chevalier D'AGNEAULX et frère GIEFFRAY DE PARIS, Commandeur de Villedieu de Saultchevreuil, atteste la possession par les Hospitaliers d'une rente de 12 quartiers de froment sur les moulins d'Agneaulx.

Lorsque le Concile de Vienne eut donné aux Hospitaliers les biens des Templiers qu'il venait de supprimer, Philippe le Bel fut obligé de remettre ces biens qu'il avait séquestrés aux mains de leurs nouveaux propriétaires (1). Le Commandeur

(1) On peut voir les difficultés apportées par Philippe le Bel et ses successeurs dans MANNIER: *Les Commanderies du Grand Prieuré de France*. Introduction.

de Villedieu, PIERRE DE SOUCHAMP, fut délégué en
1313 pour prendre au nom de l'Ordre possession
de ceux qui étaient situés dans le diocèse de Coutances à Valcanville et à Hémevez, ainsi que le
prouve la pièce suivante (1).

« A tous ceuls qui ces lettres verront... Pierres de
Ver tenant le leu du Vicomte de Valoigñ saluz...
Come nous aion eu mandemt de nos mestres le
baillif de Cost(entin) et le visc de Val(ognes) de
mettre en corporeil possession les Freires de lospital Saint Jehan de ler(usa)lem de tous les biens
meubles et non meubles qui as Templiers appartenoient et devoient appartenir en la baillie de Cost
(entin) en temps que eus furent pñs, saçhent tous,
selonc la teneur des diz mandemz, nous avon estei
a Valcanville et Heimevez et avon mis en corporeil
possession home releg(ieux) freire Pierre de Souchamp, comandeur de Viledeu de Sauchevreul, en
non des frieres dudit hospital, de tous les dis biens
qui as dis Templiers aptenoient et devoient apte-
nir es ditcs p(a)roisses et aillours p(ar) toute la
visconte de Val en la présence des pns et des tenanz
des dis lieus et de grant foison dautres bonnes gens,
as quex pncs et tenans nous comendasmes q(ue) en
point et en lestat q(ue) eus obeisseent as Templiers
au devant de lour capcion q(u)eux obeisissent as
dis freires dudit Hospital et a lour gent : les quex
si acorderent et jureirent a leur poir foy et loiau-

(1) Arch. Nat. S. 5057.

tei come homes doevent f(air)e a lours segnours.
— Et avon connu q(ue) les manoirs de Valequan-
ville et de Heimevez sont grandement damagiez et
emperiez par faute de couverture, et que il faut as
moulins de Valecanville deux axeles et une roe et
assez dautres mairiem (1) pour quoy les moutens
des dis moulins ont estei mot damagiez en temps
passei. Donne le juesdi avant Rouvesons (2) l'an de
grace mil cccxiii. »

Ces biens, et les autres possessions des Templiers
de Coutances et environs (3) ne furent pas unis à la
Commanderie de Villedieu: ils formèrent la Commanderie distincte de Valcanville, citée dans le
Livre-Vert de 1373 (Voir au Chapitre IV), et qui
resta indépendante jusqu'à la Révolution.

Un certain nombre de fiefs situés dans les terri-
toires de Trouville, Valcanville, Colomby, Golle-
ville au Mesnil, Rugueville, Hémevez, le Hameau-
Picard, Hauteville, Durville, Rigouville, Portbail et
le Theil, et par conséquent voisins de la Commanderie de Valcanville, appartenaient dès 1400 à la
Commanderie de Villedieu-lès-Saultchevreuil, et lui
demeurèrent unis même après sa réunion à Villedieu-lès-Bailleul.

(1) *Mairiem*, pièces de bois, charpentes.
(2) *Rouvesons*, les Rogations.
(3) La Charte de donation de ces dernières possessions
aux Templiers par Richard, évêque de Coutances, se trouve parmi les papiers de la Commanderie de *Villedieu de
Bailleul. (Arch. Nat. §. 5049, n° 43).*

L'éloignement où ils se trouvaient donna l'idée de les vendre : mais le contrat passé avec François d'Aigremont ne fut pas ratifié par les dignitaires de l'Ordre, comme l'exigeaient les Bulles des Souverains Pontifes ; le remboursement du prix d'achat et des 151 livres de *frais et loyaux coûts* fut ordonné et exécuté en 1564. Quelques années plus tard, en 1613, un seigneur d'Aigremont prit en fief de la Commanderie de Villedieu-lès-Poëles, moyennant 30 livres de rente seigneuriale payables à la Saint-Michel en ladite Commanderie, tous les fiefs, ténements, terres, cens, haute-justice et sergenterie de Trouville, Colomby et Huberville, et autres lieux sis en la vicomté de Valognes.

Les terriers de Villedieu indiquent différents autres fiefs dépendant de la Commanderie, dont nous n'avons pu retrouver l'origne.

Les fiefs de *l'Ulagrie* et *ruc Morin* situés *aux Chéris* (près Ducey), rapportaient, en 1373, 10 quartiers de froment et 14 demeaux d'avoine valant alors 6 francs (1). L'église de la paroisse étant construite sur ces fiefs, le Commandeur en était seigneur honoraire. A la suite de difficultés survenues au XVIe siècle, ces terres furent fieffées d'abord pour 90 livres; puis Charles Philippe de Bordes, écuyer, seigneur et patron de Chalandrey, etc. les prit à bail pour 130 l. de rente. Cette somme fut élevée à 200 l., en 1723, sous le Commandeur de VILLENEUVE-TRANS.

(1) V. Chap. IV, p. 62.

Le *Livre-Vert* de 1373 (1) parle de possessions au *Val Saint-Pair* et villages environnants, avec 4 francs de revenu. Nous n'en trouvons plus de traces après le XVe siècle.

Le fief de *la Chapelle-Cécelin* ne rapportait guère que le produit des droits seigneuriaux.

Celui du *Saint-Mauvieu* (près Vire) valait 4 sols de rente avec ces mêmes droits en 1710.

Les 80 vergées de terre de *Bazenville* (près Bayeux), fieffés pour 70 livres en juin 1684, furent donnés à *bail d'héritage* à Jacques de la Rivière, seigneur de Crèvecœur, pour 100 l. de rente, le 22 juin 1710, par le Commandeur DE COMENGE.

(1) V. Chapitre IV, page 60.

CHAPITRE II

ORGANISATION DE LA COMMANDERIE

DIVISION DE L'ORDRE DES HOSPITALIERS EN LANGUES, PRIEURÉS, COMMANDERIES ET MEMBRES.

PRIVILÈGES ECCLÉSIASTIQUES. — OFFICIALITÉ. — Cures et bénéfices. — Juridiction quasi-ordinaire. — Droits de patronage.

PRIVILÈGES TEMPORELS. — Charte de Richard Cœur-de-Lion confirmée par Philippe-Auguste et ses successeurs. — Le Baillage-Vicomtal de Villedieu.

DROITS ET DEVOIRS DU COMMANDEUR ET DES VASSAUX.

La multiplication des Hospitaliers de Saint-Jean de Jérusalem et le grand nombre de maisons que les libéralités des Princes chrétiens les avaient appelés à fonder en Occident, nécessitaient une organisation hiérarchique. L'Ordre fut partagé en sept *Langues,* suivant la nationalité des chevaliers : ce furent les Langues de Provence, d'Auvergne, de France, d'Italie, d'Aragon, d'Allemagne et d'Angleterre ; on y ajouta plus tard celles de Castille et de Portugal.

La Langue de France était elle-même subdivisée en trois *Prieurés:* le Prieuré d'Aquitaine avec Poitiers comme chef-lieu ; le Prieuré de Champagne, chef-lieu Dijon, et le Grand-Prieuré de France,

Bois de l'Hopital. — Emplacement de la Commanderie.

Fonderie de M. Havard.

chef-lieu Paris. Ce dernier s'étendait à peu près de la Loire au Rhin.

Le Grand-Prieuré, avec le Grand-Prieur de France à sa tête, avait sous ses ordres un certain nombre de *Commanderies*, gouvernées chacune par un Commandeur. Outre la maison principale, chaque Commanderie pouvait comprendre plusieurs autres Maisons ou *Membres*.

Les Commanderies furent généralement données à des chevaliers qui avaient résidé au moins cinq ans à la Maison-Mère de l'Hôpital (successivement Jérusalem, Chypre, Rhodes et Malte), et qui avaient fait trois *caravanes* ou campagnes contre les infidèles. Ils devaient gérer leurs Maisons au nom de l'Ordre; et tous les ans ils étaient tenus d'envoyer au Grand-Maître, pour les besoins généraux, une *responsion*, ou contribution fixée, suivant la gravité des circonstances, au cinquième, au quart, ou même au tiers des revenus de la Commanderie.

Nous ne parlons pas ici des réunions auxquelles ces chevaliers étaient obligés d'assister, soit à la Maison-Mère, soit au chef-lieu du Prieuré; non plus que des *Améliorissements* et des *Visites prieurales*, dont nous aurons à entretenir dans la suite.

En vertu des privilèges octroyés par les Souverains Pontifes et par les Princes chrétiens (1), cha-

---

(1) Les principaux privilèges de l'Ordre de Saint-Jean ont été rapportés par d'Escluzeaulx dans son recueil de 1700.— M. Delaville-Le-Roulx vient d'achever le 2ᵉ volume de son Cartulaire complet de l'Ordre de Malte.

que Commandeur était, dans les terres qui lui étaient soumises, seigneur tout-puissant; il ne connaissait de dépendance que des plus hauts représentants du Roi pour le temporel, ou de ses Supérieurs directs, après le Pape, pour le spirituel.

Sans citer les Bulles nombreuses accordées à l'Ordre, nous résumerons, d'après les Registres *terriers* de Villedieu, les *Privilèges spirituels*, ou plutôt ecclésiastiques, de la Commanderie. Ces Terriers, rédigés en principe tous les vingt-cinq ans, ne sont pour Villedieu qu'au nombre de cinq, composés sous les commandeurs de Montigny (1587), d'Elbène (1650), de Bricquebosc (1680), de Commenge (1710), et de Sourches (1741). Pour la partie qui nous occupe, les derniers reproduisent textuellement le premier, en y ajoutant simplement les modifications qui avaient pu intervenir depuis la dernière rédaction. Le Manuscrit traditionnel les a d'ailleurs copiés presque à la lettre.

« La *Juridiction spirituelle* de Villedieu, est exercée par un Official ou son vice-gérant, un Promoteur et un Greffier, nommés par le Commandeur, deux Gardes des Sceaux et Appariteurs. Cette cour ecclésiastique tenait ses séances dans la Chapelle du Rosaire, avant qu'elle eût été transférée dans l'audience de ce Bourg. La prison de cette juridiction est un cabinet ou plutôt un cachot du Manoir seigneurial.

« *L'Official* ne connaît pas moins des différends qui naissent au sujet des églises ou des fidèles de son territoire que les Archevêques, les Évêques ou leurs officiaux. L'appel de ses sentences relève devant le Métropolitain, qui a reconnu cette Officialité.

« Son pouvoir consiste encore à donner des dispenses de bans pour se marier, des permissions de manger de la chair dans les jours d'abstinence, et à délivrer des Monitoires pour les Églises de son ressort, où on ne peut rien publier si ce n'est par ordre du Pape ou du Roi.—Il est exempt de toute juridiction et correction des Évêques et Archevêques, mais sujet de Notre Saint Père le Pape, de son Altesse Serénissime le Grand-Maître et du Commandeur. »

Quant à la *Visite épiscopale* ou *archiépiscopale*, les usages ont varié. Les Procès-Verbaux des *Visites prieurales* (1) des XIVᵉ et XVᵉ siècles, signalent, parmi les charges incombant à la Commanderie, la somme qui chaque année était due à l'Évêque de Coutances pour la Visite que lui ou ses vicaires avaient l'habitude de faire à l'Église paroissiale.

De même, l'Archevêque de Rouen, Odon Rigaud (2) s'arrêta à Villedieu en se rendant de l'abbaye de Saint-Sever à celle de Hambye le 6 du mois d'août 1250 : « Pernoctavimus apud Villam Dei de Saltu Capre, et procurati fuimus ab Hospitalariis. »

Le LIVRE NOIR du diocèse de Coutances de

(1) C'est à dire faite par plusieurs chevaliers au nom du Grand Prieur dans les différentes Commanderies.

(2) Journal de ses Visites, à la date indiquée.

1270, imprimé dans la *Collection des Historiens de France*, s'exprime ainsi (1) au sujet des rapports de l'église paroissiale de Villedieu, avec l'évêque du diocèse : « L'Église de Villedieu, de notre diocèse, doyenné de Percy est desservie par les Frères Hospitaliers de Saint-Jean de Jérusalem. L'évêque de Coutances fait la visite dans la dite église, et reçoit la *procuration* (2) des Frères Hospitaliers. » — Le même ouvrage porte, à la page 534 du même volume, l'indication suivante : « Debita... decanatus de Perceyo (Archidiaconatus Vallis Viriæ). — Villa Dei : XXVII sol. » Mais aucun chiffre ne se trouve pour la paroisse à la colonne des *décimes :* ce qui nous permet d'affirmer que dès cette époque les églises de l'Ordre de Malte étaient exemptées des décimes payées par le Clergé de France.

Depuis le Terrier de 1587, nous voyons, au contraire, l'affirmation constante que la cure est exempte de la Visite épiscopale, bien qu'on y administre tous les Sacrements. Seuls ont droit de la visiter l'Official de Villedieu, en l'absence du Commandeur, et ce dernier qui peut, s'il le veut, assister à la reddition des comptes des Trésoriers de l'Église. — Cette affirmation est appuyée sur l'autorité des Arrêts du Parlement de Paris, du 14 août 1531 et de l'Officialité de Rouen du 10 février

(1) *Op. cit.* T. XXIII, p. 505.
(2) Honoraires dûs pour la visite épiscopale.

1559, ainsi que sur les Bulles d'Innocent IV, Clément V, Callixte VIII, Sixte IV, Innocent VIII, Jules II, Léon X et Clément VII (1).

(1) Le Concile de Trente paraissait avoir abrogé ces privilèges en accordant aux Évêques le droit de visite dans les églises publiques annexées aux maisons religieuses. Pie V, dans ses Lettres du 22 septembre 1571, donna aux Évêques et autres supérieurs des lieux la *forme* suivant laquelle ils pourraient visiter, *seulement comme Délégués du Siège Apostolique,* les Églises paroissiales de l'Ordre de Malte, et *seulement* pour les objets concernant *le soin des âmes* et *l'administration des sacrements ;* et cela *gratis,* sans aucune dépense ou charge pour les Hospitaliers. — La même règle était étendue à tous les actes *d'ordre spirituel épiscopal.* — Rien d'ailleurs ne dérogeait à l'ancien droit de visite des Hospitaliers dans ces églises et bénéfices à charge d'âmes, non plus qu'à l'ancien exercice de juridiction dont les prélats auraient été en quasi-possession pour certaines maisons. Toutes ces dispositions furent confirmées dans la Bulle de Paul V du 1er septembre 1605.

En France, l'Ordonnance de décembre 1606 (art. III) permettait aux Évêques de faire *personnellement* et *sans frais* la visite des Cures qui se trouvaient dans les monastères, *Commanderies* et autres maisons *exemptes.* Les Chevaliers de Malte ne cessèrent d'affirmer que cette mesure ne pouvait concerner leurs bénéfices. — DESCLUZEAULX (*Op. cit.*) donne cependant un arrêt de Parlement du 25 janvier 1629 reconnaissant le droit *personnel* de l'évêque à cette visite. — L'article V de l'Ordonnance du même mois de janvier 1629 régla ce différend : « Les Cures, Églises et Chapelles dépendantes de Saint-Jean de Jérusalem, seront sujettes à la visitation et juridiction des Ordinaires en ce qui concerne la correction des abus qui se commettent en *l'administration des Sacrements,* tant de Mariage que d'autres, *célébration de l'Office divin* et *résidence,* sans préjudice des privilèges dudit Ordre en autre chose ». — Cf. *l'Édit d'avril 1695, art. XV.*

L'historien du diocèse de Coutances, Tousfain de Billy (1) cite avec raison le passage des évêques de Coutances à Villedieu pour y administrer les sacrements de l'Ordre et de la Confirmation : c'étaient ces prélats, comme les évêques les plus rapprochés de la Commanderie, qui semblaient naturellement désignés au choix du Commandeur ou du curé pour ces cérémonies ; mais cela n'était la preuve d'aucune juridiction (2). Quant au fait rapporté par le même auteur (3) sur la *présentation* à la Cure de Villedieu de frère Nicolas Bouge, prêtre de l'Ordre de Malte, par frère Denis de Vieux-Châtel en 1534, et la *collation* qui en aurait été faite aussitôt par le grand vicaire Quetil, nous ne voyons pas plus de raison de croire à la science de Toustain, en ce qui concerne les privilèges et l'histoire de l'Ordre de Malte, que lorsqu'il enseigne (au Tome II, p. 111) que les Hospitaliers héritèrent « d'une partie des biens des Templiers, entre autres des deux Commanderies de ce diocèse, celle de Villedieu et celle de Réville, lesquelles avaient été fondées et données aux *Templiers* par Henri roi d'Angleterre. » — Les

(1) Édition de la Société d'Histoire de Normandie par F. Dolbet, *passim* : voir la Table alphabétique, au mot Villedieu.

(2) La Bulle de Paul IV (1er juin 1560) reconnaissait à tous les membres de l'Ordre la faculté de recevoir tous les Sacrements, même les Saints-Ordres, gratuitement, de tout évêque catholique à leur choix.

(3) *Ibidem*, Tome III, p. 62.

pièces rapportées au Chapitre Ier sur les origines de notre Commanderie nous ont suffisamment renseignés à ce sujet. Nous allons bientôt voir à qui appartenait la collation des Cures et Bénéfices de la Commanderie.

« Nous remarquons, par une sentence de l'Officialité de Rouen du 19 février 1599, que, du temps des illustres Cardinaux d'Amboise et de Bourbon, Archevêques successifs de cette ville, *les prêtres, les chapelains et curés* des Églises de l'Ordre de Saint-Jean de Jérusalem ont été déclarés exempts de comparution aux Synodes, Calendes et Conférences des Évêques, de la résidence dans leurs bénéfices, en les faisant desservir par qui bon leur semble, et même des Visites des Évêques. Ils sont pareillement exempts des décimes et capitations que les autres Ecclésiastiques doivent payer aux Évêques, en ayant été affranchis par les Papes Alexandre IV, Clément VII et Eugène IV ; et lorsqu'il est arrivé des taxes générales sur tout le clergé, les Messieurs de l'Ordre, les Curés, les Chapelains et Prêtres qui en dépendent, n'y ont été compris que dans un présent besoin de l'État, et le recouvrement des deniers s'en est fait par des Receveurs particuliers nommés par l'Ordre.

« L'Official avait ci-devant le pouvoir de marier dans les églises et chapelles de cette Commanderie toutes personnes indifféremment : ces mariages se célébraient à Messe basse et portes fermées, sans témoins, et même sans le consentement des pères

et mères des contractants. Il suffisait que deux
parents attestassent qu'il n'y avait entre eux aucune
proximité pour empêcher la consommation du
mariage. Quoique ces cérémonies fùssent approuvées bien faites, et les mariages déclarés légitimes,
l'Ordre a jugé à propos de ne plus se servir de ce
privilège, à cause des abus qui en pouvaient arriver, s'étant en cela sagement conformé aux autres
Églises du Royaume.

« Tous les fiefs de la Commanderie sont exempts
de toutes *dîmes*, grosses et menues, et même des
novales. — Le Commandeur a pour lui le droit de
percevoir les dîmes de ces mêmes fiefs.

« Le Commandeur a le droit *d'études ;* c'est à lui
ou à son Procureur, ou, à leur défaut, à l'Official,
qu'il appartient de nommer *les régents* et *maîtres
d'école.* Les contestations sur les salaires de ces pro-
fesseurs sont jugées par le Bailly du lieu.

Ajoutons encore pour le Commandeur, ou à son
défaut, pour l'Official, le droit de recevoir les *testa-
ments* des bourgeois, moyennant une redevance de
7 sols 6 deniers, ainsi que le droit du *Tiers-denier
des Cartinaux,* appelé le *petit-denier* de Saint-Jean
de Jérusalem, qui doit être payé par toutes les personnes qui font leurs Pâques.

« Le Commandeur confère de plein droit les bénéfices de sa Commanderie, sans que les Curés
soient obligés de prendre le visa de l'Évêque diocésain, et sans y être installés par d'autres que par
un des Officiers de ce lieu, soit spirituel, soit tem-

porel, ou par un Prêtre député. Ces bénéfices sont Villedieu-les-Poëles et Pont-Brocard.

« Quoique les Cures et Vicariats perpétuels dépendants de l'Ordre de Malte ne soient proprement destinés que pour les religieux de cet Ordre, cependant il se trouve beaucoup de prêtres séculiers qui, sans être *croisés*, en étaient les desservants, à cause de leur peu de valeur. Les Commandeurs sont toujours en droit de les déposer, suivant qu'il a été jugé par plusieurs Arrêts. D'autre part, aucune résignation ne peut être faite par eux que de son consentement. »

La paroisse de Villedieu comprenait, outre l'église paroissiale, la Chapelle Saint-Etienne, située sur la route de Caen, auprès d'un cimetière longtemps réservé aux lépreux. — Le Trésorier de la fabrique était chargé de pourvoir à son entretien avec la moitié des offrandes qu'on y recevait, l'autre moitié revenant au Commandeur, et avec le revenu des 13 vergées de terre contiguës. Nous verrons au Chapitre VII les Réglements donnés par les Commandeurs de Villedieu pour l'administration spirituelle et temporelle de leurs Cures.

La Cure de Pont-Brocard, à cinq lieues au nord de Villedieu (actuellement Commune de Dangy), possédait, outre le Presbytère et le Jardin, le casuel de l'Église, les dîmes de la paroisse, un arpent de bois tailli et 8 boisseaux de blé par an. Le Commandeur n'y avait comme revenu que 6 pigeons ou 5 sols de rente.

« Le Commandeur avait autrefois le droit de *pa-tronage*, c'est à dire de présentation aux deux cu-res de Chérencé-le-Héron, près Villedieu, et de Landelles (Calvados). Ce droit fut contesté pour la première au Frère Geoffroy de Paris, par noble hom-me Messire Fraslin de Huçon, chevalier, seigneur de Ducey et de Chérencé. En vertu d'un accord passé en 1328, le droit fut abandonné au seigneur de Ducey, en échange de 15 livres de rente assignées sur le fief de Chérencé, ou sous les vicomtés d'A-vranches et de Coutances, ou même sous la Vicomté de Villedieu. Par un nouvel accord du 6 avril 1385 avec les seigneurs de Ducey et de Beauchamp, héritiers par les femmes des sires de Chérencé, 7 livres de rente furent affectées sur plusieurs maisons sises à Villedieu, le reste continuant à être payé par les héritiers.

« Le patronage de Landelles, concédé aux Hospi-taliers à cause de la Chapelle de cette église, où repo-sait le corps de saint Ortaire, donna lieu à un accord semblable avec les barons de la paroisse : le patro-nage et les dîmes leur furent abandonnés moyen-nant 10 livres de rente affectées sur le fief de Châteaubriant, et 100 sols sur le fief de Combourg. Le seigneur de Renty, représentant les seigneurs de Landelles, les payait au XVIIe siècle ; les titres primitifs ayant disparu, le Commandeur de Brique-bosc transigea avec Madame de Renty : ces ren-tes furent amorties, moyennant un dépôt de 300 livres au Trésor général de l'Ordre. 200 livres furent depuis employées à la réparation du four banal situé rue du Pont-Chignon. »

En résumé, au point de vue ecclésiastique, la Commanderie de Villedieu et toutes ses dépendances constituaient un territoire *nullius diœcesis*, suivant l'expression canonique que nous trouverons plus d'une fois employée dans des documents officiels, sans aucune dépendance de l'Évêque de Coutances. A part le pouvoir *d'ordre épiscopal* qu'il ne possédait pas, le Commandeur, prêtre ou laïque, avait le pouvoir de *juridiction quasi-ordinaire* semblable à celui que possèdent les Évêques dans leur diocèse.

Si les privilèges ecclésiastiques étaient considérables pour les Hospitaliers, les faveurs de l'Ordre temporel ne leur avaient pas été plus mesurées. La première grande Charte de ces faveurs que nous possédions pour la Normandie, fut octroyée à Spire en 1194, par Richard Cœur-de-Lion, pour tous ses États de l'Angleterre ou du continent. Le texte latin en a été souvent publié (1); nous en donnerons ici une traduction française conservée au XVIIe siècle à la mairie de Villedieu. La copie se trouve actuellement à la Bibliothèque Nationale (Ms. franc. 4902).

Cette copie porte en suscription : « Donation de Richard, Roy d'Angleterre, du *Bourg de Villedieu* aux chevaliers de Malthe. » C'est là une prétention

(1) Voir les ouvrages cités plus haut, et le Terrier de Villedieu de 1710.

que rien ne justifie: il s'agit de privilèges communs
à toutes les Maisons de l'Ordre situées dans les possessions du Roi, et il n'est nullement question de
notre Villedieu en particulier.

« RICHARD, PAR LA GRACE DE DIEU, ROY D'ANGLETERRE,
DE NORMANDIE ET ACQUITAINE, comte d'Anjou, à tous Archevêques, Évesques, Abbés, Comtes, Vicomtes, Barons
Senechaux, Baillifs ayant charge et administration de justice, et à tous fidelles, tenants et habitans de sa terre, pareillement aussy à tous les enfants de notre Mère Sainte Églize,
qui ces presentes Lettres verront :

La grandeur et immensité tant du renom que de la chose
même peut avoir amené à notre connoissance combien est
magnifique et en combien grandes œuvres de piété abonde
cette très sainte Maison et Hospital de Jerusalem ; de toutes
lesquelles choses l'expérience et témoignage que ie veû de
mes propres yeux m'en font et rendent foy très assurée. Car,
outre le secours ordinaire que le Maistre et Frères dicelle
Maison et Hospital de Jerusalem font et rendent aux pauvres
indigents et par dessus la puissance et biens de leur maison,
ils nous ont aussy, à nous autres, tant de deça que de dela
la mer, secourus, aidés et assistés avec une si grande dévotion et magnificence, que la grandeur du secours et les grands
bienfaits semblent obliger notre conscience à ne passer sous
silence et avoir gratitude de l'obligation dicéux.

Cest pourquoy Nous, desirants et voulants correspondre
à leurs pieuses œuvres, pour le salut et repos de notre def-
funt pere (Henri) et notre mere (Alienor) Reyne, de nos frères et sœurs, et pareillement de nos prédecesseurs, donnons,
concedons (et aumonons) à Dieu, à la Bienheureuse Vierge
Marie et au Bienheureux saint Jean Baptiste, à la susdite
Maison et Hospital de Jerusalem, au Maistre et Frères d'i-
celle Maison, pareillement aussy a tous autres tenants et
rellevants d'icelle, comme en aumones qui leur ont esté

faites et seront à l'advenir, et en toutes autres choses qu'ils auroient peû acquérir derechef;

Nous leur donnons et concédons, à perpétuelle et pure aumone, tout le droit domaine qui nous appartient et pouroit appartenir, toute puissance, libertés et coustumes franches, lesquelles la (*Majesté, Autorité et*) pouvoir royal peut et a puissance de donner (*et eslargir pour l'advenir*); tenir et jouir des susdites choses, posessions et toutes appartenances desquels à présent en ont la jouissance et auroient à l'advenir, paisiblement, librement et entièrement, plainement et honêtement, en bois et plaines, prez et pasturages, marchés, mares à poisson, viviers (vignobles), estangs, eaües et moulins, fours, marchés, foires, terres, champs et vignes, revenus et ventes (*et*) administrations; scavoir est aussy en larcins (*latrociniis*), rapts de femmes, embrasement (*incendiis et in multicidiis*), peages, maisons, et mesures... cités, chasteaux (*et*) villes, voyes (*et chemins*) et aussy hors les chemins; voulons que cela soit ainsy et expressement le commandons.

Les susd. hoirs dudit St. Hospital de Jerusalem sont quittes, libres d'armes (*et*) chevalleries, receptes, bourgs, peages, pontages, passages, vendements de vins, fouages et de toutes choses vendables, (*c'est a dire qui se peuvent vendre,*) et de toutes aides, taillages et services de ville, chasteaux, bourgs et villages. Et est notre voulloir qu'ils vivent en paix en toutes ses choses.

Semblablement si quelqu'un des susd. hoirs ou tenants estoit appellé et fait venir devant nos baillifs pour quelques causes, delit ou arestement de marchandizes, ils soient sans déclaration ny retardement rendues ausdits freres.

Nous deffendons aussy quils soient appellés devant aucun sinon nos susdits Freres (*ou leurs*) Baillifs ou servants dudit hospital de Jerusalem.

Nous donnons, en outre, toutes les susdites choses avec toutes libertes, franchises, coutumes, avec toutes choses ap-

partenantes a la susdite Maison, Freres et hoirs dudit St Hospital de Jerusalem par tout notre Royaume et par toute notre
terre tant de deça que de dela la mer, et en quelque lieu
que ce soit, ne reservant et ne retenant rien pour nous ny
pour nos héritiers et successeurs que les prieres et oraisons et biens spirituels qui se font en ladite Maison du St
Hospital de Jerusalem.

Témoins St (LE MOYNE) ROBERT DE HARCOUR, GODEFFROY
St (AMERIC), vicomte de (THOUARS)... (plusieurs autres).

Fait et donné par la main du... Legat du Saint Siège apostolique, notre Chancellier, le cinquieme de Janvier, l'An
cinquieme de notre Regne.

Lorsque la Normandie fut enlevée au Roi Jean-
sans-Terre, Philippe-Auguste confirma la Charte
de Richard Cœur-de-Lion, au mois de Novembre
1219, et non 1209, comme le porte par erreur la
copie de Villedieu. Voici le texte de cette confirmation :

PHILIPPES, PAR LA GRACE DE DIEU ROY DE FRANCE, a
tous Senechaux, Baillifs, et de qui ces presentes Lettres
verront, Salut en Dieu !

Vous scaves que Nous voulons, concedons, approuvons
et continuons par ce present toutes les donations, aumones,
libertés et coustumes libres, lesquelles Richard, jadis Roy
d'Angleterre, durant qu'il vescut, a donné, concedé et au-
moné au St Hospital de Jerusalem, aus Maistres, Freres,
vassaux, tenants et rellevants dicelle Maison ; dont Nous
voullons et Nous concedons que vous facies fidellement observer tous les droits des susdits Frères et Hommes d'icelle
tout ainsy comme il est porté du contenu en la Bulle donnée du Roy.

Fait a Paris, l'An de Grace Mil Deux Cent (*dix*) Neuf au
Mois de Novembre.

Collationné sur une coppie estant au greffe de la Mairie du Bourg de Villedieu par moy, Gilles Langlois, Conseiller du Roy, Lieutenant en la Vicomté de Gavray, et Procureur du Roy audit lieu de Villedieu, ce Vingt-Huit Juillet Mil Sept Cent Trois.

(Signé LANGLOIS).

Tous les successeurs de Philippe-Auguste se firent un devoir de conserver ces privilèges d'un Ordre qui rendait de si précieux services à la Chrétienté : si des besoins pressants d'argent les portèrent plusieurs fois à imposer des sacrifices pécuniaires aux Hospitaliers du Royaume, ce fut toujours en vertu d'un arrangement spécial et distinct des engagements contractés par le Clergé de France ; et dans ces cas, ainsi qu'il arriva sous François Ier, les monarques ne firent aucune difficulté de déclarer que ces faits ne portaient aucun préjudice aux exemptions et privilèges de l'Ordre (1523-1527).

Les citations suivantes, empruntées aux deux Terriers de 1587 et de 1710, nous montreront dans l'organisation temporelle de la Commanderie de Villedieu-de-Saultchevreuil, — organisation qu'elle conserva même lorsqu'elle fut réduite à n'être plus qu'un *membre* de celle de Villedieu-lès-Bailleul, — l'application de ces différents privilèges, avec les usages particuliers du lieu.

L'Administration de la Justice était primitivement confiée à un *Vicomte* et à un *Bailli*, suivant la gravité des délits ou crimes. Le Bailli paraît bien en effet subordonné au Vicomte dans les Lettres en-

3

voyées à la cour pour obtenir la confirmation des Statuts des Poëliers (1). Depuis, ces deux titres furent réunis et donnés au même personnage.

« Le Bailliage-Vicomtal est distingué en *haute, moyenne* et *basse justice* (2), dont relèvent les habitants de ce Bourg et de tous les fiefs de la Commanderie. Le *Bailli-Vicomtal* a la connaissance de toutes leurs causes civiles, criminelles, personnelles, mixtes et possessoires, et de tous les différends et procès qui naissent dans l'étendue de ces lieux, tant pour ce qui regarde la police que les eaux, bois, etc., sauf le crime de lèse-majesté.

« Comme la Commanderie pourvoit gratuitement ce juge, ainsi que le *Lieutenant-Général*, le *Procureur* et *Avocat fiscal*, il peut les destituer de leurs emplois à volonté : ce qui a été jugé par plusieurs arrêts, et est encore appuyé sur les Statuts et Ordonnances du Chapitre général tenu à Malte, en 1631. Il n'y a que le *Garde des Sceaux*, le *Greffier* et *Sergent* qui, étant *engagés*, ne peuvent être révoqués qu'après l'expiration de léur bail, si ce n'est pour cas griefs.

« Les Armes du Commandeur sont gravées avec le Chef et le Collier de l'Ordre sur le cachet du Garde des Sceaux.

Le Commandeur a encore le droit des *tabelliona-*

---

(1) V. chap. III et V.

(2) On distinguait ainsi le pouvoir des différents tribunaux suivant le degré de gravité des crimes ou délits dont ils avaient droit de connaître.

ges (1) qui composent plusieurs branches, et s'étendent, savoir : outre Villedieu, aux fiefs de Lulagrie et rue Morin (paroisse des Chéris), au Pont-Brocard, à Ouville, à Valcanville, à Barfleur près la mer, à Colomby, à Trouville et à Huberville. — Il a pareillement droit de *sergenterie* à Villedieu et dans les autres lieux.

« Les *appellations* des sentences rendues par le Bailli-Vicomtal resortissent, directement et sans moyen, à la Cour du Parlement de Rouen, pour les causes *criminelles* ; mais les causes *civiles*, quand la condamnation n'excède pas le pouvoir des Présidiaux, doivent être renvoyées au Présidial de Coutances, où le Bailli est obligé de comparaître aux assises mercuriales, deux fois l'an, l'une après la Quasimodo, l'autre après la moisson. Il ne peut tenir les siennes pendant que les juges dont il ressortit tiennent les leurs. Ce bourg, qui était enclavé dans *l'Élection* de Coutances, fut démembré pour être incorporé dans celle de Vire, peut-être à cause de sa plus grande proximité avec ce lieu.

« Le pouvoir des Officiers du Commandeur est de condamner à mort, bannir et confisquer. La confiscation et les amendes lui appartiennent, même lorsque les procès de ses vassaux ont été jugés devant les juges royaux ; mais alors il doit faire tous les frais des procès de crimes, excepté ceux de lèse-majesté dont il n'a point connaissance.

(1) Notariats.

« D'après le privilège accordé par Louis XI en 1474, les Commandeurs ont le droit de *committimus* et renvoi de leurs causes, tant en demandant qu'en défendant, aux requêtes du Palais à Rouen.

« La Justice de ce Bailliage se rend dans une chambre, au haut des Halles.

« Lorsqu'il y a quelques criminels condamnés à mort, l'exécution doit en être faite sur la place qui est à une des extrémités des halles, vers l'Église, et l'exposition des corps dans un lieu situé sur le grand chemin de Caen, à quelques pas au delà de la Chapelle Saint-Etienne, où l'on voyait primitivement quatre piliers de pierre, dont il ne reste aucun vestige.

« Le Commandeur, ayant encore droit de nommer un Juge, un Procureur et un Greffier, admet dans ces fonctions les Officiers de son Bailliage pour connaître, à l'exclusion des Officiers royaux spécialement chargés de ces objets, de toute matière concernant les eaux et les forêts, de tous différends sur la chasse et la pêche, du fait des marais, landes, écluses, moulins, larcins de poisson et de bois, querelles, excès et assassinats commis à l'occasion de toutes ces classes, et pour juger de tous ces délits, avec pouvoir de condamner les contrevenants.

« Tous les biens des Commanderies sont inaliénables, d'après une Bulle de Pie IV, sauf par l'autorité et le consentement du Grand-Maître de l'Ordre. Aucune prescription ne peut être invoquée pour

les usurpateurs de ces biens. — Ils ne paient aucun droit de *franc-fief* ni de *nouveaux acquêts* (1) ;
et les Officiers royaux ou autres n'ont aucun droit
d'en saisir les places vaines ou vagues : leurs terres
sont considérées comme amorties de donation et
fondation royale, relevant directement du Grand
Prieuré de France.

« Le Commandeur de Villedieu a droit de trois
foires publiques, qui se tiennent ordinairement le
long des Halles et autour du cimetière de l'église :
l'une arrive le 3 mai, jour de l'Invention de la Sainte Croix ; l'autre le 9 septembre, le lendemain de
la Nativité de la Sainte Vierge, et la dernière le 23
novembre, jour Saint-Clément. Il ne perçoit les
droits de coutumes que des deux premières, parce
que ceux de la troisième ont été cédés depuis à la
Fabrique de l'Église paroissiale par les Commandeurs, à condition que ni eux, ni les Curés n'auraient plus désormais à entretenir comme par le
passé le Chœur de cette église.

« Il a pareillement droit de deux *marchés* publics,
savoir le mardi et vendredi de chaque semaine,
jours auxquels il perçoit *l'étalage* et la *coutume*.
Les Dames Religieuses de Lisieux, de qui dépend
la paroisse de Saultchevreuil, avaient aussi marché tenant le jeudi, dans une place au-dessous

(1) Nous aurons l'occasion de parler plus loin de ces différents droits. Nous réservons de même l'explication de
certaines coutumes qui donnèrent lieu à des difficultés que
nous aurons à raconter.

de l'église de cette paroisse, sur le chemin de Villedieu à la Lande d'Airou. Le Commandeur recevait la moitié des droits de ce marché, en faisant une pension annuelle de 10 livres à ces Dames qui les ont perdues, parce que, de son consentement, elles ont fieffé cette place en pré, il y avait plus de cent ans déjà en 1587.

« Le Commandeur a droit de *havage* sur tous les blés et grains qui se vendent dans le bourg, tant aux jours de marché que le reste de la semaine. Il consiste à prendre sur chaque boisseau ou demeau de froment, seigle, orge, sarrasin, pois et autres grains ronds, une mesure appelée la *boîte* faisant la cinquième partie du godet, qui est la huitième partie du boisseau en ce lieu contenant huit pots. Il n'y a que le sarrasin qui se prenne comble ; car les avoines et autres graines longues se doivent havager sur chaque boisseau avec les deux mains, autant qu'elles en peuvent contenir.

« Les *Halles* servent aux boulangers, bouchers, poissonniers, tanneurs, merciers, cloutiers, potiers etc. pour étaler leurs marchandises et denrées. Le Seigneur prend pour l'étalage un denier de chaque bourgeois, aux jours de marché, et deux des marchands externes. Il n'est permis à aucun poissonnier d'exposer en vente son poisson, avant que le Seigneur en ait pris sa provision, lorsqu'il est sur les lieux, ou d'autres de l'Ordre pour lui. Il a l'avantage de prendre gratis, dans le temps des Rogations, le plus beau morceau de la poissonnerie.

« Il a le droit de *poids* de toutes les marchandises exposées en vente dans ce lieu ; ce poids est placé au haut des Halles, sous le siège de Justice. Tous les bourgeois sont obligés d'y aller peser leurs marchandises au-dessus de 25 livres ; car ils peuvent peser chez eux, jusqu'à ce nombre, ce qu'ils vendent ou achètent de bourgeois à bourgeois.

« Il a droit d'*aunage* et de *courtage* des draps et toiles qu'on vend : l'aune doit être marquée proche la porte de l'Auditoire. Il a aussi droit de *jaugeage* des mesures ; à cet effet, il a des jaugeurs et des étalons déposés au Greffe de ce lieu. Les hôtes et cabaretiers sont obligés de donner à ses fermiers le premier pot de perçage de chaque vaisseau de vin, de cidre et de poiré qu'ils mettent en vente. Il a encore le pouvoir de mettre le prix à leurs boissons ; les bas-justiciers, qui ont droit de foires et marchés, l'ont aussi, suivant l'article 19 de notre Coutume. Il était exempt, avec ses vassaux, de payer le quatrième des boissons des fruits croissants dans ce lieu, quand elles y étaient vendues et distribuées.

« Aux fief et Commanderie de Villedieu sont attachés les droits de *banalité de moulin et de four*, auxquels tous les habitans doivent aller moudre et cuire, pourvu qu'ils soient en bonne réparation. Le four banal ayant été ruiné par les incendies, les Commandeurs permirent à quelques-uns de leurs vassaux de construire des fours chez eux, en les chargeant de quelques rentes modiques ;

mais depuis son rétablissement, ils ont révoqué leurs permissions, en déchargeant les particuliers des rentes qu'ils faisaient, de sorte que tous les vassaux sont obligés d'aller cuire au four banal.

« Tous les hommes de la Commanderie, sont, comme les chevaliers, exempts de tout impôt, *taille* ou *aide*, levé par le roi de France. Avec les redevances dont nous venons de parler, ils ont simplement à payer au Commandeur, pour droit de *cens*, une somme de 18 deniers par an, et 9 seulement quand le chef de famille est décédé; et pour droit de *plaçage*, chaque année 4 deniers obole par maison.

« L'unique condition pour pouvoir jouir de tous les droits et privilèges de l'Ordre est pour les vassaux de porter une croix blanche sur leurs habits du côté gauche, et de placer une croix sur les cheminées de leurs maisons. »

Tous ces privilèges du Commandeur et de ses vassaux se trouvent affirmés dans chaque Registre Terrier; bien plus, dans chacun des *aveux* réclamés des tenants fiefs de la Commanderie pour la rédaction de ces Terriers, nous trouvons la formule suivante signée par chacun d'eux : elle est le résumé de tous les droits dont nous venons de parler:

« Outre je reconnais que mon dit Seigneur est seigneur spirituel et temporel en ladite Commanderie, où il présente à la Cure et bénéfice dudit lieu; qu'il a droit d'Officialité, de Haute, Moyenne et Basse Justice, où il présente les Offi-

ciers desdites juridictions *pleno jure* ; qu'il a droit de moulin et four banal, où je suis obligé d'aller moudre mes blés
et cuire mon pain ; qu'il a droit de foires et marchés, de
coutume, étalage, havage, de poids à peser les marchandises
qui se vendent dans le Bourg au-dessus de vingt-cinq livres, mesurage des blés, de jauge des poids et mesures,
avec le pot de pesage des vins et cidres qui sont vendus et
débités par les taverniers dans ledit lieu, selon qu'il est
plus amplement porté dans les anciens papiers terriers de
ladite Commanderie. — Pour raison de quoi *je dois jouir de
l'exemption* des coutumes des marchandises que j'adres-
serai et transporterai de ce lieu en autres, ainsi que des
autres franchises, privilèges et immunités accordées aux
autres bourgeois et tenants de ladite Commanderie, suivant
les papiers terriers et droits d'icelle. — En foy de quoi j'ai
signé... »

Avouons qu'il y aurait quelque avantage à
échanger contre de semblables droits et de semblables obligations les charges qui pèsent de nos
jours sur les habitants des villes. Nous aurons
d'ailleurs l'occasion de voir les malheurs de la
France, trop souvent lancée dans de funestes
guerres, amener les souverains à restreindre peu
à peu certains privilèges de l'Ordre de Malte, jusqu'au jour où ils disparaîtront totalement dans la
tourmente révolutionnaire.

CHAPITRE III

LES PREMIERS STATUTS DES POELIERS

Situation aisée des campagnes de la Basse-Normandie au
commencement du xive siècle. — L'industrie dans les villes. — Origine incertaine des Poëliers de Villedieu : la légende de la Lande d'Airou. — Approbation des premiers
Statuts par la Justice de la Commanderie (1328-29).
Leur importance : la question sociale résolue. — Texte *in
extenso.*

Il n'est que trop habituel à notre époque de croire
que nos ancêtres du Tiers-État n'ont jamais connu
avant notre siècle l'aisance et la prospérité maté-
rielle dont paraissent jouir certains petits propriétaires de nos contrées. On étonnerait bien des personnes si on entreprenait de leur prouver que le
bien-être même temporel était beaucoup plus général au Moyen Age qu'il ne l'est aujourd'hui.
Deux éminents historiens, que notre département
est fier de compter parmi ses enfants, MM. Léopold
Delisle [1] et Siméon Luce, [2] tous les deux mem-

[1] *Etudes sur la Conditions de la Classe agricole et l'état
de l'Agriculture en Normandie au Moyen-Age.* 1851.
[2] *Histoire de Bertrand du Guesclin et de son époque :*
Chap. III : la Vie privée au xive siècle.

bres de l'Institut, ont étudié la situation des populations rurales de la Basse-Normandie à l'époque la plus brillante de la Monarchie chrétienne ; le tableau qu'ils nous en tracent est bien digne d'exciter notre envie.

Dès le xiiᵉ siècle, le servage, qui avait pour résultat d'attacher l'homme à la terre de son seigneur avec toutes ses facultés et toute sa famille, avait presque totalement disparu en Normandie. Les redevances qui restaient à payer aux différents suzerains étaient loin d'être aussi onéreuses, toutes proportions gardées, que les impôts de nos jours. Comme les Communes dans les villes, on voit naître les Communautés dans les campagnes pour la sauvegarde des intérêts et des droits. La paix presque constante dont la France jouissait depuis la majorité de saint Louis avait permis à l'aisance de se développer, même dans les nombreux villages.

Les habitations sont, il est vrai, généralement bâties en terre, en argile ou en torchis, et couvertes de chaume ; mais l'intérieur possède un mobilier très suffisant. L'argenterie entre même pour une certaine part dans la vaisselle des paysans: à chaque instant, dans les documents du temps, il est question de hanaps, de gobelets et de cuillers d'argent.

Le cultivateur aisé, en 1333, possède un bétail assez considérable: un cheval, un poulain, deux truies, cinq veaux, deux vaches, trois génisses, dix brebis, deux agneaux, deux oies, six oiseaux. Il a une charrette ferrée, trois charrettes légères, une charrue ferrée, deux herses, trois colliers avec les traits, une selle pour charrette, une paire de roues de bois.

On couche sur des matelas et même des lits de plume, avec des couvertures semblables à celles que nous employons encore de nos jours. L'usage de linge de corps, la présence des petits établissements de bains dans de simples hameaux, indiquent une somme de bien être que l'on ne peut nier.

Quant à l'alimentation, le pain d'orge ou de seigle est employé comme le pain de froment; le sarrasin ou blé noir ne paraît pas connu avant la seconde moitié du xve siècle. La viande de porc, le lard ou le jambon fumé sont d'un usage commun. Pour la boisson, bien que le cidre fût déjà d'un usage assez général en Basse-Normandie, les *Lettres royales de Rémission* (ou pardon) pour délits, que nous avons pu parcourir, semblent indiquer que le vin était alors plus souvent employé, du moins dans les auberges, qu'il ne l'est maintenant : les octrois et les douanes n'avaient pas encore autant diminué la libre circulation des produits agricoles ; d'ailleurs, il existait, dans la contrée, des vignes en plein rapport, aujourd'hui disparues.

Si telle était la situation des habitants des campagnes, les bourgeois et les ouvriers des villes ne laissaient pas de se ressentir quelque peu de cette heureuse prospérité : le cultivateur aisé n'est-il pas porté à enrichir par des achats plus fréquents l'industrie des ouvriers et des commerçants ? Villedieu-lès-Saultchevreuil nous apparaît dès lors peuplé d'une colonie de *Poëliers* dont les produits se répandent dans toute la contrée et acquéreront bientôt une réputation universelle (1). D'où venaient-ils ? C'est une question qu'il ne nous a pas été possible de résoudre.

Nous avons entendu la tradition orale affirmer qu'ils étaient descendus de la Lande d'Airou à la suite de l'évènement merveilleux rapporté par Robert du Mont Saint-Michel: (2) « Le samedi dans l'Octave de Pâques (1157), raconte le célèbre abbé, au Pays d'Avranches, dans une ville qu'on appelle la Lande d'Airou, vers midi, un grand tourbillon, comme sorti de terre, enveloppa et enleva tout ce qui l'entourait. A la fin, au-dessous du tourbillon qui s'élevait en l'air, se dressa comme une colonne de couleur rouge et bleue ; on voyait et on entendait comme des flèches et des lances s'abattre sur la colonne, sans que les assistants aperçussent celui qui les lançait. Dans le tourbillon qui se tenait au-dessus de la colonne, apparaissaient comme di-

---

(1) On sait que les *poëles* sont de grandes bassines en cuivre jaune, destinées principalement à la cuisson de la bouillie de froment ou de sarrasin.

Rabelais connaisait ce produit de l'industrie locale : il dit, *dans l'enfance de Pantagruel* : « Pour lui faire ung *paislon* a cuyre sa bouillye feurent occupez tous les pesliers de Saulmur en Anjou, de Villedieu en Normandye. »

(2) Ex Appendice ad Sigebertum (V. *Recueil des Historiens de France*, T. XIII, p. 299. c.)

verses espèces d'oiseaux voltigeant à l'intérieur. Il s'ensuivit aussitôt dans la même ville une mortalité parmi les hommes, entre lesquels succomba le seigneur du lieu. Ce ne fut pas seulement dans cette localité, mais même en beaucoup d'endroits de Normandie et des régions voisines que la mortalité s'abattit cettte année. »

Rien, dans ce texte, ne nous autorise à supposer l'existence d'un établissement de Poëliers sur les bords de la Sienne (1).

D'ailleurs les Poëliers ne qualifient-ils pas eux-mêmes leur profession de *mestier estrange?* C'est donc qu'ils ont la prétention de venir de plus loin.

Les Manuscrits de Villedieu (Ch. 9 *art.* 3ᵉ) sont, d'autre part, en désaccord avec cette tradition orale. Voici ce que nous lisons à ce sujet : « Le nom de Saultchevreuil, ajouté et celui de Villedieu (dans un acte de 1234), nous donne à entendre que cette dernière ville n'était point *distinguée* par les poelles

(1) Les traces de *scories* qu'on a pu retrouver, soit à la *Lande d'Airou*, soit dans un hameau voisin du *Château de la Roche-Tesson* (Cf. DE GERVILLE : *les Châteaux de la Manche*), ne sont pas une preuve que les Poëliers de Villedieu aient habité primitivement ces localités. Il peut se faire qu'il y ait eu là des fonderies *clandestines* pour se soustraire aux règlements de la corporation ; peut-être, à l'époque de la guerre de Cent Ans, plusieurs compagnons avaient-ils cherché un refuge à l'abri d'une forteresse longtemps occupée par les Français? — Il ne faut pas oublier, d'ailleurs, que de nos jours encore les *fondeurs de cloches* vont souvent établir leurs fours et leurs moules auprès des églises pour lesquelles on réclame leur industrie.

comme elle l'est maintenant : il ne s'y en fabriquait pas encore. »

Quoi qu'il en soit, les Poëliers sont déjà suffisamment implantés au commencement du xive siècle pour rédiger et faire accepter par la Justice de la Commanderie leurs Statuts professionnels. Les différents articles peuvent supporter la comparaison avec les Règlements similaires des Corporations des grandes villes. Sur la plupart des Métiers de Paris, tels que nous les fait connaître le Livre d'Étienne Boileau, nos Poëliers ont l'avantage d'une plus large indépendance et d'une organisation plus développée, comme aussi, disons-le, d'une inspiration chrétienne plus nettement exprimée. Sans doute, la condition privilégiée des vassaux de l'Ordre de Saint-Jean de Jérusalem avait contribué à les attirer sur le territoire de la Commanderie ; elle leur permit aussi de s'y affermir plus librement.

Ces premiers Statuts sont consignés dans une Lettre du Vicomte de Villedieu au Bailly de Rouen, qui elle-même est transcrite dans les différentes Lettres de Confirmation des rois Charles VI, Charles VII et Louis XI. Nous donnerons la dernière qui les contient toutes, à la fin du volume. Nous ferons remarquer une erreur de date très importante qui s'est glissée dans toutes les copies faites à Villedieu et conservées, soit aux Archives Municipales de cette ville, soit à la Bibliothèque Nationale (Ms. français 4902) ; on la retrouve même dans la copie imprimée au Tome XVIII des *Ordon-*

nances des Rois de France (p. 676 *et seq.*) dont nous adoptons le texte, à part quelques fautes de lecture : la date indiquée de 1428 et 1429 pour les Lettres des Baillis et Vicomtes de Villedieu, est certainement une erreur que le contexte seul et l'insertion de ces Lettres dans celles de 1406 et suivantes rendent évidente ; le texte des Registres du Trésor des Chartes (JJ. 209. 54) donne nettement les dates de 1328 et 1329.

La simple lecture de ces premiers Statuts nous montrera comment les ouvriers de notre ville comprenaient à cette époque *la question sociale.* La charité chrétienne leur avait fait trouver la solution de ces problèmes, aujourd'hui si embarrassants, de la limitation des heures de travail (art. 1er), de la participation proportionnelle des patrons (a. 1) comme des ouvriers (a. 4) à l'assurance mutuelle, dans le but de subvenir, soit aux besoins occasionnés par la pauvreté, l'âge ou la maladie (a. 2), soit à la protection des enfants des confrères (a. 3 et 5), soit même à la dotation des filles (a. 6). Les difficultés entre Maîtres et Varlets (ou Compagnons) trouvaient une solution aussi rapide qu'efficace (a. 7). Le respect des bonnes mœurs enfin, source de l'épargne aussi nécessaire à la communauté qu'aux individus, était assuré par des rigueurs sévères édictées contre les habitués des cabarets et les familiers des tripots (a. 8). Nous ne signalons ici que pour mémoire le caractère religieux de la *Confrérie* simplement indiqué à l'article 1er ; nous aurons l'occasion de par-

ler plus tard (chap. X) de l'organisation des différentes Confréries de Métiers de la ville.

A tous ceulx qui ces Lettres verront ou orront, (1) le Vicomte de Villedieu de Saulchevrel, Salut.

Sachent tous que nous avons veues unes Lettres saines et
entières, scellées de vray Scel de la Baillie de Villedieu dont
la teneur est telle :

A tous ceulx qui ces présentes lettres verront ou orront,
THOMAS DE LA FOSSE, Chevalier, Bailly de Villedieu de
Saulchevrel, Salut. Sachent tous que les Maistres usans en
l'art de Paeslerie en ladite ville et les Varlets (2) ouvriers dudit Mestier, d'un commun assentement et d'une mesme
voulenté, pour le bien et prouffit dudit Mestier, et pour le
prouffit des Maistres et des Varlets qui à présent sont, et
pour le temps à venir seront, ont ordonné et accordé les
choses qui s'ensuivent o (3) congié de Justice.

I. Pour ce que leur Mestier est *estrange* et que les gens
qui en ouvrent (4) ne sauraient vivre d'autre Mestier, et
qu'il est si greveux et pénible que si eulx ouvroient au
long du jour, eulx seroient destruits et mors, il est ordonné que eulx n'ouvreront point jusques à leurs heures
establies et accoustumées anciennement entre eulx, de quoi
il a troys au jour d'entre Pasques et la Sainct-Michel, et deux
au jour d'entre la Sainct-Michel et Pasques en la manière
que accoutumé l'ont. Et ensement (5) il est accordé et ordonné entre eulx que l'on n'ouvrera point *en nul tems de
martel de nuyt* audit Mestier ; et s'il advenoit que aucun,
fust Maistre ou Varlet, feist le contraire, il l'*amenderoit* à

(1) Entendront.
(2) Compagnons.
(3) O veut dire « avec ».
(4) Travaillent.
(5) Pareillement.

4

l'ordonnance de Justice, qui en feroit telle courtoisie au *Tresor dudit Mestier* comme il verroit que bon seroit. — De rechief, toutes foys que ung des Maistres dudit Mestier fondera, *pour chascune fonture* (1) *ou forge* qu'il fera, il laira audit Trésor demie livre d'airain pour maintenir le *Luminaire de leur Frérie* (1) et pour autres biens qui dudit Trésor seront faicts.

II. *Item.* Que s'il arrivait que l'un d'eulx, fust Maistre ou Varlet, veinst par fortune *à povreté* et il ne peust maiz (3) gaigner par *maladie* ou par *foiblesse* il vivroit et seroit soutenu des biens dudit Trésor.

III. *Item.* Et pour ce que le Mestier est *étrange,* et que *anciennement* ledit Mestier est mené et soutenu *de hoir en hoir,* s'il arrivait que *ung Varlet estrange* veinst pour *apprendre à trousser* audit Mestier ou prendre soy de nouvel à gaigner audit Mestier, il paiera dix solz tournois audit Trésor, qui seront convertiz ès usaiges dessus déclarez.

IV. *Item.* Chascun Varlet ouvrant audit Mestier paiera, *chascune sepmaine ung denier* qu'il laira à son Maistre, du guaing de la sepmaine, pour être converty ès usaiges dessusdits.

V. *Item.* Il est ordonné et accordé entre eulx que s'aucun veult lever Mestier et *estre Maistre de nouvel* (4), parce que nul Maistre ne se peut élever sáns l'ayde des autres Maistres et des Varlets et des outils et aultres, il paiera audit Trésor soixante solz à estre convertiz ès usaiges dessusdits, se ainsi nest qu'il *soit fils de Maistre ;* et, *s'il est fils de Maistre,* il en paiera pour xL solz pour ce qu'il doit avoir plus grand avantaige audit métier et que son père paia aussi, et partant aura cellui qui aura paié lesdits xL solz l'aide des Maistres et Varlets et des outils de la dite Paeslerie.

(1) L'action de fondre.
(2) Confrérie.
(3) Dans la suite, désormais.
(4) Devenir maître.

VI. *Item.* Il est accordé que s'il y a aucune *povre femme de la nation* (1) du Mestier qui soit *à marier*, et n'aye de quoi elle le puisse être, eulx lui feront aide selon le regard des *Maïours* (2) *de leur Confrairie* pour estre mariée suffisamment.

VII. *Item.* S'il y a Varlet qui soit aloué avecques ung maistre, et il dit qu'il *n'y veult plus estre ne demourer o son Maistre,* pour ce qu'il dit que ledit son maistre lui ait meffait, s'il est trouvé que ledit Maistre lui ait meffait, il l'amendera, et aussi ledit Varlet s'il est trouvé qu'il ait laissé son maistre sans cause ; laquelle amende sera levée à l'ordonnance de justice, qui en fera telle courtoisie audit Tresor comme il verra que bien sera.

VIII. *Item.* Pour ce que chascun jour les gens dudit Mestier estoient *ès tavernes* (3) et jouoient aulx dez de nuyt et de jour, et y avoit Cry de Haro (4) souvent et autres males façons, de quoy la ville estoit troublée et riottée (5), il est accordé et ordonné que eulx ne joueront pas aux dez se n'est de la vigille de Nouel jusques à la Tiphanie (6) et se eulx le font autrement et en autres temps, celui qui gaignera perdra son gaing, et paira chascun d'iceux dix solz tournois, de quoi la justice aura cinq solz et le Trésor dessusdit cinq solz à convertir ausdits usaiges.

IX. *Item.* Pour ce que eulx estoient empeschez et destourbez chascun jour pour les vins que on bevoit chascun jour, il est accordé et ordonné que eulx ne seront beuz jusques au bout de l'an.

Et Nous, — pour ce que nous avons veu, considéré et re-

(1) De la parenté, de la famille.
(2) Majeurs, administrateurs.
(3) Au cabaret.
(4) Appel à la justice.
(5) Et livrée aux disputes, aux querelles, au tapage.
(6) Epiphanie.

gardé au grant deliberacion et en conseil de plusieurs qui en l'art dudit Mestier se recongnoissent et d'autres, que les articles et ordonnances dessusdites sont bonnes, vrayes et justes, — pour justice, et pour le commun, et especialement pour la sustentation dudit Mestier ; — o le commun assentement de tous les Maistres et Varlets, qui pour le temps étoient audit Mestier en ladite ville, qui obligèrent les ungs ès autres tous leurs biens meubles et héritaiges pour tenir et garder les choses dessusdites et chacune d'icelles pour le temps advenir : — voulons, octroyons et consentons que les choses dessus dictes et chacune d'icelles tiennent en vertu et aient fermeté au temps advenir, en la manière que dessus est dit. — En tesmoing de laquelle chose nous avons mis à ces Lettres le Scel de ladite Baillie.

Fait et donné l'An de Grâce 1328, le Vendredi après la Nativité de Notre-Seigneur.

Et Nous, Vicomte dessusdit, avons le transcript de ces Lettres scellé du Scel de ladite Vicomté, sauf autruy droit.

Donné l'An de Grâce 1329, le Mardi après les Brandons (1). Ainsi signé, collation faicte : GREFFART.

(1) Le premier Dimanche de Carême. —1329, soit 1330.

CHAPITRE IV

PREMIÈRE PÉRIODE DE LA GUERRE DE CENT ANS.

Neutralité des Hospitaliers. — La Guerre anglo-navarraise
aux environs de Villedieu. — Les Anglais de Saint-Sauveur-le-Vicomte. — Livre-Vert de 1373 : état de la Commanderie. — Le Commandeur et les officiers du Roi de
Navarre; sauvegarde de Charles V (1376). — Nouvelle
guerre avec Charles le Mauvais. — Villedieu fortifié. —
Procès avec le Bailli de Caen. — Visite de Charles VI à
Villedieu (1393).

Ces statuts ne purent être appliqués longtemps
dans la paix et la sécurité.Un fléau terrible allait
s'abattre sur la France et faire de notre pays le
théâtre d'une lutte acharnée de cent ans entre
deux peuples rivaux. La Normandie, ancien Duché
des rois d'Angleterre, était, plus que toute autre
province, destinée à ressentir cruellement les effets
de cette guerre dévastatrice.

Par sa dépendance de l'Ordre de Saint-Jean de
Jérusalem, Villedieu devait être considérée comme
territoire neutre entre les deux nations. En principe, les Hospitaliers, voués à la lutte contre les infidèles, n'avaient pas à prendre fait et cause dans
les guerres des peuples chrétiens entre eux. Mais

le sang français qui coulait dans les veines de la plupart des Chevaliers et leurs relations de famille pouvaient-ils les laisser insensibles aux malheurs de leur pays et de leurs proches? Philippe-Auguste à Bouvines avait auprès de lui le Grand Prieur de France ; Philippe VI, à Crécy, vit tomber à ses côtés celui qui était alors revêtu de la même dignité. Cependant le monarque lui-même teint à affirmer, au milieu de ses désastres, l'exemption pour l'Ordre de Saint-Jean de toute contribution militaire : une lettre, datée (1) du camp devant Fauquembergue le 6 août, défend aux commissaires chargés de lever le subside de 50 sous par 100 livres pour les frais de la guerre de le réclamer au Grand Prieur, aux Commandeurs ou aux sujets du Grand Prieuré de France.

La première chevauchée d'Edouard III à travers le Cotentin et la Basse-Normandie ne semble pas avoir laissé de traces bien graves ; son armée ne parut pas d'ailleurs du côté du Bocage (2). Mais il n'en fut pas de même des sinistres expéditions anglo-navarraises durant la lutte avec Charles le Mauvais, ni des dévastations sauvages des Grandes Compagnies.

Après les difficultés dont le meurtre du Conné-

(1) *Cartons des Rois*, n° 1290.
(2) Nous aurons plus loin l'occasion de parler de la trahison du seigneur de la Roche-Tesson et autres Chevaliers, qui fut la cause de cette expédition, et de la confiscation de leurs biens.

table de France Charles de Lacerda (1354) avait été
l'occasion, le roi de Navarre avait reçu, au Traité de
Mantes (22 février 1354), pour en jouir en pairie,
une grande partie de la Basse-Normandie, en échange de son comté de Champagne et des 40.000
livres de rente qui lui avaient été assurées comme
dot de sa femme, fille de Jean le Bon. Lorsqu'il eut
été fait prisonnier à Rouen par le roi Jean (5 avril
1356), son frère, Philippe de Navarre, et Godefroy
d'Harcourt, seigneur de Saint Sauveur-le-Vicomte,
appelèrent à leur secours les Anglais. Le duc de
Lancastre arrive de Bretagne, traverse le Cotentin,
vient occuper Cherbourg, puis va dévaster toute
la Normandie avant de rentrer dans cette ville.

De 1356 à 1359, la lutte continue entre les Anglo-
Navarrais, maîtres des forteresses qui appartenaient à Charles le Mauvais, et les troupes du roi
de France. Les environs de Villedieu eurent à
souffrir de cette guerre, et rien ne prouve que la
neutralité de la Commanderie put la mettre à l'a-
bri de la fureur des combattants. Nous voyons
Saint-Sever et Saint-Denis-le-Gast occupés par les
Anglais en 1356. Gavray était le séjour préféré du
roi de Navarre. La page suivante de la *Chronique Normande du XIVe siècle* (1) nous montrera la
lutte bien près de notre ville :

(1) *Edit. de la Soc. d'Hist. de France*, p. 117. *Année
1356.* — Suivant Siméon Luce, *Hambye* n'aurait été pris
qu'au milieu de 1357.

« Phelippe de Navarre et ses aliez faisoient guerre, et prin-
drent les Navarrois la forteresse de *Hambuie*. Et lors vint
demourer *Nicole Painel*, frère du sire de *Hambui*, et ses
plus prochains amis à *la Rochetesson* et guerrièrent fort les
Navarrois de Hambuie et de *Gavray*. Un jour avint que
Nicole Paynel alà chevaucher vers Gavray à tout environ
XL combatans, et trouva de ceulz de Gavray et y en eut de
prins. Et lors le cappitaine de Gavray en oy les nouvelles,
et tantot monta à cheval et poursui le dit Nicole Painel et
ses gens à tout bien IIII^{xx} combatans, et tant que il les trouva à un lieu que on nomme *Mauny* (1). Et là descendirent
à pié l'une partie et l'autre, et vindrent combatre tres du-
rement les uns aux autres, et en la fin furent les Navarrois
desconfiz et la greigneur partie prins et mors en celle be-
soingne. »

Il parait que l'ennemi fut éloigné assez rapidement : nous voyons Guillaume Paynel, rentré à Hambye, signer dans son château une quittance à la
date du 16 juin 1358.

Après la conclusion de la paix, le 21 août 1359,
entre le régent Charles (depuis Charles V) et le roi
de Navarre, et le traité de Brétigny (8 mai 1360),
les Anglais ne devaient plus avoir dans le Cotentin
d'autre place que Saint-Sauveur-le-Vicomte (2),
dont EdouardI II était autorisé à disposer. Godefroy
de Harcourt était mort dans une bataille racontée

(1) *Mauny* : endroit où la route de Hambye à Gavray
traverse la Sienne.
(2) Voir pour tous ces faits *l'Histoire de Saint-Sauveur
le Vicomte* par M. L. DELISLE, et les notes qu'il a publiées
avec des fragments d'une Chronique inédite dans l'Annuaire de la Manche de 1895.

avec grands détails par Froissart à l'année 1356 :
Jean de Chandos fut investi de la baronnie de Saint-
Sauveur.

Le lieutenant de ce baron, Jean de Stokes, sans
tenir compte des traités, faisait lever des contributions sur les habitants du pays, et même sur les
sujets du roi de Navarre, qui cependant lui payait
une pension. De plus, les bandes irrégulières de Ja-
mes de Pippès, chevalier anglais, ne cessaient de
ravager le pays. Les États de Normandie accordè-
rent à leur duc (1362) un subside de cinq sous par
feu pour les repousser. Du Guesclin (1) et Philippe
de Navarre, frère de Charles le Mauvais, furent
chargés de la répression : ils sont à Gavray du 19
au 23 avril 1363; le fort de la Rochelle (sans doute
dans le territoire de Saint-Denis le Gast) est enlevé
vers la même époque.

La lutte reprend contre le roi de Navarre en
1364. Après la victoire de Cocherel et la prise du
captal de Buch, du Guesclin et Olivier de Mauny
reçoivent la soumission de toutes les places de la
Basse-Normandie. Le traité de Saint-Denis ou de
Pampelune (mars-mai 1365) met fin aux hostilités.
Parmi les châteaux que devaient recouvrer Charles V et ses vassaux sont mentionnés spécialement (2) ceux de Hambye et de Bricquebec « et
leurs appartenances,... sauf le droit de lomage et

(1) Du Guesclin est qualifié de Capitaine dans les Bailliages
de Caen et du Cotentin en 1363. (*Carton des Rois*. 1411)
(2) Arch. Nat. J. 617. 31.

les autres droiz que ledit Roy de Navarre puet et doit avoir ès diz lieux et es appartenances. »

Certains partisans du roi de Navarre n'en continuèrent pas moins la résistance : Saint-Sever ne capitula que le 6 février 1366. De son côté, la garnison de Saint-Sauveur le Vicomte reprenait l'offensive (1). Tandis qu'on négociait avec Jean Chandos, une bande d'Anglais s'emparait de Vire le 2 août 1368 : il fallut payer une rançon pour décider ce capitaine à arrêter les aventuriers (2).

Mais cette bande s'était repliée sur Château-Gontier : elle revient bientôt, après avoir échoué dans une expédition en Vendée, jusqu'à Cherbourg qui faillit tomber entre ses mains. L'année suivante, elle opère sa jonction avec la garnison de Saint-Sauveur. Charles V, qui vient de dénoncer le traité de Brétigny, fait mettre le siège devant cette place ; on l'abandonne bientôt, et une rançon est de nouveau promise pour la cessation de la lutte depuis le 13 décembre 1369 jusqu'à l'Ascension.

La triste situation du Cotentin à cette époque

---

(1) Le roi Edouard III avait tenu à garder *officiellement* la neutralité depuis la paix de Brétigny. Nous avons de lui une lettre adressée le 14 novembre 1364 aux routiers anglais qui, sous le prétexte de la guerre avec le roi de Navarre, ravageaient la Normandie : ordre leur est donné de sortir au plus tôt du royaume de France sous peine d'être traités comme coupables du crime de lèse-majesté. (*Lettres des Rois de France et d'Angleterre conservées à Londres.* — ED. BRÉTIGNY, CHAMPOLLION-FIGEAC.

(2) *Cartons des Rois.* N° 1466 et 1468.

nous est dépeinte, entre autres, par le prieur de la
Bloutière, Guillaume le Gros, cité par Toustain de
Billy. Il écrit dans son cartulaire: « Jay, en l'an 1369,
que les guerres et les loups et la tierce mortalité
(*la peste*) tot ensemble estoient, commencé à écrire
ce chartrier. » La situation morale n'est pas plus
intéressante : « Et est devenu le monde tot novel,
gents estranges qui ont amené maleuses manieres,
tos pechiés et ordes accoutumanches de vestir, de
chausser, de boire, de manger, de parler, de dan-
cer et de subtiliser, en mal tot voie ; justice temporelle et spirituelle ne corrige ne homme ne fa-
me ; mais tot est deshonté. »

Chandos étant mort à la bataille de Lussac, en
Poitou (1er Janvier 1370), Edouard III reprend le
domaine de Saint-Sauveur dont il donne le commandement à Guillaume de Latimier. Tandis que
le roi de Navarre (1) renoue des négociations avec
le souverain anglais, Tombelaine et Bricquebec se
voient attaqués par les ennemis qu'on parvient à
repousser (1372). Les États de Normandie demandent à Charles V des secours capables de les débarrasser enfin de la domination étrangère : à la fin
de décembre le siège de Saint-Sauveur est décidé :
40.000 livres levées sur la partie de la province
située à l'Ouest de la Seine aideront à mener cette
entreprise à bon terme. L'amiral Jean de Vienne,
en l'absence de du Guesclin retenu ailleurs, est

(1) *Cartons des Rois. N° 1490.*

chargé de diriger les travaux. Un nouveau subside de 30.000 livres est accordé en 1374; enfin la place capitule le 31 mai 1375, et est abandonnée le 3 juillet suivant. L'intervention du pape Grégoire XI amène la Trêve de Bruges (1375-76). Edouard III ne devait pas en voir la fin : il mourut en 1377, quelques mois après son fils, le fameux Prince Noir.

Nous n'avons pas rencontré dans tous ces faits le nom de Villedieu rapporté une seule fois par les historiens. Les événements désastreux dont la contrée voisine fut le théâtre suffiraient à nous laisser supposer que cette ville ne dut pas rester complètement indemne. Un document précieux du Grand Prieuré de France, le Livre-Vert de 1373 (1), nous donnera à ce sujet des renseignements authentiques.

Ce Livre, composé à la demande du Pape Grégoire XI, expose la triste situation des différentes Commanderies à cette époque. Voici ce que nous lisons à la page 4 :

Et est assavoir que depuis que les guerres et les mortalitez commencèrent au roiaume de France, les pays ont esté et sont moult depopulez, pour laquelle choses les rentes et revenues des dites comanderies sont moult destreues et apetissiées et les charges creues et augmentées par telle manière que de plusieurs des dites comanderies à paines pourroient estre trouvez fermiers séculiers qui autant en voulsissent rendre de ferme en faisant les choses que les commandeurs doivent faire, comme les diz commandeurs en doivent rendre de *responsion*. Et qui plus est, plusieurs

(1) Arch. Nat. S. 5543.

des dites commanderies y a desquelles les charges sont si
grans oultre les revenues, que les commandeurs ne pourroient vivre et faire le fait quil ont à faire ce nestoient les
bestes grosses et menues que ilz norrissent, quant il en ont
aisément, et la prudence quil ont de faire leurs pourvoian-
ces en temps que les choses dont ils ont besoing sont à bon
marché, et dattendre et de vendre les leur choses usques au
temps que elles sont le mieulx en vente, desquelles choses
faire peu de commandeurs y en a qui laisément en aient,
supposé que il en eussent la prudence. Et pour ce ne se
doient donner merveille ceulx qui visiteront les prisées qui
ensuivent et trouveront les charges plus grans que les revenues.

Le diocèse de Coutances ne renfermait que deux
Commanderies, toutes deux réduites à une situation
déplorable : celle de *Valcanville* (de l'ancien Temple), chef de Baillie, occupée par un Commandeur
en même temps curé de paroisse, et un autre Frère ;
les 205 livres de son revenu étaient dépassées de
beaucoup par les 260 livres de charges ordinaires ;
quant à la responsion, estimée à 200 florins (180
livres), il était absolument impossible de la payer, la
rançon exigée par les Anglais se montant à une
somme plus considérable.

Villedieu de Sauchevrel (Hôpital ancien) n'était
pas mieux partagé. La justice haute, moyenne et
basse, ne « valait riens a présent pour la fortune
des guerres » — « Item, le dit hostel (manoir du
Commandeur) a esté tout detruit par le fait des
guerres et des ennemis, et est ladite ville rançon-
née aux Englois de Saint-Sauveur-le-Vicomte. »

Nous transcrivons ici le reste du rapport sur la

Commanderie ; il donnera lieu ensuite à quelqúes observations.

Y a cure desservie par un frère de lospital curé dicelle. Ce sont les frères et donnez de ladite baillie :

Frère Robt de la Rue pstre et commandeur dudit lieu de laage de 45 ans ; frère Raoul Guimont pstre curé de ladite église en laage de 40 ans ; mess. Guerart destolandes pstre donné en laage de 36 ans, Jehan de Paris donné en laage de 70 ans.

VALEUR DE LADITE BAILLIE ET COMMANDERIE DE SAUCHEVREL :

1º Sur l'église paroissiale dudit lieu chaque an. 15 frans

2º A ladite ville appartient un moulin qui vaut chaque an. . . . . 20 »

3º A ladite maison en la paroisse de Landelles . 15 »

4º » » en ladite Villedieu . . . . 15 »

4º Les cens à passages dudit lieu valent chaq. an . . . . 10 frans

5º appartient a ladite ville de Villedieu certaines rentes ch. an . . . . 15 »

6º It. à ladite maison sur les fermes du marché de ladite ville en toutes choses . . . . . 55 »

7º It. sur la paroisse de Escheriz (1) 10 qrts de froment et 14 demoz davoine qui valent ch. an . . . . 6 »

8º It. au Val Saint Pe (2) et environ autres villages audit pays . . . . 4 »

9º It. au Pont-Broquart . . . . 5 »

10º It. a Oville (3) 10 qtiers de froment petit mesure . . . . 3 »

11º It. Sur les moulins daigneaulx 12 qtiers froment . . . . 6 »

(1) Les Chéris, canton de Ducey.
(2) Val Saint-Père, près Avranches.
(3) Ouville, près Coutances.

12° It. La queste de leveschee de Coustances,
d'Avrenches et de Bayeux appartenanz audit
hostel chq an   24   »

13° A la dite Villedieu a toute justice, haulte,
moyenne et basse, laquelle ne vault riens
a présent pour la fortune des guerres.

14° It. Appartient a la dite mais. trois accres de
prez qui valent ch. an   3   »

15° Item apptient a la dicte maison quatre accres de bois qui est pour la despense de la
dicte maison.

Sôme des rentes et revenues dessus dictes de
la valeur de ladite maison : . . . . . .   201 frans.

CHARGES DE LADITE MAISON

1° Pour la responsion de Mons. le Maistre et son
couvent 200 flors valant . . . .   180 frans

2° Pour faire chanter une messe tous les jours
au point du jour dans ladite église ch. an .   15   »

3° Pour la visitation de l'évêque quand il vient
visiter ladite *église* 150 gros valant . . . .   121. 10 s

4° Pour l'état du Commandeur . . . . .   40 fr.

5° Pour le vivre et robes du curé et de 2 donnés, pour chacun 30 fr. valant   90   »

Sôme des dites charges 337 l. 10 s.

Et la valeur monte 201 l.

Ainsi appert que les charges surmontent les revenus de
136 l. 10 sous tournois.

Les derniers chiffres donnés pour les charges de
la Commanderie nous font comprendre la valeur
relative de l'argent à cette époque: 30 francs par
an suffisent pour la nourriture et le vêtement de
chaque religieux, et 40 pour le Commandeur.
Nous serons frappés en même temps de l'élévation

de la *Responsion* que celui-ci devait envoyer pour
les besoins généraux de l'Ordre : les remarques générales du Livre-Vert que nous avons citées d'abord
avaient toute leur importance : les anciens chevaliers
ou les prêtres que l'on mettait alors à la tête des
maisons de l'Hôpital avaient besoin de toute la
science pratique des cultivateurs pour remplir di-
gnement leurs fonctions ; nous ne sommes pas
arrivés à l'époque où les Commanderies deviendront
de superbes *commandes* pour des chevaliers qui
n'auront plus à justifier de cinq années de résidence
à Rhodes ou à Malte, et de trois caravanes (campagnes) contre les infidèles. La lutte contre les Turcs
attirait à cette époque de nobles vocations parmi les
Hospitaliers de Saint-Jean ; nous voyons d'ailleurs
quelques années plus tard l'ardeur de la vieille noblesse se réveiller à l'occasion de l'expédition si
malheureusement compromise à Nicopolis (1393).

Une pièce curieuse (1) du 1er juillet 1373 confirme les données du Livre-Vert sur Villedieu, tout
en nous donnant une idée des relations forcées
que le Commandeur devait entretenir avec les officiers du roi de Navarre :

« Es assises de Const. tenues à Gavray le samedi continuant
du vendredi 1er jour de Juillet. Devant nous, Raoul de Craves,
Bailli de Constantin pour Monseigneur le Roy de Navarre
confe devreux, se representa religieux home et honeste fre
Robt. de la Rue cômãdeur de Villedieu, qui nous bailla par
escript le tenement quil tenoit de mondit seigneur en la

(1) Arch. Nat. S. 5057, 40.

manière qui ensuil : — Sachent touz que je, fre Robt de la Rue de lordre de lospital S. Jeh. de Jerlm, comandeour de Villed. de Sauchevreul, au nom et pour Revrent pê en Dieu monsz le grant priour de France, confesse atenir soubs très excellent et puissant prince le Roy de Navarre monsz : cest assavoir la ville de Villed. et ses appartenances en au- mosne, ou il a toute haute justice, basse et moyenne appt audit hospital, et ny a le Roy mon dit seigneur que le res- sort de haute justice et prières et oreisons. — Item le dit comand. a les amend. de ses homes quant ils pledent en la court du Roy mon dit sz. — Item le d. comandeour a toutes les forfaites de ses homes. — Item il a les fouages de ses ho- mes. — Item ses homes sont quittes et francs pour toutes les villes et terres du Roy mondit seignr. — Item ledit coman- deour et ses homes sont francs et quittes pour toutes les foires et marchiez du Roy mondit sz. Et pevent en valr a pnt les rentes et revenues dela dite ville en la viconte de Const. cent cinquante livres qui sont valt au temps de bone pes 600 li- vres tournois. En tesmoig. de ceu jay scelle ceste cedile le prem. jour de juillet lan mil cccLxxiiJ. — De laquelle chose ledit comandeour nous requist cest memor que nous li avons octroie pour li valr en beu et en temps ce que valr li devra de reson. Donne come dessus. — *Davy.*

Le Commandeur, en affirmant ainsi ses droits et ses privilèges, sous forme d'aveu ou d'hommage, prenait la défense de ses hommes, c'est-à-dire non-seulement de ses religieux, mais de tous ses vassaux, et par suite de tous les bourgeois de la ville. Trois ans plus tard, il dut recourir au Roi de France, dont Charles le Mauvais n'était lui-même que le vassal ; et Charles V, si l'on en croit le *ma- nuscrit traditionnel,* défendit aux officiers du roi de Navarre « de faire aucunes impositions ni le- vées sur les hommes du bourg et sujets de la

5

Commanderie de Villedieu-lès-Sauchevreul, qui est en la sauvegarde spéciale du Roi. » (1376)

La guerre ne devait pas tarder à recommencer avec les Anglais comme avec l'astucieux roi de Navarre. La campagne de 1377 enleva aux étrangers la plus grande partie des places qu'ils occupaient en France à l'époque de la Trêve de Bruges. Les régents du jeune Richard II s'allièrent alors avec Charles le Mauvais à qui la paix de Pampelune avait imposé l'inaction.

L'arrestation de ses deux conseillers, Pierre du Tertre et Jacquet de Rue, confirma Charles V dans ses soupçons ; le fils même du roi de Navarre, convaincu de la félonie de son père, se joignit aux généraux envoyés par le roi de France pour saisir les châteaux de Normandie qui faisaient partie de l'apanage du traître. Le connétable Bertrand du Guesclin, le duc de Bourgogne et l'amiral Jean de Vienne enlevèrent rapidement ces forteresses au printemps de 1378. Carentan, Valognes, Avranches, se rendirent à la fin d'avril ; Gavray capitula le 1er juin ; Mortain résista près de trois mois et ne se rendit qu'à la fin de juillet. Toute la noblesse des environs, les d'Estouteville, les Paisnel de Hambye, Hervé de Mauny, Alain de Beaumont, Perceval d'Esneval, Alain de la Houssaie, Raoul de Beauchamp, avaient secondé l'armée royale.

Charles V donna l'ordre de démanteler plusieurs de ces places au mois de juillet, entre autres Avran-

ches, Mortain et Gavray (1). Quelque temps auparavant, il avait confié plusieurs châteaux de la contrée
à des capitaines qui s'étaient distingués dans les
précédentes expéditions : ainsi Olivier du Guesclin,
frère du connétable, recevait le château de la Roche-Tesson en octobre 1375 (2). Au mois d'août
1378, le roi donne (3) à son « amé varlet tranchant
Jehan d'Estouteville le Jeune, pour considération et
en recompensation des bons et aggréables services
qu'il a fais au temps passe, fait de iour en iour
et esperons qu'il fait au temps avenir, pour lui
et ses hoirs, 200 livres par an à prendre sur tous
les héritages, terres, revenus, possessions et autres
biens quelconques de Jehan Taisson, chevalier,
quelque part qu'ils soient assis dans le Royaume,
et 500 francs dor à prendre et avoir pour une
fois de sur tous les biens meubles dudit Jehan. »
— Tous ces biens étaient « acquis *au Roi* et ap-

(1) *Mandements de Charles V*, édition de L. Delisle.
No 1176. A.

(2) *Item.* no 1770 : ce château revenait au roi par la mort
de son oncle le duc d'Orléans. Il avait été confisqué à la
suite de la trahison d'Olivier de Clisson et de quatorze chevaliers condamnés à mort par Philippe de Valois (1343).
Geoffroy d'Harcourt avait pu s'échapper ; trois autres seigneurs normands, Guillaume Bacon, Richard de Percy et
Jean de la Roche-Tesson, furent décapités à Paris le Samedi-
Saint, et leurs têtes envoyés à Saint-Lô pour y rester exposées. Édouard III les fit inhumer dans le sanctuaire de
l'église des Chanoines Réguliers, quand il s'empara de la
ville en 1346.

(3) *Trésor des Chartes.* Arch. Nat. JJ. 145, 446.

parten come comiz et confisquez parce que le dit
Jehan (lequel est né et extrait du royaume) a
tenu et tient le parti de notre adversaire de Navarre
en comettant le crime de lese-majesté. »

Parmi les places soumises au roi de Navarre,
Cherbourg (1) seul échappa aux Français : il l'avait
cédé pour trois ans aux Anglais. Après un double
échec aux environs de cette ville (décembre 1378,
juillet 1379), les troupes de Charles V reçurent ordre de se retirer : seuls les châteaux-forts de la presqu'île au nord de Carentan demeurèrent occupés
par des garnisons ; les habitants du plat pays
étaient invités à se retirer en des lieux plus sûrs s'ils
voulaient échapper aux Anglais. La mort (1380) du
connétable, puis du monarque, devait retarder pour
longtemps encore la délivrance du Cotentin.

Charles V, en prenant possession des biens du
roi de Navarre, s'était engagé à les rendre au fils
de celui-ci lorsqu'il aurait atteint sa majorité. Charles VI, où plutôt ses oncles qui administraient le
royaume pendant la minorité du monarque, signè-
rent une charte de restitution provisoire au jeune
prince : on le nommait gouverneur des comtés et généralement de toutes les terres que son père « souloit
tenir dans le royaume ès pays d'Oïl et d'Oc (2) ».
Seule la nomination des capitaines des places « en
frontière des ennemis, » Valognes, Carentan, Pont-

---

(1) Voir les préparatifs du siège de cette ville. *Cartons des
Rois*, 1570 et seq.

(2) *Secousse*. CHARLES LE MAUVAIS.

d'Ouve, Regnéville et Avranches, restait au roi de France.

Cependant Charles le Mauvais songeait à rentrer dans ses domaines avec l'appui de la garnison anglaise qui continuait d'occuper Cherbourg jusqu'à un nouvel arrangement avec lui. — Charles VI dans son Conseil l'accuse de vouloir attenter à sa vie ; et le 20 mars 1385, il rétracte toutes les restitutions faites aux fils de son adversaire, en assurant (1) leur entretien par ses libres aumônes : 8000 *livres parisis* (2) étaient assurées, chaque année à Pierre de Navarre, sur les aides du diocèse d'Evreux et sur les revenus des terres de son père saisies au profit du roi. Un arrêt de la Chambre des Comptes assignait les sommes à payer par ces diverses terres (vicomtés... de Carentan, Coutances, Avranches, Mortain, etc.). La mort du roi de Navarre (1er Janvier 1387) ramena l'espoir d'un arrangement définitif avec son successeur.

Pendant que les négociations poursuivaient leur cours, la Basse-Normandie eut à subir les horreurs

(1) *Cartons des Rois*, N. 1656.

(2) La *livre parisis* valait 1/4 de plus que la *livre tournois* ou *franc*. D'après M. de Wailly (*Variations de la livre tournois*), le franc à cette époque avait une valeur moyenne de 10 francs 38 de notre monnaie, si l'on tient compte du poids et de l'alliage des pièces : c'est ce qu'on appelle la *valeur absolue;* pour obtenir la *valeur relative*, c'est-à-dire correspondante à celle des objets qu'on pouvait se procurer avec cette pièce, il faudrait encore multiplier le chiffre de 10 francs au moins par cinq.

d'une expédition dévastatrice des Anglais. Le Comte d'Arundel, parti de Cherbourg par mer, vint assiéger Carentan : la résistance de la garnison, composée d'un grand nombre d'écuyers et de chevaliers normands sous les ordres des sires de Hambye et de Courcy, le déconcerta; et, sans coup férir, il partit pour aller s'emparer de Torigny. Le Bessin dévasté, les ennemis reprirent avec leur butin la route de Cherbourg, d'où bientôt ils retournèrent en Angleterre (1388-89).

A la suite de la trêve conclue entre la France et l'Angleterre à l'occasion du mariage de Richard avec la fille de Charles VI, Cherbourg fut rendu par les Anglais au roi de Navarre : des lettres des 24 et 27 octobre 1393 (1) désignaient les commissaires anglais chargés de remettre la place dans le délai de six semaines aux commissaires de Navarre également désignés. Une quittance du 21 janvier suivant prouvé que 25.000 livres avaient été remboursées pour cette reddition.

Enfin le 9 juin 1404, un traité put être conclu avec le nouveau roi de Navarre (2): il lui assurait le duché de Nemours avec d'autres terres à l'intérieur du royaume en échange de sa renonciation à toutes les terres et villes auxquelles il pouvait prétendre en Normandie, notamment aux seigneuries de Carentan, Valognes, Mortain, Gavray et Bréhal.

(1) V. les documents cités par G. Dupont : *Le Cotentin et ses Iles* (T. II, p. 490).
(2) *Chronique du Religieux de Saint-Denis*, l. XXV, c. 6.

Quelque temps après (27 juillet), Cherbourg était rendu à Charles VI, qui s'engageait à remettre au roi de Navarre la somme précédemment déboursée pour le retirer des mains des Anglais. Les habitants de la province à l'Ouest de la Seine durent encore fournir les 30.000 francs d'or nécessaires pour cette libération : heureux si ce nouveau sacrifice avait dû les délivrer pour toujours de la domination étrangère !

Si Charles V avait été contraint, avant sa mort de renoncer à la délivrance du Nord du Cotentin, il n'avait rien négligé pour empêcher l'ennemi de s'emparer de nouveau du Bocage normand. Certaines places avaient été démantelées (1) pour les rendre incapables de fournir un asile aux Anglais; d'autres, au contraire, furent fortifiées et mises à l'abri de toute attaque. La Lettre suivante (2) du 5 août 1380, confirmée quelque temps après par Charles VI, nous montrera Villedieu objet des sollicitudes royales :

Informé « que une ville appelée Villedieu, au bailliage de Costentin, apparten au grant prieur de France de lospital

(1) Plusieurs places, d'abord démantelées, furent ensuite fortifiées de nouveau. Ainsi, à Avranches, nous voyons l'emplacement où était le château donné à cens par ordre de Charles VI en 1385; et en 1393, Jean sire de la Ferté, chambellan du roi, signe une quittance comme capitaine de ce château. — De même le 25 mars 1391, le monarque donne l'ordre de payer les réparations faites par son commandement au château de Vire. (*Cartons des Rois*, n. 1654, 1729, 1707).

(2) Arch. Nat. JJ. 119, 350.

de Saint Jehan de Jhrum a causé du dit hospital nestoit pas souffisamnt fortiffiee ou emparée pour resister ou estre tenue contre noz ennemiz si aucuns y fussent venuz pour la prendre ou assaillir, dont plusieurs grans domages et inconveniens inseparables puissent estre ensuiz a nous et a notre royaume, » Charles V avait commandé la démolition des fortifications de la place. Mais Gérart de Vienne, Grant Prieur de France, ayant fortifié la ville, et l'ayant peuplée de gens capables de la défendre contre toute attaque et abriter les gens du plat pays d'environ, le roi octroie « par autorité royale par ces présentes que ladite Ville Dieu, ainsi ou mieux fortiffiee et emparee que elle est, le Grant Prieur et ses successeurs puissent tenir, avoir, posséder et garder tout aussi come si elle fust ville fermee danciennete, et que ceulz qui y ont et auront retrait et refuge il puissent contraindre et faire contraindre a y faire le guet et garde de jour et de nuit si come il est a faire en tel cas ».

Cette pièce semblerait indiquer que, pendant la dernière lutte contre le roi de Navarre, Villedieu avait été à l'abri des dévastations de l'ennemi.

La garde de Villedieu par une *milice bourgeoise*, dont le Commandeur nomme le Capitaine et le Lieutenant, nous est affirmée dès cette époque par un passage des Terriers : « Sur la contestation que Guillaume de la Motte et Jean Le Comtois voulurent faire de ce droit au Commandeur Jean Bouquet, celui-ci obtint par l'entremise du Grand Prieur des Lettres du monarque (1385), qui déboutèrent les bourgeois de leurs prétentions, en maintenant le Commandeur dans la nomination de ses officiers. »

Une difficulté parait s'être élevée entre les baillis de Charles VI et les Commandeurs de Villedieu pour des questions de juridiction. Le *temporel* du Commandeur Jean Bouquet avait été « pris et arrêté en la main du roi » en 1384. Une série de pièces (1) nous montre ce religieux et son successeur Paul Grimont nommant plusieurs *attournes* (2) en présence du Bailly de la Roche-Tesson pour plaider en leur faveur aux assises du Bailly de Caen. L'affaire est renvoyée d'une assise à l'autre jusqu'à la fin de 1388. Dans l'intervalle les Commandeurs pouvaient continuer provisoirement à jouir de leurs biens.

Les attaques des officiers et magistrats royaux contre les privilèges de l'Hôpital en France n'étaient pas rares à cette époque. Plusieurs fois les souverains durent intervenir pour le maintien de ces privilèges. Nous en avons rapporté un exemple en 1376 pour Villedieu ; le 17 septembre 1398, Charles VI déclare les Religieux de cet ordre exempts des *droits d'aide* même accordés par le Clergé pour le fait des guerres, en leur imposant seulement l'obligation de vendre *en gros* les vins de leurs propriétés. Le 22 mars 1401 (*vieux style*), le même roi affirme l'exemption de tous droits pour les marchandises achetées ou vendues par les hommes de l'Hôpital ; le 27 avril 1402, c'est-à-dire un mois après, il lui faut donner l'ordre d'expédier les lettres précédentes qui avaient rencontré de l'opposition de la part des officiers chargés de l'exécution. En 1406, le 26 mars, les Hospitaliers sont encore exemptés

(1) Arch. Nat. S. 5057-19 à 37.
(2) Avoués.

de l'imposition levée sur le Clergé pour l'union de
l'Église; les religieux ne seront point susceptibles
d'être envoyés dans ce but comme ambassadeurs;
le 17 mai 1408, confirmation de cette exemption.

Villedieu avait eu l'honneur de recevoir la visite
du monarque en 1393 au mois de février: nous le
voyons signer dans cette ville une lettre de rémission (1) pour un prisonnier retenu dans les cachots
de la ville, ainsi que la confirmation (2) de la donation faite à Jean d'Estouteville en 1378, que nous
avons citée plus haut: le duc d'Orléans, le vicomte
de Melun et Messire Cyrille des Bordes étaient présents à ce dernier acte.

Le moment était favorable pour obtenir de Charles VI la confirmation des règlements que les Poëliers avaient élaborés avant les désastres des guerres.

(1) Arch. Nat. JJ. 159, 203.
(2) Ibid. JJ. 145, 446.

CHAPITRE V

DÉVELOPPEMENT DES STATUTS DES POELIERS

Nouveaux articles rédigés (1406). — Consultation des Poëliers de Rouen : ils ajoutent un article. — Approbation de Charles VI (1407). — Addition de plusieurs articles confirmée par le Roi (juillet 1408). — Dispersion
des Poëliers à la suite des guerres ; centralisation du métier : Gardes et Assemblées générales ; Règlements généraux approuvés par Charles VII (1434), confirmés par
Louis XI (1481). — Assemblée de Châtellerault (1490).

La paix dont on jouissait en Normandie, loin des
intrigues de cour qui allaient déchaîner, à brève éché-
ance, de nouveaux malheurs sur la France, permit
de réparer un peu les ruines de la guerre. Les Poëliers de Villedieu s'étaient trouvés en rapport avec
les Poëliers des autres villes, soit par raison de
commerce, soit peut-être par l'obligation de chercher quelque temps un refuge contre les maux
qui les menaçaient. Ils mirent à profit les observations qu'ils avaient pu faire sur les différences
de Règlements qu'ils avaient rencontrées. De plus,
il leur sembla qu'une union entre les Poëliers
des diverses villes du Royaume, avec l'appui moral
que lui donnerait l'approbation royale, serait une

garantie contre le retour de semblables désastres.

Leurs premiers Statuts n'avaient reçu que la sanction de la Justice de la Commanderie. Il fallait, pour arriver à leurs fins, en obtenir la confirmation du monarque, tout en soumettant à son approbation les articles additionnels dont ils sentaient la nécessité. En conséquence, le mardi 4 mars 1406 (*vieux style, soit 1407*), ils se réunirent (1) au nombre de trente-quatre devant le Bailly de Villedieu, Raoul Roillart, pour lui demander de consigner par écrit, avec les premiers Statuts, les nouvelles Ordonnances qu'ils désiraient y ajouter « pour le bien, honneur et prouffit dudit Mestier, et aussi de la chose publique, et pour eschever (2) plusieurs maulx et fraudes qui pourroient estre faictes et commises,... s'il plaist au Roy nostre Sire, à Monsieur le Grant Prieur de France de la Sainte Maison de l'Hospital de Saint-Jehan de Jérusalem et à Monsieur le Commandeur dudit lieu de Villedieu, leur octroyer et confermer. »

Deux délégués, Colin de Rennes (Raynes) et Rogier Leroy, se chargèrent de porter le tout au Bailly de Rouen, Jean Davy, sieur de Saint-Péravy (Chevalier, Conseiller du Roy) et de le prier de consulter les Gardes, Maîtres et Ouvriers de cette ville sur la teneur du projet. Leur avis fut entièrement favorable : ils avaient eux-mêmes à peu près les

(1) On trouvera leurs noms dans les Lettres publiées *in-extenso* dans l'Appendice.
(2) Éviter.

mêmes Statuts; ils se contentèrent de demander l'addition d'un article « dont ils avaient accoutumé à user à Rouen :

« C'est assavoir que nul ne puisse fondre forge sur forge. »

Les Lettres du Bailly de Villedieu, ainsi confirmées par celui de Rouen le 18 avril 1407, purent être présentées au Roi Charles VI, qui les loua, ratifia, approuva et confirma de sa grâce spéciale » au mois d'avril après Pâques de la même année, par Lettres datées de Paris et revêtues de son sceau.

Les nouveaux articles avaient pour but, tout en rendant possible l'établissement des Poëliers dans toutes les villes marchandes du royaume, de réprimer les fraudes par l'obligation de se soumettre partout aux mêmes règlements sous la surveillance des Gardes jurés auprès des tribunaux. La garantie contre la concurrence étrangère et la protection des familles des anciens Poëliers se trouvent de plus en plus assurées :

Premièrement. Que pour ce que audit Mestier appartient la cognoissance de fondre, battre et recuire tout airain quelconque, par quoy les Maistres et Ouvriers dudit métier peuvent avoir greigneure (1) cognoissance sur le faict du monnoyer que aultres, et ont, en leurs mestiers plusieurs outils nécessaires pour icellui fait, par quoy est ordonné que *ledit mestier* ne soit faict ne mené, *fors seullement ès bonnes villes accoustumées et merchendes et où il s'assemble foires et Marchés, sur peine de vingt livres d'amende* à lever par la

_____

(1) Plus grande.

justice toutes foys qu'ils seront trouvés faisans le contraire, qui en fera telle courtoisie au Tresor de leur frairie comme il lùi plaira pour convertir ès usaiges dont en la copie dessus transcripte est faicte mencion.

II. *Item. Que ne pourront faire ne ouvrer* dudit Mestier *en aucune ville qu'il ne y ait quatre Gardes* de la nation du Mestier, c'est assavoir *deux Maistres* et *deux Varlets* jurez par devant la justice du lieu, tant pour dénoncer à la justice les fraudes et malices qu'ils pourroient appercevoir audi Mestier ou en l'euvre d'icellui, que pour faire et accomplir les autres points contenus en leurs ordonnances, comme il est accoustumé en ladite ville de Villedieu et aussi en la ville de Rouen.

II. *Item.* Que *aucun ne soit mis à apprendre* à ouvrer du martel à une main audit Mestier, jusques à ce qu'il ait duement enseigné (1) par devers la Justice de la ville, en la présence des Gardes, *que il soit de la droicte ligne audit Mestier*, né en loyal mariage, sous peine de dix livres tournois d'amende a lever sur le Maistre qui seroit trouvé faisant le contraire.

III. *Item.* Que nul ne soit *reçu* ne souffert estre *Maistres* dudit Mestier, s'il n'est *natif du Royaume de France, de la propre ligne dudit Mestier*, c'est assavoir fils de Maistre, ou fils de fils ou de propre fille de Maistre, et qu'il ne soit suspectionné d'*aucun mauvais vice* ou reproche et aussi *qu'il ait ouvré* audit Mestier par *l'espace de dix ans* ou plus, pour ce que en plus bref temps aucun ne peut apprendre ledit Mestier pour ouvrer de Maistrise souffisant.

V. *Item.* Que aucun ne soit receu à estre Maistre dudit Mestier jusques à ce qu'il ne soit *aagé de vingt-deux ans* ou plus.

VI. *Item,* Aucun qui eust ou ait cause d'estre Maistre audit Mestier par la manière dessus dite, n'eust ou n'ait pas la

(1) Montré, fait connaître.

puissance, ou n'eust veu ne voye mye son'prouffit à prendre ou lever Maistrise audit Mestier, les *enfants mâles qui* istront ou sont issus proprement *de lui ou de sa propre fille auront ainsi grant liberté* audit Mestier *comme s'il avoit esté Maistre.*

VII. *Item.* Que s'aucun vient pour être Maistre de nouvel audit Mestier, se il est filz de Maistre, il paiera *cent solz* tournois audit Trésor de leur Mestier pour et *au lieu de xl solz* contenus esdites lettres ; et se il n'est fils de Maistre, il paiera *dix livres* tournois pour et *au lieu de lx solz* déclairés en icelles, lesquels seront convertis par les gardes aux usaiges accoustumés par leurs dites Lettres.

VIII *Item.* Que *aucune vieille œuvre ne soit réparée* ne mise en état de neufve, ne aucun ouvraige ne soit faict de la dite vieille œuvre *sans refondre* en aucun ouvrouer de batterie où l'on fera fonte et ouvraige neuf pour lors, sous peine de cent solz tournois d'amende pour chascune foys qu'il sera trouvé en faucte à lever par la justice, qui en fera telle courtoisie audit trésor comme il lui plaira.

VI. Que aucun ouvrage neuf dudit Mestier ne soit aucunement *vendu en détail, sinon aux foires et aux marchiez ou ès villes coutumières et marchandes,* ou ès lieux où les vendeurs soient demourans résidans sous peine de dix livres tournois d'amende à lever pour chascune foiz sur chascun vendeur qui sera trouvé faisant le contraire.

Lesquelles choses dessusdites et chacune d'icelles lesdits Maistres dudit Mestier de Paeslerie, tant pour eux que pour leurs prédecesseurs (1) Ouvriers dudit Mestier, pour le bien, prouffit et utilité d'icellui se sont consentiz et accordez de tenir, entretenir et accomplir les choses dessus dites et chascune d'icelles sans enfreindre, sous la cauption et obligation de tous leurs biens, meubles et héritaiges.

(1) Ou plutôt « successeurs ».

La perfection n'était pas encore obtenue. Dès l'année suivante, une nouvelle rédaction est proposée par les Poëliers. Le 16 juillet 1408, ils la consignent en présence du Vicomte de Villedieu, Roger Faucon, et chargent de nouveaux procureurs d'aller en demander confirmation à la Cour. La réponse ne se fait pas attendre : le 26 juillet, des Lettres royaux déférent à leurs instances. Nous donnerons la missive de Roger Faucon qui fut présentée au Roi et transcrite dans les Lettres d'approbation :

« A tous ceux qui ces Lettres verront ou orront, ROGER FAUCON, Viconte de Villedieu de Saulchevreul, Salut.

Savoir faisons que, audit lieu de Villedieu, devant nous furent présents en leurs personnes : C'est assavoir COLIN DE RENNES, ROBIN VITRON, JEHAN DAVY l'esné, JEHAN DAVY le jeune, JEHAN CERCEL, GUILLAUME SAUVAIGE, ROBIN VITRON, BERTHELIN LE MOR cadet, JOSEPH COLIN DE CERVILLE, FRANCHIN DAVID, JAQUET DE FESCAMP, DENYS NAVET, GUILLAUME DE RUCOURT, JEHAN LEROY, JEHAN LE PAESLIER l'esné, THOMAS LE PAESLIER, GUILLAUME PICAULT, PERROT CERCEL, RAOUL CERCEL, GUILLAUME GAULTIER, JACQUET LE PAESLIER, ROBIN BLOUET, GUILLAUME DE FESCAMP, ROBIN DE CERVILLE, THOMAS JACQUEMIN, THOMAS LE POTIER, JEHAN PICAULT, DENYS PICAULT, JEHAN LE PAESLIER le jeune, JAQUET JOSEPH, COLIN CHAMPAIGNE, ROBIN CHAMPAIGNE, ROGIER LEROY, JEHAN MOCTEREUL, tous Maistres et Ouvriers au Mestier, art et science du Mestier et euvre de Paeslerie, lesquels, de leur bonne voulenté franches, sans aucunes contrainctes, par bonne et meure delibéracion et adviz, et d'un commun assentement et voulenté, firent, ordonnerent, constituèrent, commisrent, adviserent et establyrent leurs Procureurs generaux et certains Messagiers especiaulx, c'est assavoir AUDRY THOMAS, JEHAN et GAUTIER dicts du GRIPPON, eulx et chacun d'eulx portans ces Lettres pour requerir au Roy nostre Sire, à sa Court et en son noble Conseil et où Mestier sera, correction et adjoustement en certaines Lettres par eulx obtenues de la Court du Roy, nostre Sire, sur le fait des Ordonnances dudit Mestier, c'est assavoir, en ung article contenu esdites qui contient que *on n'ouvrera point en nul tems* audit Mestier de *martel de nuys*, que d'abondant, il y soit mist et adjousté, *sinon en temps qu'ils fondent leurs forges*, qu'ils pourront férir du martel pour caller la forme de leurs dites paesles et ouvraiges, quand ils fondront leurs forges, car icelles fonteurs, puisqu'ils sont encommencés, ils se font la nuyt comme le jour, et convient *tauler* la forme de leurs dites paesles et ouvraiges, ainsi qu'ils les fondent les ungs après les aultres pour remectre les tailleures et rogneures à leurs fontes, et convient qu'ils fassent leurs dites fontes puisqu'ils sont encommencées, la nuyt comme le jour ; car s'il estoit ainsy qu'ils cessassent la nuyt, leur foyer et fournaise reffroydiroit tellement que leur forge seroit perdue, et seroit à leur très grand dommage et préjudice et du bien publicque.

Item. En ung autre article qui contient que nul ne puisse *fondre forge sur forge*, que pour ce mot *fondre* soit mis ce mot *ouvrer* pour correction ; et, avec ce, qu'il soit mis et adjousté esdites Lettres qu'ils *ne pourront ouvrer de la forge* et fonte dernière fondu *jusques à ce que l'autre forge précédente soit faicte et accomplie de martel*, au moins jusques auprès d'un cent de livres d'ouvraiges dudit Mestier.

Item. Aussi que en leurs dictes Lectres soit mis et adjousté la teneur de la procuracion passée par lesdits Maistres de Paeslerie qu'ilz firent pour réquérir les Lectres données

6

du Roy, nostre Sire, afin *qu'il soyt mémoire perpétuelle de ce que fust à leur requeste et pourchaz* (1).

Et donnèrent et octroyèrent lesditz constituanz pouoir et autorité à leursditz Procureurs et à chascun d'eulx pour faire et besongner sur ce que dit est, ainsi comme ils feroient ou pourroient faire se presens y estoient en leurs personnes. Et quant à toutes les choses dessusdictes et chascune d'elles, lesdits constituans ont obligé et obligent tous les biens dudit Mestier à eulx appartenans en ladite ville et tous leurs biens meubles et héritaiges présens et advenirs ou quels qu'ilz soient.

Ce fut fait en la présence de GUILLAUME ROGER et de GIEFFROY LE GRAS, donnés pour tesmoings de ce, soubz le Grant Scel aux causes de ladite Vicomté, le seizième jour de Juillet, l'An de Grâce mil CCCC et huit.

Ainsi signé : R. CERCEL — *Gratis.*

Il serait intéressant de rapprocher de ces Statuts de 1407 et 1408 confirmés aux Poëliers de Ville-dieu, les Règlements approuvés pour les Poëliers de Rouen le 23 avril 1408 (2), et pour les Chaudron-niers de Paris le 12 octobre 1420 (3). Les mêmes dispositions générales s'y retrouvent; les rédacteurs ont dû certainement s'inspirer les uns des autres, et l'on comprend le désir des Maîtres de Villedieu de voir affirmer dans leur dernière demande que « ce fust à leur requeste et pourchaz » que ces Statuts leur furent accordés.

(1) Sollicitation.
(2) Voir *Ordonnances des Rois de France*, T. IX, p. 313.
(3) *Ibid.* T. XIX, p. 434, ainsi que les Confirmations suc-cessives par Charles VIII, en septembre 1484 (*Ibid.*) et par Louis XII, en avril 1514 (T. XXI).

Cependant, la défaite d'Azincourt (1415) ne tarda pas à ramener les Anglais en Normandie : ils ne devaient l'évacuer définitivement qu'en 1450. Les émigrations se produisirent nombreuses vers les parties du royaume restées fidèles à Charles VII. Les Poëliers ainsi dispersés s'adressèrent au monarque pour obtenir l'approbation des nouveaux Règlements.

Les Statuts précédemment approuvés leur permettraient déjà de s'établir en toute sécurité par toute la France, et de fonder dans leurs nouvelles résidences des Confréries jouissant des mêmes avantages, que celle de Villedieu. Ce qu'ils cherchent maintenant, c'est l'union de toutes ces corporations séparées dans un seul Corps reconnu par le Roi, avec une réglementation et des privilèges uniformes.

La protection royale demandée pour cette tentative de centralisation devait nécessairement entraîner le paiement d'un subside aux finances si malheureuses de Charles VII. Les privilèges purent s'augmenter, mais l'indépendance se trouva amoindrie. La rédaction des Lettres d'approbation données à Poitiers le 22 novembre 1434, laisse voir le peu de confiance que le monarque avait encore à cet époque dans le succès de sa cause, malgré la protection divine dont la mission de Jeanne d'Arc avait dû lui fournir un gage si précieux. Elles étaient accordées, disait-il, « à l'occasion du défaut de certains articles dont l'omission se faisait sentir dans les Règlements précédents, *mais aussi* à l'occasion de la dispersion et de la désagrégation desdits Maîtres et Ouvriers survenues à la suite des guerres et des dissensions qui se poursuivaient dans les diverses parties de notre royaume et obédience, se poursuivent de jour en jour, et vraisemblablement semblent devoir se poursuivre à l'avenir. »

Voici la teneur du nouveau Règlement :

I. A esté advisé et accordé par lesdits Maistres et Ouvriers dudit Mestier de Paeslerie que icellui Mestier de Paeslerie sera prins et tenu comme *corps et collège licite et approuvé* et les Maistres, Ouvriers et autres gens d'icellui Mestier pourront faire et avoir Bourse commune pour faire la poursuite et conduite des besongnes et négoces nécessaires et pronffitables pour faict dudit Mestier.

II. *Item* Que tant par les Maistres et Ouvriers dudit Mestier de Paeslerie, lesquels souloient demourer et résider audit lieu *de la Villedieu de Saulchevrel, comme par ceulz des bonnes villes de nostre Royaume* et obéyssance, ou la plus grant et saine partie d'iceulx sera *eslu un Garde général*, lequel, après qu'il aura esté présenté par lesdits Maistres aux Officiers royaulx plus prochains de l'habitation et domicille dudit Garde ainsy eslu, et qu'il aura fait le serment en leurs mains de bien et loyalement exercer ledit office de Visiteur, aura *la visitacion* sur les gens d'icellui Mestier, et pourra faire corriger et punir les deffaulx, vices et mauvaisetez commises audit Mestier par les plus prouchains juges des lieux ; et se feront lesdites visites dudit Garde *sur la Bourse Commune* et aux despens d'icelle

III. *Item.* Et seront les Maistres dudit Mestier tous tenus d'eulx présenter et *comparoir en personnes à l'assemblée* par ledit Général Visiteur *chacun an* ordonnée par devant lui, à la peine de dix livres tournois, *moictié* à appliquer

au Roy, et *moiclié à la Bourse commune* dudit Mestier ;
lesquelles dix livres se lèveront sur chaque Maistre défaillant à ladite Assemblée, s'il n'y a sur ce excusation légitime,
auquel cas il sera tenu d'envoyer procureur souffisant, fondé
du pouvoir de traicter, accorder les Ordonnances et Statuts,
délibérer et conclure à ladite Assemblée.

IV. *Item*. Que des deffaulx et abus commis audit Mestier
auront la *congnaissance les plus prouchains juges* des lieux
où auront esté commis iceulx deffaulx et abus.

V. *Item*. Que ledit Garde Général pourra commectre *lieü-
tenant à chascun pays*, Duchié et Comté ou Province du
Royaume, lesquels Lieuxtenants auront puissance et *faculté
de visiter sur les Maistres et Ouvriers* dudit Mestier *et sur
leurs marchandises, et aussi sur les marchans* estant ès
villes, pays et provinces où ils seront commis ; et pour
faire ladite visitation audit Mestier ledit Garde ou ses lieu-
tenans prendront sur chascun Maistre dudit Mestier tenant
batterie 20 solz pour chacun an, et sur chascun marchant
vendant paesles portans à cheval 10 solz tournois et sur
chascun marchant portant a col 5 solz tournois.

VI. *Item*. *Que le Varlet qui vouldra ouvrer* de marteau à
une main ne le puisse faire sinon que premièrement il ait
dument enseigné et *monstré en la présence de la plus grant
et saine partie* des Maistres qui sont demourans *en la ville*
où il voudra exercer ledit mestier *qu'il soit de droicte ligne
et né en loyal mariage*, et que cellui qui fera le contraire
encourra les peines de dix livres à appliquer comme dessus,
de laquelle amende le Maistre de la batterie où il aura ap-
prins et ouvré dudit marteau paiera les deux parts et ledit
varlet la tierce partie.

VII. *Item*. que aucun Maistre *ne pourra ouvrer sur la forge
nouvelle fonduc* jusques à ce que la forge précédente soit
preste de martel, jusques à cent livres de paesles près la
forge ensuivant, à la peine de dix livres à appliquer comme
dessus.

VIII. *Item*. Que *tout ouvrage soit* fait *de compte, de poix, de mesure et de façon*, c'est assavoir au poix de marc où l'on pèse l'argent et à la mesure *où l'on a accoustumé de faire le bon ouvrage de paeslerie*, et de la façon ; et que si aucun est trouvé portant marchandise et ouvraige de paeslerie qui ne soit bien et duement apréciée de poix, de mesure et de façon comme dit est dessus, il l'amendera à l'ordonnance de justice.

IX. *Item*. Que l'*ouvraige fait ès bonnes villes de ce Royaume* et qui sera exposé en vente par les Maistres et marchants audit Mestier, *soit vendu* et delivré *avant celui qui viendra hors ledit Royaume* et que, se aucun venoit faire à l'encontre, qu'il encoure les peines de dix livres à appliquer comme dessus.

X. *Item*. Que *nul* ne soit mis *en office* de fondre ne de souder *sinon* qu'il soit *filz de Maistre*, ou *filz de filz de Maistre ou fille de Maistre*, et que *la maistrise lui soit deue* et lui appartienne, a la peine de dix livres à appliquer comme dit est dessus.

XI. *Item*. A été advisé que *nul Maistre ne puisse accompaigner* (1) avec lui à exercer le fait de maistrise, sinon le *père et le fils*, et le *frère avecques le frère* en *l'âge de xxj ans*, et conditions déclairées plus *à plain ès articles ci-dessus ditz, contenus ès lettres* dessus dites insérées, et sans fraude ne malice y trouver, à la peine de dix livres tournois à lever sur cellui qui sera trouvé faisant le contraire, à appliquer comme dessus.

XII. *Item*. Que en toutes et chascune *les amendes* et forfaitures qui, par le moyen et pourchaz dudit Garde général et de ses Lieuxtenans, viendront et ystront (1) des abus et infractions des Ordonnances dessusdites, tant anciennes que nouvelles, lesdits Maistres et Ouvriers prendront et au-

(1) S'associer, se mettre en société.
(2) Sortiront, seront issus.

ront pour mettre *en leur Trésor ou Bourse commune la moictié*, actendu que, comme dit est, *la visitacion* doit être faicte à *leurs dépens* ; et, au *regard de l'autre moitié*, elle *viendra au prouffit du Roy.*

Les Lettres de Charles VII furent confirmées ainsi que les précédentes, par Louis XI, à Plessiz-du-Parc, le 2 septembre 1481.

Les Articles concernant les Assemblées générales et les fonctions de Gardes du Métier furent observés fidèlement : une copie du 24 septembre 1686, conservée à la Mairie de Villedieu (1), nous donne le récit d'une de ces Assemblées tenue à Châtellerault le 23 juillet 1490. Nous la reproduirons dans l'appendice. Certains développements pourront intéresser les connaisseurs *ès science et art de paeslerie.* Quelques Articles nouvellement adoptés nous montreront la tendance persévérante à soulager, à l'aide de la *Bourse commune*, les misères que la prévoyance la mieux calculée ne saurait conjurer. Citons la clause suivante comme exemple :

« A été ordonné et apointé que chacun desdits Maîtres paira, par chacune semaine, deux deniers tournois au profit de ladite Confrairie, comme ils ont accoutumé, pour en estre distribué, ainsy qu'il a esté autrefois ordonné et dit par lesdits Statuts, c'est à sçavoir pour *marier les pauvres femmes vefves*, et pour *nourrir les pauvres orphelines de la*

(1) HH. 2.

nation dudit Mestier. Et, semblablement, chaçun Valet et Compagnon baillera, à la fin de chacune semaine, deux deniers à son Maître pour appliquer comme dessus. »

La nécessité de réunir divers documents concernant les Poëliers ne nous a permis que d'indiquer simplement les événements malheureux au milieu desquels plusieurs de ces pièces ont été élaborées. Avant de revenir sur la seconde période de la guerre de Cent Ans, citons ces quelques vers extraits d'un poème intitulé : « *De Miseriis guerre Anglorum et utilitatibus pacis eorum.* » (Des misères de la Guerre des Anglais, et des avantages de la paix avec eux). Cet ouvrage est conservé parmi les Manuscrits latins de la Bibliothèque Nationale (N° 10. 923) ; nous en devons l'indication à la bienveillance de M. Léopold Delisle.

« Larceroli cuprum dabit Anglia, Francia ferrum.
Lamina perigneum solidabit enea stannum ;
Istud Villadei, cornubia destinat illud
Mons Pamâdus, ubi mineralia tot preciosa
Argenti, plumbi, stanni, fodiuntur, et auri. »

(L'Angleterre donnera le cuivre de Larcerol, et la France le fer. La lame d'airain consolidera l'étain embrasé ; Villedieu destine le premier métal, le second est réservé par le mont Pamadus de Cornouailles, où sont extraits tant de minéraux précieux d'argent, de plomb, d'étain et d'or).

A la date de 1476, où ils furent écrits, ces vers

pouvaient célébrer la concorde entre les deux nations ; mais c'était grâce à l'or, autant qu'à l'astuce, dont Louis XI avait fait usage pour amener, l'année précédente, le roi d'Angleterre Edouard IV à signer le traité de Picquigny. Ces armes n'avaient pas suffi à Charles VII pour *bouter les Anglais hors de France.*

CHAPITRE VI

Seconde période de la guerre de Cent Ans. — La Normandie redevient anglaise après la bataille d'Azincourt.
— Le Mont-Saint-Michel, centre de la résistance. —Soulèvements des Paysans. — Campagnes de 1449 et 1450 :
la province reconquise en un an et six jours.
La paix. — Relèvement des ruines. — Procès entre les
Bourgeois et le Commandeur (1454): les Fortifications, l'Église paroissiale. — Visites prieurales de 1456 et 1495.

La guerre ouverte entre Anglais et Français
reprit en Normandie, avec une ardeur toute nouvelle, à la suite du désastre d'Azincourt. Dès l'année
1417, Henri V était maître de la majeure partie
des forteresses de notre province. Voici, d'après
une note de cette année, imprimée dans le Recueil
des Lettres des Rois de France et d'Angleterre conservées à Londres (1), la liste des places des environs de Villedieu où avaient été déjà nommés des
commandants anglais.

« Thorigny : sir John Popham;
Condé-sur-Noireau : John Popham ;
Saint-Lô : sir Reynold West ;
Coutances : sir de Bourgaveny ;

(1) Édition Bréquigny, Champollion-Figeac.

Avranches : Thomas Brugh ;

Pontorson : sir Robert Gargavre ;

Vire : sir de Matravas et Aroundell ;

Saint-James de Beuvron : le même ;

Hambye et Bricqueville : le comte de Suffolk sr desdits lieux.

Sr John Falstof était lieutenant pour le Roy et le Régent dans toute la Normandie. »

Cette date de 1417 doit s'entendre du commencement de l'année 1418, d'après notre manière de compter. C'est avant Pâques que ces châteaux furent enlevés aux Français : au mois d'avril, il ne restait plus à nos ancêtres dans le Cotentin que la place de Cherbourg, qui résista jusqu'au 22 août.

Malgré l'abandon où les intrigues de cour laissaient les pays d'Avranches et du Cotentin, et la défection d'une partie de la noblesse et du clergé, la lutte fut soutenue avec la plus digne générosité par plusieurs seigneurs du pays. La défense du Mont-Saint-Michel par les Paynel et les d'Estouteville, pendant toute l'occupation Anglaise (1417 à 1450), est un des faits les plus glorieux de notre histoire. Elle a été racontée dans un ouvrage de M. Siméon Luce publié après sa mort par M. Léon Gautier : le second volume de la *France pendant la guerre de Cent ans*. Nul mieux que l'auteur ne connaissait le pays dont il parle ; nul ne pouvait exposer ces faits avec plus de vérité, ni avec plus de chaleur patriotique.

Nous nous contenterons de citer pour cette période les événements qui se sont produits dans les environs de Villedieu. Si nous n'avons trouvé cette ville mentionnée que bien rarement dans les différents historiens de Charles VII, il n'est pas douteux qu'elle n'ait eu beaucoup à souffrir, comme au temps d'Édouard III, des passages perpétuels de troupes, et sans doute aussi des rançons imposées par les ennemis.

Le roi d'Angleterre avait pu se montrer d'abord séduisant pour les populations soumises ; les nécessités de la lutte l'amenèrent bientôt à agir avec moins de bienveillance.

Les documents mentionnés par Tardif dans ses *Cartons des Rois* jettent, on le sait, un grand jour sur l'histoire de cette époque : ils nous permettent d'apprécier le montant des contributions de guerre qui furent arrachées pendant l'occupation anglaise aux États de Normandie. De 1424 à 1447, nous avons compté un total de 2.110.400 livres, sans parler des recettes des vicomtes, grenetiers, receveurs des octrois, etc. (No 2211), et des taxes établies sur les denrées et marchandises (No 2248), que réclamaient les vainqueurs. Nous laissons de côté les pillages auxquels devaient se livrer, pour leur propre compte, les gens de guerre et les brigands qui infestaient le pays (No 1999).

Le Clergé, qui avait été favorisé dans les premiers temps, ne fut pas toujours à l'abri de l'avidité du gouvernement anglais : nous voyons les évêques de Bayeux et d'Avranches (No 2119) obligés de faire parvenir à Henri VI le dénombrement des bénéfices de leurs Églises. Il peut sembler douteux que les Commanderies de l'Hôpital aient trouvé auprès du monarque conquérant la même protection que Charles VII leur accordait au milieu même de ces luttes si épuisantes pour ses finances : le 20 juin 1441 (ibidem No 2219), le roi de France, déclarait les Frères et sujets de ces Maisons exempts du droit de 5 sols par *queue* (1) de vin réclamé dans tout le royaume; et, le 15 septembre de la même année (No 2226), il leur accordait de nouveau la dispense de fournir leur part des décimes et autres subsides exigés des gens d'Église. La dispersion des poëliers, vassaux de la Commanderie de Villedieu, et leur recours à Charles VII, dont nous avons parlé au Chapitre précédent, paraissent bien confirmer nos doutes.

En 1423, après la victoire de la Gravelle (près Laval) remportée le 26 septembre sur Suffolk, le comte d'Aumale remonte vers Avranches; et, cette ville investie, parcourt toute la contrée jusqu'à Saint-Lô; puis il se retire avec un riche butin, emmenant prisonnier le frère de Suffolk, John, qui avait reçu les seigneuries de Moyon et du Ménil-Céron (commune de Percy).

Les efforts des Anglais se concentrèrent longtemps contre le Mont-Saint-Michel. Suffolk essuya plus d'une défaite de 1423 à 1425. La citadelle de Pon-

(1) Fort tonneau.

torson lui fut enlevée par Richemont en 1426. Mais
l'échec du connétable devant Saint-James-de-Beuvron (mars 1427) et la reprise de Pontorson par
les Anglais (1428) rendaient la lutte de plus en
plus pénible pour les héroïques défenseurs de la
grande forteresse, quand le bruit des exploits de
Jeanne d'Arc vint ranimer leur courage. Un instant, ils purent espérer le secours de la Pucelle :
les intrigues de la Trémoille et de Regnault de
Chartres empêchèrent ce vœu de se réaliser.

A partir de ce moment, la puissance des Anglais
diminue, lentement sans doute, mais manifestement
dans le pays. Des désertions se produisent dans leur
camp : ainsi Pierre le Porc et Raoul Tesson, seigneur du Grippon, se joignent en 1432 à Jean II,
duc d'Alençon, et à deux lieutenants de Louis d'Estouteville pour faire, avec 120 hommes à cheval,
une démonstration contre Saint-Lô, dont Tesson
avait eu un instant la garde. De courageux marins,
guidés par Yvon Prieur, poussent l'audace jusqu'à
venir s'emparer des navires ennemis ancrés dans
le port de Granville.

Les campagnes dévastées avaient été abandonnées
par les cultivateurs : ainsi, la Roche-Tesson, ancienne
seigneurie de Du Guesclin, (1) si rapprochée de Vil-

---

(1) Charles VI l'avait rachetée à Olivier Du Guesclin, et
donnée, en mars 1404, à son fils Louis. (*Cartons des Rois*,
Nº *1808*.). Après la conquête, le roi d'Angleterre la donna
à Jean Cheyne, mais la lui reprit bientôt pour la conserver.
(*Rol. Norm. 755*).

ledieu, ne comptait plus que trois pauvres hommes sur 80 habitants. Les Anglais voulurent contraindre ce qui restait de laboureurs à prendre les armes pour les aider; ceux-ci ne le firent qu'à contre cœur. D'autre part, plusieurs chefs de compagnies de mercenaires, pour se débarrasser d'adversaires dangereux, en massacrèrent 1.200, à Vicques sur la Dives: ce fut le signal de l'insurrection dans la Basse-Normandie. Des démonstrations menaçantes sont faites par les paysans devant Caen; le siège est mis devant Avranches: Scales est contraint de se retirer vers Cérences. Spencer, Bailli anglais du Cotentin, arrive à Gavray; tous deux vont rejoindre vers Avranches l'armée d'Arundell; force est au duc d'Alençon et à d'Estouteville de se renfermer au Mont-Saint-Michel; cependant les Anglais essuyent une défaite à Tombelaine.

Au mois de janvier 1436, les paysans du Val de Vire refusent la croix vermeille des Anglais. D'Estouteville aide André de Laval, sire de Lohéac, Jean de Bueil et Jean de la Roche à s'emparer du château de Saint-Denis-le-Gast (30 avril). Le rocher de Granville est escaladé dans la première quinzaine de mai; peu après le château de Chanteloup tombe en leurs mains. Tous ces glorieux faits d'armes ne devaient pas avoir d'effet durable, en présence des succès de Talbot dans la Haute-Normandie. Avant la fin de l'année, Scales réussit à reprendre Granville.

L'année suivante, nouvelle chevauchée de d'Es-

touteville : Mortain, Condé-sur-Noireau, Villers-
Bocage, Caen, Vire et Saint-Lô voient passer ses
troupes; Torigny est surpris un peu avant le 19 décembre.

L'échec de 1438 devant la bastide d'Ardevon est
racheté en 1439 par l'occupation de Pontorson et de
Saint-James-de-Beuvron. Le 30 novembre, le siège
est mis devant Avranches, pour être bientôt abandonné (23 décembre), à l'arrivée de l'armée de Talbot.

Avant la trêve de Tours (1444), signalons encore
une nouvelle escalade du Roc de Granville (1) par
Louis d'Estouteville et ses deux fils (1443). Au mois
d'août de cette année, le duc de Somerset, parti
de Cherbourg, traverse le Cotentin dans toute sa
longueur pour aller s'emparer de la Guerche ; après
un échec devant Pouancé (Maine), il revient au point
de départ, d'où il regagne l'Angleterre, en longeant
les côtes du Bessin.

Pendant la trêve, les populations du Cotentin ne
furent pas beaucoup épargnées : le 26 avril 1445, le
roi d'Angleterre est obligé d'ordonner une enquête
contre Somerset, qui avait, sans autorisation, levé diverses contributions sur les habitants; ce qui n'em-
pêche pas la vicomté de Coutances d'être taxée quelques mois après (4 septembre) à 1.200 livres pour
sa part de l'aide de 200.000 livres consentie récemment par les États de Normandie. Les deux années

(1) V. *Cartons des Rois*, n. 2258, 2261, 2268.

suivantes, 260.000 livres sont encore demandées successivement à la province. En 1448, deux députés de Coutances vont trouver le chancelier de Henri VI pour solliciter la diminution des charges excessives qui pesaient sur le pays (1).

Mais si les établissements civils sont alors rançonnés par l'envahisseur, il n'en est pas de même des établissements pourvus d'un caractère religieux. En 1445, Charles VII avait envoyé à Londres, en qualité d'ambassadeurs de France, deux de ses Conseillers, Jehan Havard et Guillaume Cousinot, chargés non seulement de faire reculer indéfiniment les délais stipulés par la Trève de 1444, mais encore de soustraire aux taxes exigées par les Anglais les Églises métropolitaines, les Cathédrales, les Collégiales, les Aumôneries, les Prébendes, les Chapelles, y compris l'Abbaye du Mont Saint-Michel, en sorte que ces établissements pussent jouir en paix de leurs revenus. La mission diplomatique de Jehan Havard et de Guillaume Cousinot réussit pleinement. Le Traité fut conclu et signé le 14 décembre 1446, conformément aux vœux du roi Charles VII. Nous pouvons, avec assez de vraisemblance, supposer que le caractère religieux de la Commanderie de Villedieu la mit aussi à ce moment à l'abri des exactions britanniques (2).

(1) *Cartons des Rois*, n. 2301, 2305, 2309, 2315, 2325, 2333, 2347, 2361.
(2) Voir *Acta, Fœdera*, de RYMER, t. XI. Georges Havard, fils de Jehan Havard, venait d'épouser Antoinette d'Estou-

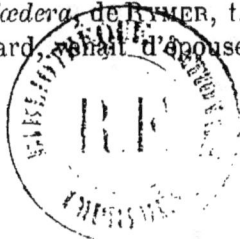

7

La surprise de Fougères par les Anglais fut le signal de la reprise des hostilités (1449) : c'était la dernière lutte qui devait enlever pour toujours la Normandie à la domination anglaise. Elle a été racontée, avec plusieurs autres historiens, par Blondel, plus tard maréchal de France, témoin occulaire des faits. Une édition récente de ses œuvres (1893), donnée par la Société d'Histoire de Normandie, permet de suivre en toute assurance le récit de sa *Reductio Normanniæ* : les notes qui l'accompagnent le complètent, lorsqu'il est nécessaire, par des citations empruntées aux autres auteurs du temps.

Pendant que Dunois conquiert la Haute-Normandie, le sire de Lohéac, Joachim Rouault, écuyer, le sgr de Bricquebec, deuxième fils d'Estouteville, et le Maréchal de Bretagne attaquent Saint-James-de-Beuvron et Mortain récemment fortifiés par Somerset malgré les trêves : les deux places capitulent l'une après l'autre (commencement d'août) D'Estouteville, avec le sire de Rais, amiral, vient assiéger Coutances qui se rend le 12 septembre, bientôt imité par Regnéville.

Le duc de Bretagne, laissant son frère Pierre devant Fougères, était accouru au secours de d'Estouteville, en passant au Mont-Saint-Michel le 6, à Granville le 8 ; de Coutances, il va prendre Saint-Lô le 15, puis la Haye-du-Puits et Barneville, pen-

teville, sœur du vaillant capitaine qui défendait le Mont Saint-Michel. Ainsi s'explique sans doute la clause spéciale relative à l'illustre Abbaye.

dant que le Hommel, Neufville, Torigny, Hauville, Benneville, Beuzeville, Hambye, la Motte l'Évêque, Chanteloup, Laune, Pirou, et Colombières reçoivent des garnisons françaises.

Les Saint-Lois, pour se venger des injures des habitants de Carentan, se joignent aux troupes qui les forcent à capituler (le mardi 30 septembre). Au mois de novembre suivant, Charles VII pardonnait aux bourgeois de cette ville leur attachement trop grand pour les Anglais. Pont d'Ouve et Valognes se soumettent au Connétable de Richemont et à l'Amiral de Coëtivi. La place la plus difficile à réduire fut Gavray, défendu avec la dernière énergie par le capitaine anglais Trolot. Richemont reçoit la capitulation le samedi 11 octobre : comme récompense, la seigneurie de ce lieu lui fut donnée sa vie durant. (1)

Les habitants de Coutances (2) pressaient le duc de Bretagne d'achever la conquête du Cotentin, où Saint-Sauveur et Cherbourg restaient encore aux mains des ennemis. Mais il avait hâte de regagner la Bretagne : son frère l'attendait toujours devant Fougères. Il se décide cependant à attaquer Vire : l'armée s'ébranle le 13 octobre; le 14, elle est à *Vil-*

(1) La seigneurie de la Roche-Tesson, dépendant du domaine, fut donnée au Bâtard d'Alençon : le Parlement de Poitiers refusa d'entériner les lettres du Roi à ce sujet. (*Histoire de Charles VII*, par le marquis DE BEAUCOURT, T. II, p. 575).

(2) *Histoire de Charles VII*, par M. DE BEAUCOURT, T. V. p. 10.

ledieu, quand l'arrivée d'un messager de Pierre de Bretagne décide le duc à partir aussitôt : le 15, il couche au Mont-Saint-Michel, et le 16 au soir, il se joint aux assiégeants de Fougères, qui se rend le 5 novembre.

La tentative sur Vire ne fut pas complètement abandonnée. Une partie des garnisons de Coutances, Gavray, Saint-Lô et Torigny se présenta devant cette ville. Apprenant qu'un détachement des Anglais qui l'occupaient essayait de reprendre Mortain, les Français courent au-devant d'eux, les rencontrent au nombre de 1200 à Vengeons, et leur infligent une sérieuse défaite. Vire ne devait cependant être repris qu'à la campagne suivante.

Thomas Kyriel débarque près de Cherbourg, le vendredi d'avant les Rameaux (1450), et vient assiéger Valognes. Tandis que ses soldats se livrent à des excès sacrilèges dans les églises des environs, 2000 hommes sont lancés à son secours par Somerset, sous la direction de capitaines tirés de Caen, Bayeux et Vire. Les habitants de Carentan les laissent passer sans les inquiéter.

Le comte de Clermont, envoyé par le Roi de France, son beau-père, renonce à empêcher la capitulation de Valognes. De cette ville les Anglais se dirigent vers le Bessin. C'est alors que le Connétable de Richemont part de Dol, et arrive, en deux jours, à Saint-Lô, par Granville et Coutances (14-15 avril) ; la victoire de Formigny arrête les ennemis. La semaine suivante, Vire se rend, après six jours de résistance : la seigneurie en est donnée au vainqueur sa vie durant.

De Vire, le Connétable vient rejoindre François de Bretagne devant Avranches : cette ville capitule avant le 12 mai ; le 13, Louis d'Estouteville en est nommé gouverneur. Le 16, Tombelaine est livré au duc de Bretagne. Pendant que Richemont va retrouver le comte de Clermont devant Bayeux, ses lieutenants s'emparent de Bricquebec et de Valognes. Saint-Sauveur se rend aux Maréchaux de France, André de Lohéac, et de Bretagne, Arthur de Montauban.

Bayeux pris, toutes les troupes françaises se réunissent devant Caen, où le roi vient les rejoindre. Le 24 juin (1), Somerset signe avec Dunois la capitulation fixée au 1er juillet s'il n'est pas secouru dans l'intervalle. Falaise et Domfront sont ensuite enlevés ; et Cherbourg, assiégé le 10 juillet par le Connétable, Clermont, d'Estouteville, les Maréchaux, etc., se rend le 12 août. La Normandie avait été reconquise en un an et six jours.

La paix était à peine assurée, qu'un certain nombre d'habitants de Villedieu prirent à cœur de faire disparaître jusqu'aux moindres vestiges des guerres. La pièce suivante nous montrera le Connétable de Richemont essayant de ramener le calme dans une population attachée à son privilège d'exemption de

(1) *Cartons des Rois*, n° 2380.

tout service militaire, et qui n'avait supporté qu'avec peine l'ordre donné par Charles V, et exécuté par le grand Prieur, de transformer leur ville en place forte.

« Artur, (1) fils de duc de Bretaigne, Comte de Richemont, Seigr de Partenay, Connestable de France. A tous ceulx qui ces presentes Lettres verront, Salut.

Comme les aucuns des habitans de Villedieu, et mesmement Colin Vibert, Jehan Lecapetoyz, Jehan Legentil, Rogier Dencerise, Robin de Montreul et autres, soient venuz par devers Nous et Nous aient dit et expose que le Commandeur dudit lieu de Villedieu les tenoit en grant involucion de proces, et mesmement les dessus ditz et les aucun deulx avoit fait mectre en ses prisons a loccasion de ce quil disoit que par nuyt ou autrement ils avoient desmoly et mis a terre certaine loge ou edifice que iceluy commandeur avoit fait ou fait faire par lui ou autres par son adveu et commandement en la hale dudit lieu de Villedieu ; en leur supposant en oultre avoir commis en ce faisant plusieurs autres grans exces et deliz, dont iceluy Commandeur leur donnoit de grans domages et vexacions, tellement que, si par nous pourveu ny estoit, quil leur commandroit lesser la terre ; qui seroit et porroit estre au grant preiudice de monsgr le Roy, a tort et sanz cause, par ce quilz disoient que ledit Commandeur ne povoit ne devoit faire ne faire faire aucun edifice ne autre chose en la dicte hale qui estoit ordonnee et destinee au bien et usaige de la chose publicque.

Aussi disoient les ditz habitans de Villedieu que, *combien que, audit lieu de Villedieu, neust aucun droit davoir chastel ne place forte*, que, ce non obstant, *pour les pereilz et dangiers des guerres des ennemis*, aucuns qui avoient eu cours au pais, ils avoient pieça, *par le commandement et congie de mondit seigr le Roy qui lors estoit, empare et fortifie leur eglise* du dit lieu de Villedieu, telle-

(1) Arch. Nat., S. 5057-9.

ment que par le moien des foussez faiz alentour de la dicte
eglise les fondemens dicelle eglise estoient tous fonduz
en telle forme et maniere que, si provision briesve nestoit
sur ce faicte et donnee, la dicte eglise estoit en voie daler
a totale ruyne et destruccion.

Nous requerant, attendu que de plu *le dangier et pereil
desditz ennemis cessoit,* Nous leur voulissons donner *congie
et licence de desemparer la dicte eglise,* combler lesditz
foussez et le tout remectre a lestat ancien, et *ainsi quil
estoit par avant les guerres advenues audit pais.*

Contre lesqueulx choses, ledit Commandeur de Villedieu
a ce present nous a dit et remonstre plusieurs choses au
contraire, et mesmement touchant le desemparement de la
dicte eglise de Villedieu, quelle avoit anciennement este emparee et fortifiee a la requeste du Grant Prieur de France,
qui de ce faire avoit obtenu licence et congie de mondit Seigneur le Roy, et que cestoit le bien du pais et de la chose
publicque, et grant domage seroit et porroit estre et avenir
si desmolie et desemparee estoit ; et que pour ce les fondemens de la dicte eglise nestoient point deperiz ; et que la
plus grande et sainne partie des habitans de Villedieu ne
vouldroient pour riens ladicte eglise estre desemparee. —
Et touchant le fait de la demolicion de la place de la dicte
hale et du proces sur ce meu par ledit Commandeur et les
dessus nommez a loccasion susdicte, Nous a dit icelui Commandeur quil avoit haulte justice, moienne et basse, au dit
lieu de Villedieu, et que les droitz de la dicte hale lui com-
pettoient et appartenoient, et que s'il avoit fait faire ladite
place en icelle hale, que faire le povoit, et que aux ditz Vibert ne autres ne appartenoit en riens a proceder en ladicte
demolicion ne a faire les ditz exploiz, et quen ce faisant ils
avoient grandement offende et le devoient amander. — Nous
requerant ledit Commandeur que de ce lui voulissons faire
bonne raison et justice.

Savoir faisons que aujourduy, empres ce que les dictes
parties ont fait dire et proposer par devant Nous leurs faiz
et raisons dune part et dautre, et que de leurs ditz debatz
elles se sont soubmises a notre dit et ordonnance et ont voulu

ester et croire tout ce que par Nous seroit sur ce dit, ordonne et appoincte, — Voulant mettre paix, amour et union entre celles parties, avons dit, ordonne et appoincte, et par ces presentes disons, ordonnons et appoinctons : que touchant le fait du desemparement de ladite eglise et des chemins anciens qui estoient près dicelle eglise qui sont empeschez, que tout demourra pour le present en lestat quil est jusques a ce que autrement par Monsgr le Roy ou Nous en soit ordonne. Sans preiudice des droiz dune partie et dautre. — Et sur ce que les dits habitans dient que cestoit le bien du pais et de la chose publicque que la dicte eglise fust desemparee et les chemins anciens remis a leur estre, et que la plus part des habitans de Villedieu le requeroit ainsi, et que le dit Commandeur dit au contraire, chacune des dictes parties fera faire sur ce, si bon leur semble, aucune petite informacion ; et icelle faicte et rapportee par devers Nous, à notre retour, leur ferons et donrrons sur ce telle expedicion que verrons estre a faire par raison. Pour laquelle faire Nous avons commis et commectons Achille de Dampierre notre lieutenant sur le fait de la justice au viconte de Constance chacun deulx. — Et en tant que touche les ditz Colin Vibert et autres dessuz nommez pourseuz (1) pour avoir desmoly ladicte place faicte en la dicte hale, avons dit, ordonne et appoincte, du consentement dudict Commandeur, quilz seront mis hors de tout proces, et que pour ce ledit Commandeur ne leur fera plus aucune poursuyte ne question ; et a notre requeste leur a pardonne loffense quilz porroient avoir sur ce fait envers lui et de toute lamande civile.

Se sont les dictes parties soubmises a notre dit et ordonnance... En la cité dAvranches le 18e jour de janvier lan 1454. (soit 1455). »

La paix dut bientôt se rétablir entre Commandeur et vassaux (2). Au moment de la *visitation des*

(1) *Pourseuz*, poursuivis.
(2) Il ne restait, au xvie siècle, de ces fortifications que les trois portes encore indiquées dans le plan du Terrier de

Commanderies du Prioré de France, sous le Grand
Prieur Nicole de Giresme, en 1456, le relèvement
des ruines provenant des guerres est déjà un fait
accompli, en attendant que les efforts combinés des
bourgeois et de leur seigneur parviennent à la reconstruction de l'église paroissiale si fortement
endommagée. Nous donnons les parties du procès-verbal de cette visite (1) qui sont encore lisibles:

Mercredi 11 Mai. — NORMANDIE. *Villedieu de Sauchevreul,* chef de Commanderie, hospital ancien, sans aucun
membre.

— L'Eglise paroissiale est au patronage de Mgr le Grant
Prieur de France : Curé frère Gault du Grippon : l'Hospital
n'est tenu à aucune charge pour cette église, sinon une redevance à payer par le Commandeur à l'Évêque de Coutances, pour la visitation de la cure 10 l. 10 sols, et en a joy
de longtemps.

La chapelle de l'hôtel (S. Blaise) est recouverte à neuf, et
a un petit clocher tout neuf où il y a une cloche qui est d'ancienneté à l'hôtel. — Cet hôtel est un grand corps de bâti-

1741 reproduit au commencement de ce volume. Voici la
description qu'en donne le Terrier de 1587 *(fol. 25)*: « L'endroit où sont les prisons basses et hautes de ce lieu qui sont
deux tours, en le mitan des quelles est la passée de la *porte
du pont de pierre* par où l'on va de ce lieu à Avranches ; et
lesquelles deux tours ne sont couvertes que en plate forme,
et ny a aulcune porte de boyz ny hersier pour la closture
de ce lieu.—Item une aultre porte de muraille où il ny a aulcune maison appellée la *porte du pont Chinon* et ny a aulcune porte de boyz. — Item une aultre porte de masson-
nerie tant de pierre que de carreau avec un guichet conti-
gu, et on appelle la porte de ce d. lieu tendant à Caen —
alias la *porte du Bourg d'Envie* ».

(1) Arch. Nat., S. 5558.

ment de 100 pieds de long ou environ, sur lequel en hault
sont greniers à mettre *garnisons* (1), et au dessous plusieurs
chambres, et plus bas à l'un des bouts les prisons, au milieu des étables à chevaux, et le demeurant sert pour étables.

Appartient à l'hôtel un pré et un jardin de 6 vergées environ autour de la maison ;

4 vergées de prés en 2 pièces *rapportant* . . . 450 l.

Au-dessus de l'hôtel 3 vergées de bois pour le
chauffage.

1 moulin à eau devant la porte en bon état, baillé
à ferme chaq. année.

1 fouloir.

1 four bannal.

2 grandes halles et une petite à côté, réparées nouvellement.

Droit de havage baillé au plus offrant . . . . à 8 l.

Droit sur les volailles, œufs, fromages baillé.

Droit d'aunage, cohuage (2). . . . . 1 l.

Ferme du jaujage des vins . . . . 10 l.

Coutumes des mardis et foires ch. an . . . . 21 l.
dont l'abbesse de Lisieux prend la moitié :

Le revenu des cohuages et étalages de la grande
cohue . . . . 19 l.

(1) *Garnisons*, récolte.

(2) *Cohue* veut dire halle ; *cohuage*, droit de halle. — Les
autres termes se comprennent lorsque on a lu au chapitre II ce qui concerne les droits du Commandeur.

Les chiffres suivants, empruntés à l'ouvrage de M. LE
CACHEUX sur l'*Hôtel-Dieu de Coutances*, nous feront connaître la valeur relative de l'argent à cette époque.

A Pâques de l'année 1451, le boisseau de fromment (mesure de Villedieu, Cérences et Gavray) valait 5 sols ; — celui de seigle, 2 sols 6 deniers, ainsi que celui d'orge ; — le
boisseau d'avoine, 18 deniers ; — le cent d'œufs, 2 sols 1
denier ; — un coq, 6 deniers ; — un mouton, 4 sols ; —
une brebis, 3 sols ; — un pain et un chapon, 15 deniers.

ÉGLISE PAROISSIALE DU COTÉ DU MIDI.

La ferme de cohuage de la meunerie . . . . 40 l.
Ferme du poids de la ville . . . . 60 l.
Coutume de la sainte semaine 10
Cens à plassage de la ville.
Sur vente de huiz en la ville à la S. Michel . . 4 l.
En plusieurs villages au clos de Constantin et en-dit évêché plusieurs rentes et revenus en menues pièces.

Item en la paroisse des *Chéris* à cause du fief de Leulagerie 12 quartiers de froment lesquels sont arrestes par le baron des Viars et peut valoir.

Item sur les... de *Landelles* par an à la S.Michel . 15 l.
Droits de Barfleur à ferme . . . . 12 l.

Les quêtes aux diocèses d'Avranches et de Cou-tances ont été baillées à Guillaume Renoufe pour . 50 l. par an.

Quêtes de 3 doyennés au diocèse de Bayeux : 10 à 12 l.
Visitation que les vicaires de l'évêque de Const. ont accoutumé de faire en l'église de la ville par chaq. an . . . . 10 l. 10 s.

La Comanderie n'est pas sujette de doner aumô-ne, sinon à son bon plaisir.

La Justice appartenant à la Commanderie est bien maintenue et gardée par le bailli et vicomte et au-tres officiers qui en ont la garde.

Le tabellionnage de la ville est baillé à ferme . . 4 l.

Le rapport de la Visite prieurale de 1495 (1) nous fournit quelques détails complémentaires :

« L'esglise parochiale, fondée de Nostre-Dame de l'Ospital,... a esté destruite par les guerres et refaic-te (2) par le Commandeur actuel, frère JEAN ROU-TIER chapelain, et les paroissiens.

(1) Arch. Nat., S. 5558
(2) M. Le Héricher, dans son *Avranchin monumental et historique* (T. II, p. 711), donne comme un reste de l'église

« La maison du Commandeur est auprès de ladicte esglise, ung ruisseau entre deux. Dedens la dicte
maison est une chappelle pour le Commandeur,
bien entretenue et réparée, et dédiée à saint Blaise.

« Ladicte esglise et maison sont assiz dedens le
Bourg de Villedieu, ou a de present environ C feuz
a toute jurisdicion de la dicte Commanderie, prisons et justice levée.

Les *revenus* : cens, rentes, moulins, coutumes,
droits de havage, tabellionage et scel de justice, s'é-
lèvent à 206 l., 12 s., 11 d. 1/2, — auxquels il faut
ajouter 80 demeaux de froment, 17 d'avoine, 9 chapons, 6 gelines et 4 pains, soit comme total des recettes 219 l. 10 s.

Les *charges* s'élèvent : à savoir :

Pour une Messe chaque jour
dans l'église paroissiale . . . . 24 l.

Visitation de l'Évêque de Coutances, chaque année . . . . . . 7 l.

Au Bailly de la Justice 6

Au Vicomte 2

primitive deux contreforts en *moyen appareil* appliqués
contre la façade occidentale. Il cite même l'opinion de
M. Doisnard, architecte départemental, qui regarde comme
également antérieurs au xv⁰ siècle les modillons de la nef.
On a remarqué ailleurs, notamment à la Cathédrale de Coutances, l'habileté avec laquelle les artistes de l'architecture
gothique savaient englober les restes des anciennes constructions romanes dans leurs nouveaux édifices. Nous indi-
querons au Chapitre IX les différentes transformations de
l'église actuelle.

Pour desservir la Chapelle de la
Commanderie 10
Pour une chambrière . . . 6
Pour le déposit à Paris . . . 1 l. 10 s. 5 d.
Total des charges . . . . . 57 l. 10 s. 5 d.
Les revenus étant de 219 l. 10 s., l'excédent est
156 l. 19 s.

(Nous transcrivons les chiffres tels quels, sans répondre de l'exactitude des additions).

Tous ces renseignements avaient été donnés aux visiteurs par fr. JOSSE DE LA PORTE, le Commandeur étant malade.

CHAPITRE VII

PROCÈS AU XVIᵉ SIÈCLE

Union de la Commanderie à celle de Villedieu-lès-Bailleul ;
conséquences. — Saisie du temporel par François Iᵉʳ. —
Procès avec les Religieuses de Lisieux devant le Vicomte
de Villedieu.—Appels successifs au Bailly de Coutances et
au Parlement de Rouen. — Listes des Commandeurs de
Villedieu-de-Saultchevreuil, puis de Villedieu-lès-Bailleul.

Pendant la seconde moitié du xvᵉ siècle, une
réforme importante se produisit dans l'administration du Grand Prieuré de France. La diminution du
nombre des chevaliers, les ressources relativement
peu considérables des Commanderies en firent de
nouveau diminuer le nombre. Un seul chevalier
resta à la tête de plusieurs maisons, sans que l'organisation de chacune d'elles parût être modifiée.
Villedieu-de-Saultchevreuil fut ainsi réuni à
Villedieu-lès-Bailleul (arrondissement d'Argentan,
Orne), ainsi que Villedieu-de-Montchevreuil (paroisse Sainte-Scolasse, arrondissement d'Alençon) ; et
plus tard Fresneaux (paroisse d'Aunou, près Séez)
et Villedieu-sous-Grandvilliers (arrondissement
d'Évreux).

L'administration temporelle fut laissée pour ces

Membres à un régisseur. Les vassaux ne virent plus leur Commandeur qu'à des intervalles assez éloignés ; les officiers nommés par lui pour les différentes fonctions ecclésiastiques ou civiles, étant presque toujours originaires du pays même, finirent par rechercher davantage les intérêts de leurs proches que ceux de leur chef : de là des difficultés que nous verrons se traduire, surtout au XVIII⁶ siècle, par des procès assez nombreux.

Il n'est pas facile d'indiquer exactement la date de l'union de la Commanderie de Villedieu-de-Saultchevreuil à celle de Villedieu-de-Bailleul. Frère LE ROUTIER vivait encore en 1500, d'après des baux de cette époque. Ce fut probablement à sa mort, sous le gouvernement du *Chevalier* JACQUES DE BOUFFLEURS, nommé à Villedieu-de-Bailleul en 1499, qu'eut lieu cette *adjonction*. Le *Registre des Chapitres Provinciaux* de cette époque a disparu ; mais dans le suivant (1) (1509 à 1519) nous trouvons à la date de 1510 frère Jacques (ou Hugues) de Bouffleurs à la tête de la Commanderie de Villedieu-de-Bailleul, « avec ses *appartenances et appendances*, c'est assavoir *Montchevreul et Saulchevreul.* »

La même année, cependant, la Commanderie de Saultchevreuil est encore taxée séparément à la redevance de 5 écus 15 g. 12 d. pour le Trésor de l'Ordre, tandis que Montchevreul et Villedieu-de-Bailleul sont unis pour l'unique somme de 5 écus 23 g.

(1) Arch. Nat., MM-35.

L'année suivante, le 17 juin, Hugues de Bouffleurs est toujours Commandeur de *Saultchevreuil*,
et « son procureur, Jehan de Clèves, Commandeur
de Villedieu-en-Drugezin, chargé de réparer le
dommage que les eaux du cours de la rivière ont
fait aux chaussées du moulin de la Commanderie,
et de faire le nécessaire pour éviter à l'avenir de
semblables avaries, *tant au Commandeur qu'aux
autres héritages.* »

Le *Chevalier* JEAN DE MARLE ne paraît au Chapitre avec le titre de Commandeur de Villedieu-de-
Bailleul qu'au 20 juillet 1520 (1). Il avait été reçu
dans l'Ordre le 18 juin 1512, et désigné en 1516 pour
aller comparaître au Chapitre général de Rhodes.

La Commanderie était vacante au moment de la
tenue du Chapitre de Juin 1523. Jean de Marle
l'avait d'ailleurs affermée pour un long bail passé
le 6 mai 1521. Ce bail est déclaré nul ; et *l'année
du vacant,* commençant à la Saint-Jean-Baptiste suivante, mise aux enchères, suivant l'usage, au profit
du Trésor de l'Ordre, est adjugée comme au plus
offrant au frère ANTHOINE DE WARGNIER (ou Ver-
nier) DIT BLEVILLE, pour la somme de 430 livres
tournois, *à la condition de poursuivre tous les procès mus et à mouvoir pendant cette année,* sauf son
recours sur lui-même, si la Commanderie lui reste
par nomination, ou contre tout autre qui en sera
titulaire à la fin du vacant.

(1) *Ibid.*, MM. 36.

Les comptes de son administration *purement temporelle* furent examinés au Chapitre de juin 1524. Il continua jusqu'au mois de juin 1525 à gérer les intérêts de la Commanderie de Villedieu-de-Bailleul et de ses membres. Nous verrons bientôt quelles difficultés il rencontra.

A cette époque, « il est ordonné par le Chapitre que le revenu de la Commanderie de Villedieu de *Sauchevreul* et ses membres et appartenances sera mis en *main tierce*, sans préjudice des droits des prééminences de Mons. le Grant Prieur de la *donner de gráce* ou *retenir pour luy*, et aussy sans préjudice des seign. chevaliers de la Langue qui y prétendront droit. Et sont ordonnés commissaires MM. de Somereux et de Baugy. Et les deniers sont mis entre les mains de Coteman, qui les rendra à qui il appartiendra. Et sera affermée lad. Commanderie en ce présent Chapitre au plus offrant. Et touchant certains dégâts que Mons. le Gd Prieur dict estre informé avoir esté faictz es boys dud. Villedieu, dont il a information devers lui, lesd. Commissaires yront sur les lieus et en enquesteront à la vérité pour en faire le rapport au prochain Chapitre ou Assemblée pour y estre ordonné et pourvu comme de raison. Laquelle Commanderie de Villedieu de *Bailleul* et ses membres et appartenances sont mis à prix pour 1 an èt *une despoille* (1) à partir de la S. Jean-Baptiste

---

(1) *Dépouille*, revenu de la fin de l'année courante jusqu'à l'époque du terme.

prochain,... et après surenchère adjugés à Mons. de Villedieu le Breton à 650 l. tourn. »

C'est pendant cette vacance qu'un nouveau procès éclata entre les officiers de la Commanderie et le procureur des Religieuses de Saint-Désir de Lisieux, à l'occasion du partage des coutumes des foires et marchés dont nous avons parlé au Chapitre 1er.

Il n'était pas rare de voir alors des Communautés religieuses ou ecclésiastiques en conflit pour leurs intérêts temporels. Des droits appuyés sur des pièces très anciennes pouvaient ne plus sembler très évidents à la suite des changements apportés peu à peu dans les propriétés intéressées. D'autre part, si les compétitions, les malentendus peuvent s'arranger facilement entre particuliers, il n'en est pas de même entre les sociétés : les hommes qui ont la mission de les représenter, ne se croient pas aussi facilement autorisés à en sacrifier les prétentions qu'ils considèrent comme fondées.

Le moment n'était guère favorable pour soutenir un procès au nom de la Commanderie. François Ier, à bout de ressources, venait d'employer un expédient dont usèrent trop souvent nos anciens monarques pour se procurer de l'argent : il réclamait aux gens d'Église le paiement des droits *d'amortissement* et de *nouvaux acquêts* que, depuis Philippe le Hardi, les rois s'étaient arrogés sur les nouvelles acquisitions des *gens de mainmorte* (1) pour remplacer les

(1) Les établissements de *main-morte* appartenaient à des sociétés; ils ne pouvaient être transmis par héritage,

droits de mutation. De plus, il demandait au Clergé
de s'imposer extraordinairement pour lui procurer
une *aide* dans sa détresse. La citation suivante, extraite des Lettres (1) par lesquelles le prince acceptait une *composition* avec les Hospitaliers de France,
nous donnera comme un specimen des procédés employés dans ces circonstances : affirmation hautaine
du pouvoir absolu du Roi, emploi de moyens rigou-
reux, puis transaction facile, dès qu'une proposition,
même inférieure au résultat attendu, venait à se
produire :

Requérans à cette cause auxdits Grand Prieur, etc...,
que, en ayant égard aux très grands, urgents et nécessaires
affaires que, nous avons eu ci-devant à conduire et supporter, et avons encore présentement,.... ils nous voulussent
faire solution et paiement desdits droits et devoirs, et contribuer auxdits aydes et subventions, comme ont fait les autres de nostre dit Royaume, ou de ce venir envers Nous à
quelque bonne et raisonnable composition : autrement il
nous conviendrait faire saisir et mettre en nostre main
leurs dites terres et seigneuries, *jusqu'à ce que nous fus-*
sions payez, satisfaits et contentez des choses dessusdites ;
et davantage *les contraindrions à vuider leurs mains* desdites
terres et seigneuries qu'ils tiennent non amorties, ou icelles
amortir et payer la finance ou indemnité qu'ils devroient
pour raison dudit amortissement qui monteroit à une grosse
somme de deniers : et à ceste fin eussent esté par Nous dé-
cernées nos Lettres de Commission aux Baillifs, Seneschaux
et autres Officiers de nostre dict Royaume, *pour faire le-*

puisqu'ils n'étaient la propriété d'aucun membre particulier. Les biens d'Église composaient la plus grande partie
de ces établissements.

(1) Mars 1523/4.

dict saisissement et contraintes en tel cas requises : lequel affaire néantmoins a esté *touiours dilayé et prolongé* par iceux Ambassadeurs (1) et Procureurs envoyez devers Nous pour ceste matière, iusques à puis n'aguères ; qu'après *plusieurs remontrances par eux à Nous*, et à nostre Conseil faictes, mesmement qu'ils *pretendoient et pretendent* les biens, terres et seigneuries qu'ils tiennent et possèdent en nos dits Royaumes, pays et seigneuries, à cause de leurs dits Prieurés, Commanderies, Temples et bénéfices, *estre amorties et indemnez* (2), et autres raisons par eux alleguées. Ils ont finalement *composé avec Nous* pour tous les devoirs par Nous demandez et pretenduz, tant desdits droitz, francs-fiefs et nouveaux acquets et amortissemens, que desdictes aydes, decimes et subventions dernières, à la somme

(1) L'Ordre de l'Hôpital, considéré par les princes chrétiens comme *souveraineté indépendante*, entretenait, et *entretient encore en certains pays,* des ambassadeurs auprès des différentes cours.

(2) D'après la Charte de Richard-Cœur-de-Lion, confirmée par les rois de France, les biens de l'Hôpital étaient réellement en effet exempts de toute redevance envers le gouvernement. De plus, jamais les mesures concernant le Clergé ne les atteignaient ; il fallait une *demande spéciale* pour leur imposer des charges : c'est là ce qui explique leur résistance en cette occasion. — Le monarque ne paraît céder aucune de ses prétentions, mais se montrer *favorable* en se contentant des 100.000 livres proposées. Le Clergé de France en avait donné de son côté 1.200.000. — La Commanderie de Villedieu de Bailleul eut à payer pour sa part 210 écus, 17 s. 6 d. (630 livres).

La livre, sous François Ier, étant évaluée, en moyenne, en *valeur absolue* à 4 fr. 59, les chiffres précédents s'élèvent à 459.000 francs et 5.508.000 francs de notre monnaie. Pour avoir la *valeur relative*, il faudrait encore multiplier ces deux sommes par 5,60, puisque l'argent a, en réalité, de nos jours, plus de 5 fois moins de valeur qu'à cette époque.

de *100.000 livres tournois* pour une fois,.... pour convertir en nosdites affaires de guerre....

.... Sçavoir faisons, que Nous, les choses susdites considérées, et les inestimables pertes et dommages que n'agueres ceux de ladite Religion de S. Jean de Hierusalem ont supportées et soutenues à la prise que le Grand Turc, ennemy de nostre tressaincte Foy Catholique, a fait de ladite ville, Cité et Isle de Rodes (1), après qu'ils ont enduré le siège devant icelle, par mer et par terre, et résisté vertueusement à ses grandes forces, batteries, assauts et oppressions qu'il leur a fait par l'espace de six mois, où il est mort grand nombre de Chevaliers de ladicte Religion : Voulans entretenir ladicte composition ainsi faite avec eux, et désirans *favorablement* les traitter...

Le ton relativement adouci de cette lettre n'indique pas que la saisie avait été *réellement opérée* dans un certain nombre de Commanderies. Les Lettres patentes du 26 *du même mois de mars* 1523 (1524) pour la *levée des saisies faites à cause des francs-fiefs et nouveaux acquêts*, ne permettent pas de douter qu'on avait agi ailleurs comme à Villedieu.

Le 7 octobre précédent, Pierre Gaultier (2), bourgeois de la ville, commis à recevoir le revenu de la Commanderie par les officiers du Roi *pour adveu ou dénombrement non baillé*, s'était engagé à continuer avec les Dames de Lisieux le bail précédemment fait pour le recouvrement de leurs droits,

(1) Rhodes capitula le 24 décembre 1522, et fut abandonné le 1er janvier suivant.

(2) Arch. du Calvados : voir pour tout ce procès le *Fonds non inventorié de l'Abbaye de Saint-Désir de Lisieux* .

jusques à ce que la main du Roy soit levée de la-dite Commanderie.

Le Procureur et Receveur des biens de l'Abbaye de Saint-Désir situés à Saultchevreuil, Jean le Marinier, se prétendant lésé dans la perception de la moitié des droits du marché de Villedieu, qui, d'après les anciens usages, revenait aux religieuses, en avait appelé à la justice par *clameur de haro.*

Avant que l'affaire eût pu être jugée par le Vicomte de Villedieu, il avait obtenu de Fr. Potier, Lieutenant du Bailly de Coutances, une sentence du 12 octobre 1523 déclarant que : « pour cause que la Commanderie, en faulte de serment de fidélité non faict, le revenu dicelle estoit en la main du Roy et traictée soubz lauctorité de Justice, » les Dames de Lisieux étaient autorisées à continuer à jouir *par provision* des droits contestés, sauf au Commandeur à faire valoir ses droits.

Frère Jean Le Routier, alors curé de Villedieu, et Michel de Claremont, procureur du *soi-disant* Commandeur ANTOINE DE VERNIERS, font assigner Le Marinier pour le 23 mars 1523/4 devant le Vicomte de Villedieu, Étienne Cercel. Celui-ci déclare séquestré, pendant la durée du procès, le produit des droits en litige, et charge Pierre Gaultier, Administrateur royal de la Commanderie, de la régie des différentes Coutumes.

L'affaire traînait en longueur : le *soi-disant* Commandeur prétextait, disait-on, le droit de porter les débats à Rouen, à Paris, au siège du Grand Prieu-

ré, ou à Viterbe, alors résidence du Grand Maître.
Nous savons en réalité que son administration se
trouvait terminée.

Une difficulté nouvelle devait encore retarder la
solution de ces débats. En vertu de la décision du
Chapitre de 1525, que nous avons rapportée plus
haut, le Grand Prieur de France avait nommé Commandeur de Villedieu-de-Bailleul LOYS DE DINTE-
VILLE, déjà Commandeur d'Estrepigny et de Villedieu en Drugezin. Mais en même temps, le Chevalier LOYS DE VALLÉE, *dit* PASSAY, recevait la collation de cette même Commanderie par bulles
émanées du *Vénérable Conseil* de l'Ordre. Des exa-
minateurs étaient désignés au Chapitre de mai 1526
pour décider entre les deux, quand une Lettre missive du *Révérendissime Grand Maître* au Grand
Prieur appela auprès de lui, au *Couvent de Viterbe*,
Loys de Vallée et Anthoine de Wargnier.

Nous retrouvons les deux compétiteurs au Chapitre de juin 1528, sans que rien n'ait été décidé entre eux : on attendait pour cela la visite de *Monsgr
Révérendissime* (le Grand Maître).

Enfin, le 2 novembre 1530, Dinteville agit, dans
une Assemblée provinciale, comme Commandeur
incontesté de Villedieu-de-Bailleul, tout en conser-
vant ses anciens titres d'Estrepigny et de Villedieu
en Drugezin.

Pendant ce temps, le procès de Saultchevreuil
avait continué. Le Bailly de Cotentin, à qui les Religieuses de Lisieux en avaient appelé, avait rendu

d'abord une sentence aux Assises du 10 septembre 1526, requérant le nouveau Commandeur, LOYS DE VALLÉE, de mettre en réparation les ponts, halles et cohues de Villedieu.

Le 2 mars suivant 1526/7, l'ensemble de l'affaire fut jugée par Jean d'Anneville, Lieutenant général du Baillage de Coutances. Des pièces authentiques étaient produites par les deux parties pour soutenir leurs droits. Les Dames de Lisieux, ou plutôt leur procureur, s'appuyaient sur la Charte de Henri II ci-tée au Chapitre I : elles avaient droit à la moitié des coutumes perçues sur *toutes les acquisitions* faites dans les foires et marchés de Villedieu. Ainsi avait-il toujours été entendu et pratiqué : les baux passés, et du temps du défunt Commandeur Le Routier en 1500, et depuis comme avant cette épo-que, en faisaient foi.

Le Procureur de la Commanderie, Vybert, répli-quait que les conditions étaient changées : le mar-ché de Saultchevreuil ayant été abandonné depuis plusieurs années, la Commanderie perdait la moitié des droits qui lui en revenaient, d'après les mêmes chartes ; le lieu même où se tenait ce marché avait été *baillé à fieffe de long temps* en totalité, et les Religieuses en gardaient pour elles tout le profit. Il n'était pas juste de les laisser jouir, comme par le passé, de la moitié des droits des foires et marchés de Villedieu. — De plus, les halles, étaux, et autres lieux couverts de Villedieu avaient été faits aux dé-pens de la *seule* Commanderie, sans le concours des

Religieuses : donc elles n'avaient droit qu'à la coutume des marchandises vendues *à découvert*. — La sentence de *provision*, rendue en l'absence et sans convocation du Commandeur, réservait expressément ses droits qu'il pouvait soutenir ; les baux allégués également. — Il proposait auxdites Dames de remettre leur marché en état avec un revenu valable, et alors on leur laisserait la moitié des coutumes de Villedieu, sauf des droits de *cohuage* et d'*étalage*.

Le Procureur de l'Abbaye déclare alors s'engager à entretenir par moitié les ponts et passages *adjacents dudit Villedieu*, et même les Halles et étaux, ainsi qu'il prétend l'avoir toujours offert, et réclame le paiement intégral des droits et coutumes pour le passé, sans préjudice de *l'outreplus* qu'il pourra demander pour l'avenir, avec le remboursement des dépens et le maintien de la sentence de provision.

Ces explications entendues, le Lieutenant du Bailli accorde aux Dames de Lisieux le remboursement de la moitié du revenu des deniers de coutumes dont Vybert *confesse* être redevable, mais non de ceux dont il refuse de reconnaître la légitimité. Le Commandeur paiera les frais de cette instance, en punition des retards qu'il a apportés à comparaître. — Les Dames de Lisieux sont *éconduites de la provision* obtenue pour les droits litigieux non reconnus par Vybert, et condamnées aux dépens pour cette partie de l'instance.

Les procureurs des parties déclarèrent *se pourvoir* contre cette sentence.

Une copie des débats, obtenue du greffier du Baillage en l'absence du Lieutenant, contenait des allégations injustes à l'égard du Commandeur. Le Procureur de ce dernier en demande la correction, et les Religieuses sont citées pour produire cet acte le 15 avril 1527. Dans leur mécontentement, elles s'adressent au Conseil du Roi, en portant plainte contre Jean d'Anneville ; le Conseil décide (Rouen, 29 avril 1527) que le Lieutenant incriminé sera cité à comparaître au prochain Parlement de Rouen.

Sans attendre les débats, les Religieuses adressent une requête à la Cour. Le Vicomte de Villedieu avait, dans le premier jugement, chargé Pierre Gaultier de recueillir les droits de coutumes en litige pendant la durée du procès. Ce receveur s'était bientôt désisté sans rendre ses comptes. Collard le Sueur, Jean Pépin et Georges Rosey avaient continué à remplir les mêmes fonctions sans autre commission de justice : les Religieuses suppliaient le Parlement d'ordonner que les collecteurs fussent appelés à rendre leurs comptes, sous la foi du serment, par devant le Bailly de Cotentin, et que, pour l'avenir, la perception des droits fût donnée au plus offrant et dernier enchérisseur, avec défense de délivrer aucun denier jusqu'à la décision définitive des juges.

Le 12 août, défaut est prononcé contre le Commandeur et son procureur, Henry Le Gentil, la requête des Religieuses accordée, et signifiée aux absents par huissier. A son tour Loys de Vallée en appelle au Conseil du Roi contre le Conseiller au Par-

lement Guill. Adoubart, qui avait engagé les Religieuses à présenter la requête précédente, et la leur
avait fait adjuger sans attendre la comparution du
Commandeur. — Le Conseil fait citer Adoubart devant le Parlement *pour correction;* et défense est in-
timée, en attendant, de rien faire ou entreprendre au
préjudice de l'appel ou de l'appelant.

Cette décision du 13 septembre est signifiée le 17
par *sergent royal* au Procureur du Couvent de Lisieux, Jean Lambert, curé de Saultchevreuil : il était
assigné au prochain jour *plaidable* après la Saint-
Martin d'hiver.

La première affaire à régler, c'était l'appel des Religieuses contre Jean d'Anneville, Lieutenant du Bailly
du Cotentin. Après plusieurs remises, la Cour rendit
son arrêt le 14 mai 1528. Elle acceptait, sur le fond
du débat, les explications données à Coutances par le
Commandeur. En conséquence, l'appel était déclaré
fait *sans cause* et *à tort;* les parties devaient procéder
à nouveau sur le *principal* de l'affaire, comme l'avait
commandé d'Anneville; les Religieuses étaient condamnées à l'amende, et aux dépens à l'égard du
Commandeur.

Quelques jours après, le 13 juin, Loys de Vallée
remettait à la Cour l'inventaire des pièces qui pouvaient l'appuyer dans son appel contre Adoubart.
A plusieurs reprises, Le Porcher, procureur des Religieuses, cite Le Gentil à venir produire ces pièces
devant la Cour. Celui-ci refuse plusieurs fois et
obtient plusieurs sursis pour en conférer avec le

Commandeur, alors éloigné de Rouen. L'audience
était enfin fixée au 14 juillet 1530, lorsque l'administration de la Commanderie de Villedieu échut
d'une manière définitive au chevalier Loys DE DIN-
TEVILLE (1). Ce dernier, n'ayant pu encore donner
aucune procuration pour terminer l'affaire, un nouveau délai devenait nécessaire.

Le 25 février 1530/1, les Religieuses adressent
une nouvelle requête à la Cour. Le Commandeur
jugea-t-il inutile de continuer un procès, ou plutôt
une série de procès déjà trop prolongés? Aucune
pièce ne nous est parvenue datée de sa courte administration. Il habitait d'ailleurs loin de ses Commanderies : il avait obtenu (2) du Grand Prieur la
jouissance, sa vie durant, d'une maison avec jardin
située à Barbanne, à condition de la reconstruire. Il
mourut dans le mois de juin 1532. (3)

Quelques rares documents touchant cette affaire
nous restent encore, datés des années 1534, 1549
et 1550. Dans plusieurs de ces pièces, il est question
d'un accord qui serait intervenu entre les parties :
un droit fixe de 15 livres tournois par an aurait été
assuré aux Religieuses de Lisieux sur le produit
des coutumes de Villedieu. Ce fait ne paraît guère
conforme à la solution que nous avons trouvée
indiquée dans le Registre Terrier de 1587. (4)

- (1) *Registres des Chapitres provinciaux de Paris*. Arch.
Nat. MM. 36 :*à la date indiquée.*

(2) *Ibid.*, 12 juin 1531.

(3) *Ibid.*, 12 juin 1532.

(4) V. plus haut, ch. II.

Toutes ces difficultés durent enfin lasser le Couvent de Saint-Désir. Citées, le 29 juillet 1550, à comparaître devant le Vicomte de Villedieu, à cause des ennuis que créait à leur propre fermier, Quesnel, la perception des 15 livres de coutumes spécifiées dans son bail, les Religieuses refusèrent de se présenter, malgré l'arrêt obtenu dans ce but par Quesnel en Conseil Royal (Rouen, 15 juillet 1550). L'opposition faite à ce fermier par les Receveurs de la Commanderie n'impliquaient pas, disaient-elles, l'introduction d'un procès nouveau. D'ailleurs depuis 18 ans Quesnel n'avait jamais refusé que dans ces derniers temps, de payer le montant total de ses baux.

Les possessions de Saultchevreuil coûtaient aux Religieuses plus d'entretien qu'elles ne leur rapportaient : elles jugèrent plus profitable de les donner successivement à fief.

Nous trouvons, par exemple, un acte du « Conseil des Dépêches (1) (2 avril 1785) qui accorde les Lettres patentes confirmant à Guillaume Le Goupil la fieffe qui lui a été faite en avril 1779 par les Dames Abbesse et Religieuses de l'Abbaye de Saint-Désir de Lizieux, sous l'autorité et de l'agrément de M. de Condorcet, lors évêque de Lizieux, d'un moulin banal à eau situé dans la paroisse de Saultchevreuil, au lieu dit le *Bourg de l'Abbesse*, avec un petit terrain attenant et autres dépendances ordinaires,

(1) Arch. Nat., Q ^{1}. 650.

moyennant 300 l. de rente foncière perpétuelle et seigneuriale. » (1)

Nous transcrirons ici, en la complétant, la liste des Commandeurs de Villedieu de Saultchevreuil avec les dates où ils sont désignés dans les différents titres, telle qu'elle se trouve dans Mannier (*opere cit.*); les noms ou dates en italique sont ceux que nous ajoutons ou modifions. Nous la ferons suivre de la liste des Commandeurs de Villedieu-lès-Bailleul, donnée par le même auteur, à partir de la réunion des deux Commanderies.

COMMANDEURS DE VILLEDIEU DE SAULTCHEVREUIL

1185: frèreBernard, *custos Hospitalis.*
1313 : » Pierre de Souchamp, commandeur.
1328 : » *Geoffroy de Paris.*
1350 : » Jean Lefebvre.
1373 : » Robert de la Rue.
1384 : » *Jean Bouquet.*
1385 : » Paul Grimont.
1400 : » Gaultier le Gras.
1447 : » *Nicolle Leffandroux.*
1460 : » Enguerran le Jeune.
1495 : » *Jean Le Routier.*

(1) On conserve aux Archives Nationales deux certificats d'*hommages* rendus au nom de cette Communauté pour les biens de Saultchevreuil : la première fois (P. 271¹ -c. 4611) entre les mains d'Arthur, fils du duc de Bretagne, seigneur de Parthenay, Connétable de France (Montebourg, 18 octobre 1453), par dame *Jehanne Paynel*, abbesse de Saint-Désir de Lisieux ; — la seconde (P. 273¹ -c. 5671) devant le bureau de la Chambre des Comptes, sous François Ier (5 novembre 1538).

COMMANDEURS DE VILLEDIEU-LES-BAILLEUIL

depuis la réunion de Villedieu de Saultchevreuil.

1499 le Chevalier Hugues de Bouffleurs.
1520   »   Jean de Marle.
1530   »   Loys de *Dinteville*.
1532   »   Denis de *Vielz Chastel*.
1542   »   Claude de la Sangle.
1557   »   Jean de Cochefillet,
1562   »   Jean Dache.
1569   »   Edme de Villarceaux.
1571   »   Louis de Mailloc.
1573   »   Charles Alexandre de Montigny.
1594   »   Charles de Gaillarbois-Marconville.
1613   »   Christophe d'Apremont.
1629   »   Anne de Campremy du Breuil.
1631   »   Alexandre François d'Elbene.
1655   »   Jean de Caillemer, *prêtre*.
1677   »   Jacques de Thienville de Bricquebosc.
1684   »   Charles Sevin de Baudeville.
1691   »   Louis de Rochechouart.
1699   »   Jacques Auguste Mesnard de Bellefon-
taine, Capitaine des vaisseaux du Roi.
1708   »   François de Comenges, Abbé commandataire de N.-D. de Lorroux.
1717   »   Gabriel de Calonne de Courtebonne, Capitaine des galères de France.
1721   »   Henri-Antoine de Villeneuve Trans, Capitaine des Galères du Roi.
1736   »   Louis Vincent du Bouchet de Sourches
de Montsoreau.
1747   »   Paul de Vion de Gaillon.
1763   »   Pierre de Saint-Pol.
1766   »   Alexandre Eléonore le Metayer de la
Haye le Comte.
1772   »   Marie Gabriel Louis Le Texier d'Hautefeuille.
1774   »   Marie Jean-Baptiste de Boniface.

CHAPITRE VIII

PERSONNAGES CÉLÈBRES DE VILLEDIEU

ALEXANDRE DE VILLEDIEU et son Doctrinal. — RAOUL, abbé du Mont-Saint-Michel. — GEOFFROY BOUCHER, évêque d'Avranches. — RAOUL ROUSSEL, archevêque de Rouen. — GUILLAUME LE MOINE, professeur de l'Université de Caen. Son dictionnaire ; ses œuvres critiques et liturgiques.
Le *Martyr* GUILLAUME LE CERVOISIER. — Épisodes des Guerres de Religion.

Durant la première période que nous venons de parcourir, Villedieu avait donné naissance à plusieurs personnages qui s'illustrèrent soit dans l'administration de l'Église, soit dans l'enseignement des sciences humaines. Avant de continuer cette histoire, nous aurons un souvenir pour chacun d'eux.

Le plus ancien en date, comme aussi le plus célèbre, est ALEXANDRE DE VILLEDIEU. Son *Doctrinal*, le principal de ses ouvrages, a été universellement reçu, enseigné et commenté dans les Écoles de France et de l'étranger depuis le XIIIe siècle jusqu'à la Renaissance. De nos jours, il n'est pas en-

core oublié par les amateurs de méthodes péda-
gogiques.

En 1851, M. Charles Thurot, depuis professeur
au Collège de France, consacrait une thèse latine
au *Doctrinal* (1), et disait de cet ouvrage, que, du
XIIIe et XVIe siècle, il avait été à peu près seul en
usage dans toutes les Écoles et toutes les Universi-
tés d'Europe, et considéré par tous les théolo-
giens et par tous les jurisconsultes comme une
autorité sacro-sainte dans le domaine de la grammaire ». Alexandre de Villedieu avait succédé à
Priscien : il fut remplacé lui-même par Despautè-
re, qui fut détrôné à son tour par Lhomond.

Récemment, en 1893, le Professeur Dr Dietrich
Reichling, de Heiligenstadt, publiait une édition (2)
de cette œuvre précédée d'une étude de 309 pages
sur la vie et les écrits de l'auteur, et sur les différentes éditions ou manuscrits du Doctrinal. Nous
ne pouvons mieux faire que de résumer la partie
historique de cette étude. Les savants pourront consulter l'ouvrage lui-même pour la partie technique,
ainsi que l'article que lui a consacré M. Léopold

(1) *De Alexandri de Villa-Dei Doctrinali*, ejusque fortuna
thesim proponebat Facultáti litterarum Parisiensi Carolus
Thurot, licentiatus, Scholæ normalis tum alumnus. *Parisiis*, apud Dezobry. *M. DCCC. L.*

(2) *Das Doctrinale* des Alexander de Villa-Dei. Kritisch
exegetische Ausgabe, par le Dr Reichling, professeur au
gymnase de Heiligenstadt. — Berlin, chez A. Hoffman et
Comp. vol. in-8°, CCCIX-211 pages.

Delisle dans la Bibliothèque de l'École des Chartes
(année 1894).

Alexandre naquit à Villedieu dans la seconde
moitié du xiiie siècle; il fit ses études à Paris, et
s'y lia avec deux jeunes gens pauvres comme lui,
dont l'un, Adolphe ou Ydolphe, était anglais, et l'autre, Ivo ou Imo, venait aussi de Villedieu, d'autres
disent de Bretagne. Ensemble ils suivaient les leçons données sur la grammaire de Priscien (du
vi^e siècle) et ils s'occupaient à mettre en vers latins
les préceptes qui leur étaient enseignés.

Adolphe fut rappelé par son évêque qui voulait
lui confier une mission de confiance ; Ivo mourut.
Resté seul possesseur des matériaux réunis par les
trois étudiants, Alexandre séjourna encore quelque
temps à Paris, jusqu'au jour où l'évêque de Dol
l'attira près de lui pour le charger de l'éducation de
ses petits neveux.

Alexandre mit à profit ses travaux précédents
dans son enseignement: chaque règle, résumée en
deux vers exhamètres, était apprise par les enfants
et récitée à leur oncle. Le prélat prenait goût à
cette méthode: il pria le professeur de composer
ainsi un ouvrage complet de grammaire: telle fut
l'origine du *Doctrinal*. L'œuvre achevée, selon
toute apparence, en 1199, fut reçue dans les écoles
de Paris dès le xiiie siècle, et bientôt universellement adopté.

Les gloses, les interpolations, ne manquèrent
par de se surajouter au travail primitif pendant

un enseignement de près de trois siècles. Lorsque
la Renaissance apporta en Occident le goût des anciens auteurs latins, les premiers humanistes des
différentes nations abandonnèrent peu à peu le
Doctrinal: ils y trouvaient des incorrections. et tout
un ensemble des règles plus en harmonie avec les
préceptes de la logique qu'avec les exemples des
modèles classiques. Si plusieurs traitèrent bruyam-
ment Alexandre de *barbare*, d'autres rendaient encore témoignage à la nettetté de son exposition, à
l'élégance de son style: ils auraient voulu le corriger sans l'éloigner complètement des écoles.

Ajoutons que les ouvrages substitués au Doctrinal n'eurent jamais l'autorité universelle de cette
œuvre. Ce qu'il aurait fallu changer dès lors, c'eût
été ce genre d'enseignement mnénotechnique, l'ef-
froi des pauvres enfants (*livor pucrulis*); plus d'un
de nos contemporains, qui a pâli sur le Jardin des
Racines grecques, pourrait exprimer la même réflexion.

On trouve encore un certain nombre d'éditions
du Doctrinal au XVIᵉ siècle. Nous citerons le passage suivant d'un émule et compatriote d'Alexandre,
Guillaume Le Moine (1), dont nous aurons bientôt
à parler; il nous prouvera que toute admiration
n'avait pas encore cessé vers 1530 pour l'antique

(1) Guillelmi Monachi de Villa Dei *Opera* (*Bibl. Nation.*
R. 652) fol. CXIX : cité aussi dans l'article de M. L. Delisle
sur Alexandre de Villedieu.

grammairien : « Il y a maintenant plus de *flagella-
teurs* d'Alexandre que de vers de cet auteur. Cependant il s'est certainement montré partout élégant;
il n'aurait pas voulu écrire ce qui eût honteuse-
ment sonné pour ne pas mal sonner; il aurait dit
les gestes de Livie d'une manière bien autrement
décente que les borgnes élucubrations de Faustus.
Par quel destin s'est-il fait, je l'ignore, que ce livre
ait parcouru et instruit l'Italie, Rome, les Espagnes,
les Germanies, les Gaules et la Grande-Bretagne?
Maintenant encore, combien est-il facile et bref,
combien orné et fleuri, l'honneur et l'estime qui
l'entourent le prouvent : jamais ne pourront périr
ou la renommée, ou la dignité, ou le nom, ou le
poème, ou le *Doctrinal* de l'écrivain qui semble
avoir vécu parmi tant de climats, parmi tant de
siècles : Il a plus cherché à instruire le grammairien vraiment chrétien qu'à former des poètes
païens. »

L'évêque de Dol étant décédé en 1205 (si nous
adoptons la date de 1099 pour la composition du
Doctrinal), Alexandre demeura-t-il dans cette ville?
Divers manuscrits le font s'établir à Paris et devenir professeur de Sorbonne : c'est là certainement
un anachronisme : Robert Sorbon n'avait pas encore
fondé son établissement. Wading et les autres historiens des Frères Mineurs prétendent qu'il entra
dans l'Ordre de Saint François d'Assise dans sa
vieillesse : peut-être était-il simple *tertiaire?* Il paraît certain qu'il mourut Chanoine de la cathé-

drale d'Avranches : (1) Paris ne l'avait guère pos-
sédé qu'au temps de ses études. A part son séjour
auprès de l'Évêque de Dol, c'est la Basse-Normandie qui fut sa résidence préférée ; c'est pour les
jeunes clercs de cette contrée qu'il semble avoir
écrit ses différents ouvrages. (2)

L'éducation des clercs lui tenait surtout à cœur :
Alexandre de Villedieu ne manifeste-t-il pas souvent le désir de la soustraire aux influences ma-
saines des auteurs païens, pour la rendre absolument et exclusivement chrétienne ?

La question des classiques païens était alors agi-
tée aussi vivement qu'elle le fut vers le milieu de
notre siècle. La philosophie et la théologie tendaient
à devenir de plus en plus exclusivement chrétiennes
dans les écoles de Paris ; mais Orléans continuait
à chercher dans les anciens auteurs latins « les fondements solides du langage. » Il est vrai que les
ouvrages qu'on y commentait justifiaient bien un
peu l'indignation des maîtres des autres villes :
l'*Ars amandi* d'Ovide, son *Remedium amoris*,
et ses *Fastes* ne sont pas des œuvres qui se recom-
mandent d'elles-mêmes pour l'éducation de la jeu-
nesse.

A ces ouvrages plus ou moins moraux, Alexandre
entreprit de substituer des livres où l'inspiration

(1) Le Chanoine Pigeon, dans son *Histoire du Diocèse
d'Avranches*, place le canonicat d'Alexandre au temps de
l'évêque Guillaume IV d'Ostilly (1210-1236). V. t. II, p. 331.

(2) Voir les passages cités par Reichling.

fût entièrement chrétienne. Son *Ecclesiale* apprit
aux clers à connaître le cycle des années avec plus
d'édification que ne le pouvaient faire les Fastes
païens. C'était un *Cours de Liturgie* en vers latins ;
on y trouve des instructions sur les édifices sacrés,
sur certaines coutumes, sur les personnes ecclésiastiques, les décimes, puis sur le Calendrier de l'É-
glise avec ses Fêtes mobiles et fixes, les rubriques
de la Messe, les offices, et les règles du *Comput*,
ainsi qu'un abrégé d'astronomie (*de Sphaera*).

Le *Doctrinal* et l'*Ecclésiale* doivent être regardés
comme des extraits en vers d'une sorte d'*Encyclo-
pédie* d'abord composée en prose ; peut être faut-il
voir là l'ensemble des notes recueillies par Alexandre et ses deux compagnons d'étude de Paris. Le
nom d'*Alphabetum majus* conviendrait à la partie
grammaticale de cette œuvre détaillée, par opposition à l'*Alphabetum minus*, ouvrage élémentaire du
même auteur comprenant par ordre alphabétique
des explications de mots et d'idées.

A part le Doctrinal et l'Ecclésiale, ces œuvres
d'Alexandre de Villedieu ne nous sont pas parvenues dans leur intégrité. L'obscurité qui les enve-
loppe dès la seconde moitié du xiiie siècle font foi
de leur peu de succès.

Faut-il refuser à notre auteur la paternité de plusieurs autres ouvrages qui lui ont été également
attribués ? Aucune raison sérieuse ne peut nous y
forcer pour la plupart de ces travaux.

Le *Comput ecclésiastique* en vers, attribué expressément à Alexandre par plusieurs manuscrits, nous est présenté dans la Préface comme recueilli de plusieurs ouvrages d'auteurs différents : *sicut de multis laminis æris in conflatorio una massa efficitur, ideo librum istum volui vocari* MASSAM COMPOTI.*» Sa forme poétique, ou du moins versifiée, le désigne «aux lecteurs délicats.»

L'*Art de compter,* ou *Algorisme,* et *la Sphère,* traités de mathématiques et de cosmographie en vers, sont bien également du genre de notre auteur.

Quant au *Sermo doctissimi viri Alexandri de Villa Dei,* il ne semble guère devoir ce titre qu'à l'insertion d'un certain nombre de vers du Doctrinal. — Le *Petit Traité d'accentuation du Psautier selon la troisième partie (du Doctrinal) d'Alexandre, très nécessaire aux prêtres,»* n'a pas plus de raison d'être attribué au grammairien lui-même.

Le Summarium biblicum, résumé de toute la Bible en 212 vers, est trop généralement donné comme une œuvre d'Alexandre pour qu'on puisse le lui refuser. C'est un petit exercice de patience et d'adresse capable d'intéresser les lecteurs de la Bible, mais à condition qu'ils en connaissent par avance tous les détails. Voici le premier vers : chaque mot résume l'un des événements les plus importants de l'histoire du monde jusqu'au Déluge :

« Sex, prohibet, peccant, Abel, Enoch, archa fit, intrant ».

Heureusement une glose interlinéaire donne des explications succinctes : « Sex *dies*; prohibet *Deus lignum vitæ*; peccant *primi parentes.* Abel *occiditur.*

Enoch *transfertur*. Archa fit *a Noe*. Intrant *archam*. »

Nous n'avons plus que le titre de la poésie : *De Actibus Apostolorum,* attribuée aussi à Pierre Riga, et des *Lettres* d'Alexandre de Villedieu.

★
★ ★

Au XIIIᵉ siècle, deux autres enfants de Villedieu parvinrent à une haute dignité dans l'Église : Raoul abbé du Mont-Saint-Michel, et Geoffroy Boucher, évêque d'Avranches.

RAOUL (Radulphus III) de Villedieu (1) fut reçu moine par le célèbre Abbé du Mont-Saint-Michel Raoul des Iles. Placé à son tour à la tête du monastère (20ᵉ abbé), il eut à sévir contre son ancien supérieur. Paralysé et incapable de continuer ses fonctions, Raoul des Iles avait donné sa démission, et reçu une provision dont il ne parut pas satisfait. Après une première excommunication, on résolut de s'en rapporter à des arbitres : l'ancien abbé, ayant refusé d'accepter la décision, dut être de nouveau excommunié.

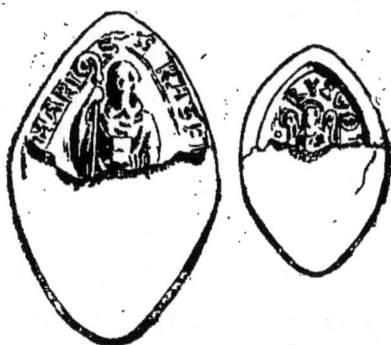

Sceau et contre-sceau de RAOUL DE VILLE-DIEU, abbé du Mont Saint-Michel.

(1) *Gall. Christ.* T. XI, c. 523.

Raoul III (1225-1236) augmenta les revenus du monastère par plusieurs acquisitions à Brécey au diocèse d'Avranches, ainsi qu'à Bretteville et à Verson au diocèse de Bayeux. A peine installé, Raoul de Villedieu fit construire — d'après dom Hugues, — le « Cloître », gracieuse galerie de stuc et de granitelle, aux chapiteaux fleuris, qui fait l'admiration de tous les artistes et de tous les touristes. En 1885, M. l'architecte Corroyer a restauré l'œuvre de Raoul de Villedieu. On remarque dans cette galerie la statue de saint François d'Assise, revêtu de l'habit primitif, avec cette inscription : « *Sanctus Franciscus canonizatus fuit anno 1228, quo claustum istud perfectum fuit.* »

Raoul III eut des démêlés avec Guillaume d'Oteillé, évêque d'Avranches, qui tentait d'exercer des droits sur l'abbaye, au mépris des Constitutions monastiques. L'abbé porta ses plaintes à Rome, et sur l'intervention du Souverain Pontife, une transaction fut conclue entre l'évêque et l'Abbaye. En vertu d'une Bulle Pontificale (1235), il fut convenu entre les parties : que l'Abbé du Mont aurait l'institution et la destitution des églises du Mont et des prêtres qui recevraient la charge d'âmes de l'Abbé. Raoul mourut le 18 mars 1236, après avoir gouverné le monastère depuis 1225.

*
* *

« D'abord doyen d'Avranches et chanoine de Paris,

GEOFFROY BOUCHER (1) fut élu évêque d'Avranches, et confirmé en 1293 par Eudes, archevêque de Rouen, qui, cette même année, demanda pour lui au Roi l'abandon du droit de régale. En 1296, Geoffroy servit d'arbitre entre Pierre, évêque de Bayeux, et le prieur de Saint-Gabriel. La même année, le Bailli de Coutances lui céda, au nom du roi, à lui, à son Église et à ses successeurs, plusieurs moulins royaux moyennant une rente annuelle : cession confirmée par le roi Philippe au mois de juin 1303. Le nom de Geoffroy se trouve dans le Concile provincial de Pinteville tenu en 1304, le mardi d'après la fête de sainte Agathe, par conséquent en 1305. Geoffroy occupa le siège d'Avranches *certainement* pendant 13 ans, depuis 1292, disent les Frères de Sainte-Marthe. Il mourut le 31 janvier 1305 (1306) d'après la Chronique de Savigny ; ou le 12 février, d'après les données de M. du Fourny et le Nécrologe de l'abbaye de Saint-Evroult. Le Manuscrit du Mont Saint-Michel indique sa sépulture dans la chapelle de la Sainte Vierge de sa cathédrale, non loin de Radulphe, son prédécesseur ; il le fait mourir en 1306, le jour de Saint-Valentin ; c'était le 10 avril d'après le manuscrit de Saint-Victor de Paris, et le 8 Mars, d'après le Nécrologe de Corneville. »

A cette notice extraite du *Gallia Christiana*, nous ajouterons les détails suivants tirés de l'*Histoire du diocèse d'Avranches* par le Chanoine Pi-

_____
(1) *Gall. Christ.* T. XI, c. 487.

geon (1) : « Geoffroy Boucher fonda deux chapelles
dans sa cathédrale en 1297. Il fit confirmer son
droit pour la consécration des évêques de la province au défaut de l'archevêque de Rouen et de
l'évêque de Bayeux en 1303. Il légua ses biens au
chapitre en 1305. » — Ses armes portaient : *de
gueules, à la fasce de sable accompagné de trois
besans d'or, deux en chef et un en pointe.* (D'après
un écusson de cheminée de l'ancien évêché d'A-
vranches, remontant à 1680).

*
* *

RAOUL ROUSSEL, archevêque de Rouen de 1444
à 1452, était de Villedieu : c'est par erreur que le
Gallia Christiana le fait naître à Vernon ; le
Pouillé du diocèse de Rouen de 1431, dont il est
l'auteur (2), ne laisse aucun doute à cet égard : il y
indique lui-même comme son lieu d'origine Villedieu près Saultchevreuil au diocèse de Coutances.
Docteur en droit canonique et en droit civil, successivement trésorier, chanoine, puis archevêque de
l'Église de Rouen, il tint un concile dans cette ville
en 1445, et contribua à faire rentrer les habitants
sous l'obéissance de Charles VII.

C'est sans doute à lui qu'il faut attribuer le don
fait à l'Église paroissiale de Villedieu d'un calice

(1) T. II, p. 332.
(2) *Bibl. Nation.* F. latin, N° 5197.

d'argent doré, que l'inventaire joint au Comptes de fabrique de 1641 à 1644 dit venir de Raoul archevêque de Rouen.

*
* *

En 1514, un nouveau professeur, originaire de notre ville, prêtait serment devant la Faculté des Arts de Caen. (1) Sans atteindre la célébrité persistante de son compatriote, Guillaume Le Moine aurait dû mériter une estime moins sujette à l'oubli. Du moins, il eut, à l'époque de la Renaissance, une influence très réelle parmi les nouveaux humanistes.

Le Moine nous a lui-même donné dans ses œuvres des détails intéressants sur sa famille. Il était le plus jeune des neuf enfants qu'avaient eus ses parents. Son père, Guillaume, fut parfois traité dédaigneusement dans l'assemblée de tous les juges et avocats de Villedieu, parce qu'il avait une nombreuse postérité avec une pauvre fortune. Mais le peuple l'appelait « le pieux avocat, » et tous rendaient hommage à son savoir. Il fut préservé avec tous les siens d'un incendie qui dévora toute la ville, et d'une peste qui la ravagea pendant quatre ans. (2) — Sa mère, Michelle Gaultier, se faisait remarquer pour sa dou-

---

(1) Sur Guillaume Le Moine : V. L. Delisle : *Essai sur l'Imprimerie et la Librairie à Caen* (1891) ; — et l'article cité plus haut sur Alexandre de Villedieu.

(2) G. Monachi Opera, f° CXXX, V°.

cœur, au milieu de voisines sans cesse en guerre entre elles. (1)

La Dédicace d'une des éditions du *Dictionnaire* dont nous allons bientôt parler, achève de nous faire connaître la parenté de Guillaume. Deux de ses frères lui avaient servi de père. Un des cousins de sa mère, Raulin Gaultier, était considéré comme *l'unique fondement de sa patrie,* « tant était grande sa prévoyance pour tous, si connue sa bienveillance pour son pays ! » — Le frère de ce dernier, Olivier Gaultier, chanoine régulier de Saint-Augustin, fut le plus bel ornement de la famille maternelle de notre professeur par ses insignes vertus et l'éclat de sa science. — Toutes ces personnes méritaient d'être citées par Guillaume, soit comme les amis intimes du jeune étudiant de Rouen, Jean Le Fèvre, à qui s'adressait cette dédicace, soit comme les familiers de Nicolas le Fèvre, son père. C'étaient autant d'exemples proposés à l'imitation du jeune homme : comment n'aurait-il pas cherché à conquérir dans la littérature un peu de la célébrité qu'avait assurée à son père la cloche fondue par lui pour le grand couvent de Saint-Benoît de Caen ?

L'œuvre la plus connue de Guillaume Le Moine, est son *Dictionnaire latin-français:* « *Epithoma vocabulorum decerptum ex Calepino, Hermolao Barbaro, Anthonio Nebrissensi, Erasmo Roterodamo, Perotto, Angelo Policiano, Laurentio Vallensi, An-*

(1) *Ibid.,* fᵒ CXV, Vᵒ.

*thonio Codro, Theodoro Gaza, Januensi, Philippo
Beroaldo, Cornucopia, Baptista Pio, Marco Varrone,
et plusculis aliis,* — augmenté et corrigé par Guillaume Le Moine de Villedieu, avec l'indication
donnée *pour la première fois* du genre des noms
et des mots. »

M. L. Delisle cite une lettre (1) de David Jore, du
7 février 1530, dans laquelle on salue l'heureuse révolution dont ce Dictionnaire est l'augure dans le
monde des lettres. Trois éditions successives, données par les libraires de Caen Michel et Girard Angier, sont la preuve de l'accueil favorable qu'il reçut.

Dans la Dédicace, dont nous avons cité quelques
passages, Guillaume Le Moine se plaignait à son
jeune ami d'avoir été retardé dans la publication de
cette première œuvre par le malheur des guerres.
Mais le temps n'avait pas été perdu pour lui : il
avait élaboré quarante livres contre les sophistes, et
ces livres étaient actuellement sous presse, bientôt
prêts à paraître : accorder les grammairiens avec les
logiciens, et les logiciens avec les rhéteurs, tel était
le but qu'il s'était proposé.

L'exemplaire de ce dernier ouvrage signalé par
M. L. Delisle (2) forme la seconde moitié d'un volume de la Réserve de la Bibliothèque Nationale. La
date peut être indiquée approximitivement par la ci-

(1) *Essai sur l'Imprimerie et la Librairie,* p. 25.
(2) Bibl. Nat. R. 652-2. *Gulielmi Monachi de Villa Dei
Opera.*

tation précédente. Nous avons pu constater la simi-
litude des caractères avec ceux qui sont employés
dans le *frontispice* donné au commencement de l'*Essai sur l'Imprimerie et la Librairie* ; la première
lettre initiale P, en particulier, de ce frontispice, se
retrouve assez fréquemment, notamment aux fᵒˢ XI,
LII Vᵒ et LIV : l'imprimeur serait donc le même que
celui des *Problemata logicalia Magistri Hieronimi
de Hangest.*

Les 40 livres de Guillaume Le Moine se divisent
en cinq parties principales, dont les deux premières
contiennent plusieurs subdivisions. La *Préface* répond bien à l'annonce que l'auteur faisait à Jean
Le Fèvre : c'est une attaque contre les *Sophistes*
qui ont tout faussé : la grammaire et la dialectique
comme l'éloquence. En les suivant sur leur terrain,
l'auteur n'aura garde de négliger le style, mais sans
sortir du naturel. Sans attachement absolu aux doc-
trines d'aucun philosophe, il se rend cependant le
témoignage d'observer *adamussim* les principes de
la logique d'Aristote. Il veut faire revivre une Dialectique plus vraie et plus nette, si nécessaire à
toutes les autres sciences, que sans elle toutes seraient muettes, l'éloquence elle-même.

DE CAUSIS CORRUPTE LOGICE :—tel est le titre de la
première partie partagée en subdivisions désignées
comme il suit : *De libertate explicandarum senten-
tiarum* (1 livre) ; — *de effatis hypotheticis* (1 l.) ; —
de rejectione pronominum a sententiis (1 l.) ; — *de
constitutione significationis* (1 l.) ; — *de significa-*

tionum syntaxi (5 l.); — *in tabulam confusionis*
(1 l.); *de explosione ampliationum a cathegoricis*
(3 l.); — *in bullam appellationis* (1 l.); — *adversus
insolubilia* (1 l.). — C'est, on le voit, une réponse à
toutes les arguties dont les sophistes de l'époque
avaient surchargé la *grammaire* et la *logique.*

L'*idéologie* n'avait pas été mieux respectée : la
seconde partie est destinée à lui rendre sa véritable valeur : c'est le DE RATIONIBUS ANIMÆ, avec
les sous-titres suivants : *De ratione affirmationis*
(1 l.); — *de ratione cathegorematum* (2 l.); — *de
ratione negationis* (3 l.); — *de ratione distributio-
nis* (6 l.).

Ces deux premières parties, d'une lecture très
pénible pour ceux qui ne sont pas au courant du
langage spécial des auteurs des XVe et XVIe siècles
(sans parler des difficultés provenant de la ténuité
des caractères gothiques, des abréviations nombreuses, et des irrégularités fréquentes de la ponc-
tuation), ne peuvent guère intéresser que les hommes compétents. Plus abordables nous ont paru les
trois dernières parties, pour lesquelles il n'y a plus
de subdivisions.

Le DE FABULOSIS THEMATIBUS était spécialement
destiné par l'auteur aux jeunes élèves qu'il voulait
instruire en les amusant: « Nous nous proposons
ici, disait-il dans la Préface, de faciliter l'étude de
la langue latine, de châtier les mœurs, de louer les
vertus, et surtout d'accuser, et, bien entendu, de livrer à la risée la superstition de la nation norma-

no-française, en particulier celle qui avoisine les bords les plus lointains de l'Océan. »

Dans le premier livre, on trouve traité, sous une forme plaisante, plus d'un grave sujet, bien digne de l'attention de l'historien. Le Moine s'y révèle comme un critique judicieux de tous les travers et des excès de son temps. Le chapitre IV « *De Ecclesiasticis quibusdam Controversiis* » nous montre le besoin de réforme que l'Église éprouvait alors : l'asservissement dans lequel ses *fondateurs* et *bienfaiteurs* essayaient trop souvent de la maintenir, les inégalités de richesse entre ses différents ministres, attirent particulièrement ses reproches.

Il faudrait citer presque en entier le chapitre V « *de Vectigalibus.* » Les exactions dont souffrait la pauvre Normandie, tandis que les princes se livraient au luxe le plus fastueux, soulèvent la religieuse indignation de Le Moine : « O rois, s'écrie-t-il, si au jour de votre onction et de votre consécration Jésus-Christ, le Roi des rois, vous a ordonné de lever de tels tributs, commandez encore de pires méfaits à vos satellites... Quels malheurs plus funestes pourraient donc arriver à vos peuples s'ils étaient dans les chaînes de Mahomet? »

Les réformes, l'auteur les indique lui-même: les impôts devraient cesser lorsque le motif qui les a fait établir n'existe plus; la répartition d'ailleurs devrait être plus conforme à la justice. Plus de pauvres mendiants: à chaque cité le soin de leur fournir un abri et du travail. Tout homme qui par

ses fonctions rend service à ses concitoyens doit
être exempt de toute recevance. Avec le *curé*, chaque paroisse devrait ainsi posséder un *expert ès
lois et coutumes* pour régler les différents, — un
médecin pour soigner sans honoraire le curé et son
troupeau, — un chef préposé à la *police*, — un *ins-
tituteur* pour le soin des enfants. L'exemption
doit aussi devenir le privilège du *mari de la sage-
femme* (Malo obstetricem certe quam aut monialem
aut abatissam), de celui qui s'est dévoué dans une
épidémie au service des malades, et enfin des *notaires*. « C'est à la terre à payer le tribut, quelqu'en
soit le possesseur : *qui plus plus*, fût-il avocat ou
prêtre; mais personne n'y doit être contraint par la
faim, la disette ou la prison.

Après avoir constaté une telle liberté de langage,
nous sommes moins surpris des critiques acerbes
dont le reste de ce premier livre est rempli à l'adresse
des esclaves de l'usure, de la luxure et de l'orgueil
insolent.

Le livre II, par sa jovialité, ramène un peu le
calme dans l'esprit du lecteur : recueil d'histoires
et de facéties qui se débitent à tous les âges et
dans toutes les classes de la société. Le livre III n'est
pas moins intéressant par l'accumulation des
croyances et des superstitions populaires qu'on y
rencontre, depuis la confiance aux charlatans jusqu'à la dévotion aux revenants. Le Moine n'est
d'ailleurs pas opposé à une légitime croyance au
retour des âmes qui ont besoin de prières, et il en-

gage fortement à leur procurer par tous les moyens
que propose l'Église le soulagement dans leurs
souffrances.

Par cette transition, l'auteur nous introduit
dans une nouvelle partie : DE VIRT TUM ADSIGNATIO-
NIBUS (2 livres) : « Après avoir dénoncé les mauvaises mœurs et s'être raillé des superstitions, il
faut s'élever à la *splendeur de la vertu* et à *l'utilité
de la chose publique.* » Morale et économie politi-
que, telles sont les études auxquelles il va se livrer
dans cette partie. Sans ordre bien déterminé, sans
prétention d'exposer complètement les principes
de ces deux sciences, il s'attache surtout, suivant le
but général de son œuvre, à critiquer les abus et
les travers qui se sont introduits dans la théorie
comme dans la pratique : l'historien trouverait là
encore beaucoup à prendre pour la peinture de la
société de l'époque.

La dernière partie, DE NATURALIUM RERUM INDIN-
GATIONIBUS (8 livres) représente l'examen des théories
de l'Antiquité comme du Moyen Age sur la science
du monde, la *Cosmologie* au sens le plus étendu.
Au milieu de toutes ces thèses tour à tour exposées
et critiquées, à quel système de philosophie Le
Moine se rattachera-t-il ? Le Chapitre XXIIᵉ intitulé *De Incertitudinibus philosophorum* pourrait
nous donner une réponse : « Tout ce qui a été incertain pour les autres, sera-t-il incertain pour nous?
Non, hormis le symbole de la foi. Le reste est bal-
lotté par la variété des opinions. »

Le dernier Chapitre se termine par ces lignes:
« Pourquoi donc ces investigations ? Mais nous
n'affirmons pas que nous philosophons avec pureté
et sincérité; les anges eux-mêmes ne pourraient pas
toujours philosopher avec vérité et clarté s'ils
n'étaient illuminés d'une manière saine. C'est pourquoi nous mettons fin à nos recherches sur les
choses naturelles. Et si nous avons écrit quelque
chose qui nous oblige à demander pardon ou à
supporter la colère, nous promettons de faire l'un
et l'autre. »

Cette dernière précaution n'était peut-être pas
inutile. Tout en protestant de son attachement in-
violable à la foi catholique, Le Moine s'est montré
parfois trop hardi dans la critique des théories phi-
losophiques incorporées en quelque sorte par l'Église
dans ses dogmes. C'est ainsi qu'au f° 152, en par-
lant de l'absence de toute entente possible entre
les Platoniciens et les Aristotéliciens sur la nature
de la matière corporelle, il attaque la théorie de la
substance et des *accidents* des Scolastiques, et trouve
au moins inutile son application à la Sainte-Eucharistie : *l'impanation* telle que la demande Luther,
tel est le système qu'il propose comme suffisant.
S'il eût vécu au moment du Concile de Trente,
nul doute qu'il ne se fût humblement rétracté. La
piété dont il fait preuve en plus d'un passage de
ses œuvres nous en est un sûr garant.

Guillaume Le Moine s'était d'ailleurs également
occupé de réviser les livres liturgiques: lui-même

nous en avertit au chapitre VIII de premier Livre
de son *De fabulosis thematibus,* dans ce chapitre
même où il avait pris la défense d'Alexandre de
Villedieu, accusé d'avoir changé les règles de l'accentuation latine, alors qu'il se proposait avant tout
de faciliter l'exécution du chant ecclésiastique.
« Ceci soit dit, ajoute-t-il, contre certains qui, incapables d'écrire eux-mêmes, se montrent les adversaires de ceux qui s'efforcent de ramener les lettres
à leur perfection. Le Moine a écrit pour sa part un
certain nombre d'oraisons à l'usage de neuf Églises :
telles sont les oraisons pour l'Office des Anges, des
Patriarches, des Prophètes, des Rois, des Apôtres,
des Martyrs, des Confesseurs, des Vierges, œuvre
vraiment digne de dévotion. De même il a composé
et fait imprimer cinquante nouvelles antiennes
avec oraison à la louange de la plupart des saints. »
Parmi les Églises qui demandèrent le concours
du savant professeur pour le remaniement de leur
liturgie, il faut placer l'Église d'Avranches. M. le
Chanoine Pigeon, possesseur du Missel de ce diocèse (le seul exemplaire connu) publié en 1534 par
l'évêque Robert Cenalis, a bien voulu nous donner
à ce sujet quelques renseignements. Dans le catalogue des Registres de l'Université de Caen conservés aux Archives du Calvados S. D., nous trouvons Guillaume Le Moine inscrit deux fois parmi
les *Régents résidents de la Faculté des Arts* en 1515
(T. I, p. 202 et 225). Il dut abandonner ses fonctions pour aller enseigner au Collège d'Avranches

fondé vers 1520 par l'Évêque Louis Herbert. C'est
là qu'avec le premier principal Robert Goulet, ancien professeur du Collège d'Harcourt, à Paris, il
fut appelé à s'occuper de travaux liturgiques. Le
Missel dont nous venons de parler, porte, avant le
Calendrier, une double dédicace intitulée «MONACHUS
DE VILLA DEI *ad Impios*.. et *ad Pios* »: courtes sentences destinées à rappeler aux fidèles que la
prière ne peut être agréable à Dieu sans la pratique des vertus chrétiennes:

> Oras, qui legem Dei ignoras?
> Non ; sed tu nefarius es, et tu Deo refragaris.
> ... Oras, qui pauperes abhorres?
> Non, sed tu latro es, et tu Deum exsecraris.
>
> Oras tu, qui viam veritatis scis?
> Etiam, et a Deo tu laudaris.
> ... Oras tu, qui mirabilem Christi legem oscularis?
> Etiam, et a Deo tu prædestinaris.

Dans la seconde moitié du XVIe siècle, Villedieu
fut honoré par le martyre d'un de ses enfants, le
Cordelier GUILLAUME LE CERVOISIER. Nous ferons
simplement remarquer que, contrairement à la tradition locale, les *Annales des Frères Mineurs*
(T. XIX p. 401) le font naître à Congerville (?) au
diocèse de Coutances.

Une autre divergence se trouve entre les historiens
franciscains sur la date de sa mort. Wading indique
1560 ; l'ouvrage que nous venons de citer préfère
avec Gonzaga l'année 1562, parce qu'à la première

date la guerre religieuse n'avait pas encore éclaté dans le Cotentin. Le récit suivant des circonstances (1) dans lesquelles fut immolé Le Cervoisier donnera raison à la dernière opinion.

Depuis le mois d'avril 1562 une grande agitation régnait dans toute la Basse-Normandie, à la suite de la nouvelle du *Massacre de Vassy* (1er mars). Le Comte de Matignon, obligé de réprimer les tentatives des huguenots, faisait partout lever des troupes. Tandis qu'il allait lui-même mettre Cherbourg en état de résister aux attaques toujours attendues des Anglais, alliés naturels des religionnaires, il avait chargé le Capitaine du Château de Valognes, François Le Guay, sieur de Cartot, d'armer les bourgeois. Dans la nuit du lundi de la Pentecôte (18 mai), une fausse alerte faillit amener une collision entre catholiques et protestants. Le Dimanche 7 juin, au soir d'une revue d'armes passée dans la ville, une querelle entre quelques individus des deux partis, fut le signal de la lutte : les protestants furent poursuivis jusque dans les demeures des catholiques où ils cherchaient un refuge, plusieurs de leurs maisons saccagées, et six d'entre eux mis à mort avec la cruauté habituelle aux foules ameutées.

La vengeance ne devait pas tarder à se produire. Le 15 juin, les deux de Sainte-Marie, gentilshommes

(1) Sur le Siège de Valognes, voir les auteurs cités par Dupont : *Le Cotentin et les Iles*, t. III, p. 381 et seq., et l'Extrait de l'*Enquête du 8 juillet 1578* publié par M. L. Delisle dans l'Annuaire de la Manche de 1890.

huguenots, s'emparent de Montebourg, et se présentent avec 700 cavaliers devant Valognes. Le 17, le capitaine Le Clerc amène de Caen 1500 hommes, 2 couleuvrines et des munitions, pour réprimer, au nom du roi, les excès des catholiques, pendant que Matignon se hâte de revenir de Cherbourg.

Mais, avant son arrivée, le 18, les huguenots avaient pénétré dans la ville. Le Couvent des Cordeliers était en particulier devenu l'objet de leurs représailles : l'église fut convertie en écurie, et le culte catholique interdit à tout prêtre sauf au chapelain de l'Hôtel-Dieu.

Le Cervoisier, vicaire du couvent, dont l'éloquence avait souvent attaqué les croyances des religionnaires, fut la première victime indiquée à leur vengeance. Après avoir pu consommer les Saintes-Hosties, il fut saisi, assommé à coups de bâtons, puis déchiré avec des couteaux et des poignards jusqu'à ce qu'il expirât. On voyait, avant la Révolution, la statue de le Cervoisier dans une chapelle basse de l'église des Cordeliers, au-dessus de son tombeau ; et son intercession amena plus d'une guérison miraculeuse.

L'arrivée du farouche Montgomery en Normandie acheva d'étendre partout la sédition. Les villes même et les villages qui ne comptaient aucun protestant ne furent pas épargnées. On ne trouve pour Villedieu aucun Religionnaire dans les *Rôles des Protestants de la Vicomté de Coutances* publiés dans l'Annuaire de la Manche de 1890 : « Cependant le 17 août 1562, raconte le *Manuscrit traditionnel*, plusieurs gentilshommes, accompagnés de soudards, pillèrent et détruisirent tout ce qui était dans l'église paroissiale, et allèrent briser les croix d'une des places publiques, qui, pour ce motif, a pris depuis le nom de *Place des Croix-brisées*. »

Villedieu dut sans doute craindre plus d'une fois de semblables incursions durant les guerres de religion ; deux autres événements concernant ce bourg nous ont été rapportés par la tradition. Après l'alliance de Henri III avec le roi de Navarre, De Vicques, l'un des plus ardents *Ligueurs*, qui occupait la place d'Avranches, faisait souvent des expéditions dans le pays d'alentour, luttant à la fois contre les protestants et les troupes royales désormais unies. Le lundi de la Pentecôte, 22 Mai 1589, il surprend à Saint-Sever la compagnie du Sr du Mont-Canisy. Le lendemain, il court au secours de Villedieu attaqué par de Ste-Marie et le Comte de Torigny ; il est repoussé. Mais le 26, deux de ses capitaines se mettent à la poursuite de Charnay qui avait essayé de surprendre Avranches.

Après la mort de Henri III (1er Août 1589), de Vicques continue à se donner pour lieutenant général du Roi en Basse-Normandie. Dans les premiers jours de juillet 1590, il vient au secours de Villedieu attaqué par un détachement de *royaux* sous les ordres de Dracqueville (que le manuscrit traditionnel fait venir de Cérences et de *Dracqueville*). Les habitants avaient enfermé les assaillants dans l'église et le clocher dont ils s'étaient emparés ; les portes avaient été murées à l'aide de tonneaux comblés de pierres. Lorsque, après l'arrivée du gouverneur d'A- vranches, la faim contraignit les prisonniers à sortir, ils furent impitoyablement massacrés au nombre de 136.

Le duc de Montpensier essaya de venger cette dé- faite, en venant assiéger Avranches le 13 novembre 1590 : il put s'en emparer le dimanche 2 février sui- vant, après la mort de Vicques lâchement assassiné devant Pontorson. Toutefois la résistance du pays dura jusqu'à l'abjuration de Henri IV (25 juillet 1593), avec des scènes de meurtre et de pillage dont les petits seigneurs du pays étaient souvent les insti- gateurs. Les Anglais appelés au secours des troupes royales ajoutaient encore au désarroi. L'Édit de Nan- tes fut seul capable d'amener la pacification générale. Ce n'est qu'à cette époque que le gouverneur du Mont-Saint-Michel consentit à se soumettre : la der- nière forteresse fidèle à la France contre les Anglais devait être encore la dernière à soutenir la foi catho- lique.

CHAPITRE IX

LA PAROISSE AU XVIIᵉ SIÈCLE

Notes sur quelques Commandeurs. — Les améliorissements du Commandeur d'Elbène. — Incendie de Villedieu; reconstruction de la Commanderie, des halles et
du moulin par le Commandeur, de la nef de l'église paroissiale par les habitants.
Organisation paroissiale : Règlements du Commandeur
de Comenge. — Assemblées paroissiales. — Trésoriers
de la Fabrique ; leurs comptes : recettes et dépenses;
fondations, casuel, dons particuliers. — Description de
l'église au commencement du xviiiᵉ siècle : Date de ses
embellissements successifs.
Personnages remarquables de Villedieu au xviiᵉ siècle.

Bien qu'éloignés le plus souvent de leurs Commanderies, et obligés d'en laisser l'administration
temporelle à des régisseurs ou à des fermiers, les
Commandeurs ne se désintéressaient pas complètement de leurs devoirs à l'égard de leurs vassaux.
Le Manuscrit traditionnel nous a conservé quelques notes concises sur plusieurs Commandeurs de
la seconde moitié du xviᵉ siècle ou du commencement du xviiᵉ. Elles nous aideront, avec les docu-

ments des Archives de l'Ordre, à faire connaître les relations de ces Chevaliers avec leur *Membre* de Villedieu-les-Saultchevreuil ou *les Poëles*, comme on commençait alors à le désigner d'une manière habituelle.

L'un des successeurs de Denis de Vielz-Chastel, CLAUDE DE LA SANGLE, Commandeur de Villedieu-lès-Bailleul en 1542, fut élu Grand-Maître de Malte pendant qu'il était ambassadeur de l'Ordre à Rome, en 1553. On lui doit des additions aux Statuts de Saint-Jean-de-Jérusalem. Ses armes se voyaient au grand-autel de l'église paroissiale de Villedieu-lès-Poëles.

CHARLES ALEXANDRE DE MONTIGNY, qui joignait à son titre de Commandeur celui de capitaine et lieutenant d'une compagnie de 50 hommes d'armes des Ordonnances du Roi, afferma pour 6 ans, en 1573 le nombre de Villedieu de Saultchevreuil (1) à Mᵉ Sanson le Souldier, de la paroisse de Courson, Vicomte de Vire, moyennant 400 livres tournois par an, toutes charges supportées par le preneur. Ce Commandeur avait eu à réparer les élides et écluses du moulin. Il fit don à l'église paroissiale des anciennes vitres du chœur; ses armes se voyaient

Armes du Commandeur de Montigny

---

(1) *Arch. Nat.* S. 5049: Déclaration du 9 juin 1581 au Grand-Prieur de France.

autrefois à la fenêtre du fond de la sacristie. On
lui doit la confection du premier *papier terrier*
(1587).

CHARLES DE GAILLARBOIS-MAR-
CONVILLE (1594) fut ambassadeur
de l'Ordre auprès du roi de France en 1603. C'est lui qui fit poser
les vitres du rond-point de l'église
de Villedieu. Ses armes étaient placées à côté de celles de son prédécesseur.

Armes du
Commandeur de Gail-
larbois-Marconville.

Le Commandeur ALEXANDRE
d'ELBÈNE, receveur général du Commun Trésor
de Malte au Grand Prieuré de France, a droit à
une reconnaissance particulière de ses vassaux de
Villedieu-les-Poëles. *Le procès-verbal des améliorissements* (1) qu'il avait effectués dans ses différentes Commanderies nous indique les réparations
considérables que lui-même, comme les bourgeois,
furent amenés à faire à la ville sous son administration.

Lorsqu'un Commandeur avait ainsi amélioré
d'une façon notable les possessions qui lui étaient
confiées, il demandait au Chapitre Provincial de
désigner quelques chevaliers pour venir examiner
sur place les diverses transformations qu'il avait
effectuées. Le résultat devait être pour lui une ré-
duction dans la redevance à payer au Trésor de

(1) *Archiv. Nat.*, S. 5049.

l'Ordre, et souvent une élévation à une dignité supérieure.

Voici le résumé substantiel de ce procès-verbal:

La visite du *membre* de Villedieu-les-Poëles fut
faite le 10 mai 1650 par Philippe de Meaux-Rocourt,
Commandeur de Villedieu en la Montagne, et le chevalier Guillaume de Cullan Labrosse.

La Chapelle de la Commanderie était en bon état,
recouverte à neuf. Des ornements neufs avaient été
achetés pour 120 livres. Aucune messe n'y était
fondée.

Le Commandeur avait pris possession le 21 juin
1631. Depuis cette époque, l'église paroissiale, les
halles et le moulin avaient été brûlés : le moulin
entièrement, l'église à la réserve du chœur, et les
grandes halles aux deux-tiers; l'autre tiers en avait
été très endommagé, et les petites halles complètement détruites. Le procès-verbal des *Élus de Vire* (1)
de 1632, fait à la demande des bourgeois pour
montrer l'impossibilité de *payer la taille* à laquelle
ils étaient *cottizés*, rapporte que le feu avait éclaté
le 27 mai 1632. Outre les monuments publics, plus
de 80 maisons avaient été consumées.

La maison seigneuriale n'avait été que légè-
rement endommagée par le feu. A son arrivée, le
Commandeur l'avait trouvée en mauvais état avec
des charpentes pourries: il y avait danger à l'habi-

(1) Les *Élus*, dans chaque *Élection*, étaient chargés de la
répartition des impôts, et du jugement des affaires concernant les Finances royales.

ter. Elle consistait alors en une étable en bas, et
au-dessus une chambre sans croisée qui n'avait
jour que par de petites fenêtres de 2 pieds de large
et 3 de haut; à côté une petite chambre servant
de cuisine, un grenier au-dessus, avec un escalier
de pierre pour monter à ces chambres, cuisine et
grenier. — A l'époque de la visite, il y avait en bas
une belle cuisine, une dépense, un cellier et un petit garde-manger en très bel état; au-dessus deux
belles chambres à larges croisées, avec chacune
leur garde-robe, et *dégagées* l'une de l'autre, et au-
dessus un beau grenier. Il ne restait que deux pans
de muraille de l'ancienne habitation. — Deux écu-
ries surmontées d'un grenier avaient été également
construites à l'extrémité opposée à la chapelle. Le
jardin, de 40 à 50 pas en carré, allant jusqu'à la
rivière, avait été exhaussé, entouré de murailles et
planté de bons arbres fruitiers.

Le *moulin* avait été fort bien reconstruit depuis
l'incendie, et la perrée refaite à neuf. Les eslides
et décharges des eaux étaient également en très
bon état.

L'église paroissiale, bien réparée depuis le feu,
s'était accrue de deux bas-côtés des deux côtés de
la nef avec de beaux piliers de belle pierre de taille.
Dans le chœur on avait mis un rétable qui avait
coûté 1500 livres: preuve de la piété des habitants
qui avaient seuls contribué à toutes ces dépenses,
le Commandeur n'ayant en rien à subvenir à l'entretien même du *chœur*, quoiqu'il fût seigneur haut-

justicier : de temps immémorial il avait été déchargé de ce soin par l'abandon des droits de la foire Saint-Clément à la fabrique paroissiale.

Les grandes halles, brûlées aux deux-tiers, avaient été reconstruites et accrues pour que le blé se pût mettre à l'un des bouts au lieu des *petites halles* qu'on avait pu ainsi négliger de rétablir ; des réparations importantes avaient été faites au tiers qui n'avait pas été détruit.

Le *Curé* était alors fr. Geay Durant, frère d'obédience de l'Ordre : il avait avec lui dix ou douze prêtres. Etaient : *Official*, Philippe Bataille ; *Vice-gérant de l'Officialité*, Martin Huet ; *promoteur*, Jean Obelin ; *garde du scel*, Philbert Herbin ; *greffier*, Jacques Huard. — Le *maître d'école* se nommait Jacques Huard ; et le *Custos*, ou sacristain de l'église, Jean Navet.

Pour la *justice séculière*, elle était alors rendue par le *bailly* Nicolas Leduc, sieur du Rocher, et son *lieutenant*, Jean Le Monnier. — Tous ces officiers étaient à la nomination du Commandeur. Le *tabellionage* et le *greffe* étaient affermés ainsi que la *sergenterie*, le tout pour 200 livres environ par an.

L'ensemble des réparations faites par le Commandeur s'élevait d'après les quittances à 5.388 l., 3 s., 6 d. ; le mobilier et les ornements de la Chapelle à 400 et 120 l. ; total 5.908 l., 3 s., 6 d..

Le prédécesseur du Commandeur, le Chevalier Du Breuil, avait affermé tout le membre de Villedieu de Saultchevreuil pour 1.000 l. en 1629 ; à

l'expiration du bail, (1) le Chevalier d'Elbène l'avait
alloué pour 1.600 l., puis actuellement pour 2.250 l.
L'ensemble du domaine non fieffé mesurait 5 acres
6 perches; les revenus consistaient donc presque
exclusivement dans le paiement des droits seigneuriaux.

Le Commandeur avait fait confectionner un *papier terrier* de la Commanderie, suivant les formes
accoutumées.

Les dépositions des différents officiers rapportées par les Commissaires font foi du zèle qu'il
avait déployé pour soutenir toutes les prérogatives
de l'Ordre et de l'estime qu'il s'était attirée parmi
ses vassaux.

Les Commissaires chargés d'examiner les améliorissements du Commandeur d'Elbène donnent
comme une preuve de la piété des bourgeois de
Villedieu les réparations, l'accroissement et l'ornementation qu'ils avaient apportés à leur église paroissiale, et cela avec *leurs seules ressources*. C'était
en effet l'usage commun sous l'Ancien Régime
que les constructions et réparations, ainsi que
l'entretien des églises, fussent à la charge de tous
les paroissiens. En Normandie, le *chœur* était géné-

(1) Pour évaluer avec équité cette augmentation du chiffre
des revenus de la Commanderie, il ne faut pas oublier que
les monnaies subissaient alors une baisse progressive : la
livre tournois, qui valait, à poids égal d'argent, 2 francs
92 centimes de notre monnaie en 1602, ne valait plus que
2 fr. 50 en 1633, 2 fr. 02 en 1636, et 2 fr. 01 en 1640.

ralement entretenu par le seigneur de la paroisse:
le procès-verbal précédent rappelle ce fait, déjà signalé au Chapitre II, que l'abandon au trésor de la
fabrique du produit de la foire Saint-Clément
dispensait les Commandeurs de cette contribution.

Ces seigneurs n'étaient pas pour cela indifférents
à l'administration paroissiale: ils pouvaient présider
aux redditions de compte des trésoriers, par eux-
mêmes ou par leur Official. Le Commandeur d'Elbène, en particulier, avait inspiré une telle confiance à ses vassaux qu'ils l'avaient élu trésorier
pendant trois années consécutives (1640-1643).

S'il n'avait pas d'ailleurs contribué à la reconstruction de l'église paroissiale, il lui avait cependant
fait don d'un calice et d'un orne-
ment qu'on y voyait encore en 1853.

L'administration paroissiale fut
réglée par divers Commandeurs
jusque dans ses moindres détails.
Il est à propos de reproduire ici
les passages les plus importants du
règlement définitif composé par le
Commandeur DE COMENGE (1), et
qui fut en usage jusqu'à l'époque de la Révolution.

Armes du Comman
deur de Comenge

ART. 21. — *Du Trésor et Confrérie.*

21. Les trésoriers annuels de nos églises seront choisis
par tous les paroissiens le 1er dimanche après la Saint-Michel.
Ils emploieront avec prudence et économie les revenus et

(1) Terrier de 1710.

deniers de l'église par l'avis du curé et de concert avec lui, conformément à l'art. 8 du règlement du commandeur de Caillemer. Mais dans les emplètes extraordinaires, il sera fait une assemblée de paroisse pour en délibérer et en ordonner, le tout pourtant en présence dudit Curé.

22. — Les trésoriers rendront leurs comptes au plus tard trois mois après leur gestion finie, et le tout dans une assemblée de paroisse tenue devant le Curé, qu'il aura soin d'indiquer au prône de la messe paroissiale.

25. — Les contrats et titres de nos églises, tant du *Trésor* que des *Confréries*, s'il y en a, seront soigneusement déposés dans un coffre ou armoire fermante à 3 clefs : l'une desquelles demeurera entre les mains de notre *Curé*, l'autre sera confiée au *trésorier* annuel, et la troisième au *syndic de là paroisse* : le tout pour éviter la substraction ou la perte des dits contrats, desquels nous ordonnons qu'il soit fait un *inventaire* très exact, et les diligences nécessaires pour obvier aux prescriptions. — Les trois personnes ci-dessus nommées ne pourront jamais confier leurs clefs à une seule des trois ni à un autre particulier.

40. — Défense d'introduire dans les églises, sans la permission de l'official, aucune image peinte ou sculptée qui ne serait pas convenable. Ordre d'enterrer celles qui seraient inconvenantes dans un coin du cimetière.

41. — Les *bancs*, surtout ceux de Villedieu-les-Poëles, étant en grand désordre, seront remis dans un ordre uniforme ; on n'en doit souffrir aucun qui ne soit *acheté* ou *fieffé*. Défense *sous peine d'excommunication* à tous particuliers d'y en placer de nouveaux sans y être autorisés par un acte public.

Si les droits de la fabrique étaient sauvegardés, ceux du clergé n'étaient pas moins respectés ; le règlement devait faire comprendre aux paroissiens que les honoraires qu'ils remettaient à leurs prêtres ne pouvaient être soumis aux conditions qu'on est porté parfois à imposer à de simples mercenai-

res : il prévoyait notamment les besoins des ecclésiastiques que l'âge ou la maladie mettaient dans
l'impuissance de remplir leurs fonctions ; il n'était
que juste d'ailleurs de leur appliquer les principes
qui avaient inspiré les statuts des confréries de métiers :

17. — Comme il nous a été remontré et qu'il nous a aussi
paru que le *revenu de la Cure de Villedieu les Poêles* était très
médiocre, le Curé n'ayant presque que les droits de son église, et que le travail était très grand, notre bourg étant rempli
d'un peuple assez nombreux, — nous ordonnons qu'outre
les droits du Curé, il lui soit délivré sa double assistance en
tous les obits, services, casuels et fondations de notre église :
le tout conformément aux usages et coutumes des villes et
bourgs des diocèses voisins, aux Édits du Roi sur ce sujet,
et aux règlements du commandeur de Caillemer art. 20.
19. — Les Vicaires ont également le double des droits des
autres prêtres.
18. — Les Curés et Vicaires sont réputés présents quand
leurs devoirs pastoraux les appellent ailleurs.
20. — Défense d'accepter les fondations où ne seraient
pas respectés les droits des Curés et Vicaires.
42. — Les anciens prêtres seront toujours préférés aux
plus jeunes pour les cérémonies qui n'exigent la présence
que d'un nombre restreint d'ecclésiastiques : même lorsqu'ils seront malades, ils seront réputés présents à ces
cérémonies.

Il serait intéressant de citer en entier les recom-
mandations détaillées données aux membres du clergé, soit pour leur conduite privée, soit pour la direction des âmes ou l'administration des sacrements. Une paroisse dans laquelle un tel règlement
eût été constamment appliqué dans son intégrité

serait restée le modèle des paroisses chrétiennes.

Ce règlement, qui d'ailleurs sanctionnait des usages précédemment admis, fut lu dans une assemblée générale des bourgeois et universellement approuvé.

Si le rôle du Curé s'y trouve établi, comme il est juste, d'une manière prépondérante, les paroissiens étaient loin de rester étranger à l'administration des intérêts temporels de leur église. Les registres conservés en grande partie à la cure depuis l'année 1626, nous montrent la part sérieuse prise constamment aux élections annuelles des trésoriers et à l'examen de leurs comptes par les nombreux habitants du bourg dont les signatures accompagnent les différentes délibérations. Les formules qui précèdent et qui suivent chacun des comptes, nous donneront une idée du fonctionnement de cette administration.

« Compte que rend pour luy et ses filz Pierre Dolé, bourgeois de Villedieu, à Maistre Jean Foubert, Curé et Official de l'Église de Villedieu, et autres ecclésiastiques et bourgeois, ayant été élu thrésorier *par le général* (1) pour l'année commençant le premier jour d'octobre 1699 et finissant le dernier de septembre 1770, de tout ce qu'il a reçu en ladite qualité, tant pour le casuel que pour les fondations, comme aussi des *emploittes* et dépenses qui luy a convenu faire pendant ladite année. »

« Du dimanche deuxième jour d'août mil six centz

(1) Assemblée de tous les paroissiens.

quattre vingt-dix-neuf. — Devant Nous, Jean Foubert, Curé et Official de Villedieu, Docteur en Théologie, présence des sieurs prestres, bourgeois et paroissiens dudit lieu, ensuitte des advertissemens
par Nous donnés au prosne des messes paroissiales,
au son de la cloche, sur le banc des marguilliers,
s'est présenté Jean Potrel, fils Thomas, esleu thrésorier pour laditte Eglise pour l'année mil six centz
quattre vingt dix huit, à commencer le 1er Octobre
1697 et finir à pareil jour 1698. Lequel nous a mis
son compte entre les mains pour estre veu, exami-
né et calculé. — A quoy nous avons procédé, assisté des cy après nommés..., et avons trouvé que ledit Potrel, rendant compte dans tous les chapitres
des recettes tant ordinaires que extraordinaires, a
receu la somme de 801 livres et 6 soubz, sur laquelle somme il a emploié, tant pour les fondations
de laditte église que despenses ordinaires et extraordinaires mentionnées dans son dit compte la somme de 325 livres 2 sols; et partant la recepte faite
par ledit Potrel pendant l'année de son thrésorage
surpasse la despense de la somme de 476 livres 3
soubz, dont ledit Potrel est demeuré redevable audit
thrésor, au payment de laquelle il soblige promettans en vuider ses mains à la première demande
qu'il sera faicte pour les urgentes nécessités de l'é-
glise : ce qu'il a signé en présence de... » Suivent les
noms et signatures d'une trentaine de prêtres et
bourgeois de Villedieu, avec la mention « et plusieurs autres témoins. »

Habituellement, on élisait pour l'examen des comptes un certain nombre d'anciens trésoriers.

Les comptes tardaient quelquefois à être rendus, surtout lorsque la mort surprenait un trésorier dans l'exercice de sa charge : nous en voyons ainsi plusieurs qui ne furent définitivement apurés que près de 20 ans après la date réglementaire.

On trouve mentionné dans les registres paroissiaux *un marguillier d'honneur*, dont les fonctions paraissent être de donner les ordres pour les dépenses urgentes en l'absence du Curé ou de l'assemblée paroissiale. M. Pierre Huard, sr du Mesnil, fut longtemps chargé de ces fonctions (1660 à 68).

Souvent, quand il s'agissait d'une dépense d'une certaine importance, un marché était conclu par devant les tabellions ou notaires entre les entrepreneurs et l'assemblée générale des bourgeois. Le trésorier restait chargé de la surveillance des travaux et du paiement de la somme déterminée d'avance.

Chacun des comptes est partagé en deux parties : recettes et dépenses. Les recettes sont réparties en plusieurs chapitres qui comprennent le produit : 1o *du plat du luminaire de Notre-Dame*; 2o du *plat du pain béni* (cette double offrande se percevait chaque dimanche ou jour de fête) ; 3o des sommes payées pour l'ouverture des fosses dans l'église (quelquefois jusqu'à 90 par année) ; 4o du don d'une *serviette,* en nature ou en monnaie, à l'occasion de la naissance du premier enfant de chaque famille ; 5º des revenus provenant des *fondations* ou du trésor de la *Confrérie de Saint-Nicolas ;* 6º des sommes produites chaque année par la foire Saint-Clément ou versées par les *plats des trépassés* et des différentes Confréries de St-Roch, de St-Sébastien, de St-Honoré, du St-Scapulaire, du St-Rosaire, etc., dont nous parlerons au chapitre suivant ; 7º des dons particuliers.

Les *dépenses ordinaires* comprenaient les honoraires des prêtres et officiers du chœur pour l'acquit des fondations. Remarquons que tous les offices (1), en dehors de la grand'messe et des vêpres du dimanche, étaient *fondés*, en sorte que la Fabrique n'avait qu'à appliquer, sans aucune contribution de sa part, les revenus qu'elle touchait dans ce but.

Les *dépenses extraordinaires* consistaient dans l'entretien des ornements, la refonte des cierges, les gages du prêtre-sacristain et des divers employés ; et surtout dans les réparations ou reconstructions de l'église ou de son mobilier. Les trésoriers ne se contentent pas de donner le montant total d'une réparation ou d'une construction : l'achat des matériaux, les frais de transport, les journées d'ouvriers et de leurs servants, tout est indiqué au jour le jour à mesure que s'effectuent les paiements. Il est

---

(1) Nous donnons au chapitre suivant la nomenclature de la plupart de ces offices.

ainsi facile de suivre les différents travaux entrepris successivement dans l'église, d'en voir exactement la valeur. Il y aurait là toute une étude à faire sur les usages de chaque métier, qui ne manquerait pas d'intérêt.

Une remarque importante s'impose lorsqu'on parcourt les registres paroissiaux : quelque considérables et impérieuses qu'aient pu être à certains moments les réparations nécessitées par les événements imprévus, bien rares seraient les exemples du *déficit* dans les comptes annuels : l'*excédent* habituel permettait sans doute de parer aux besoins les plus urgents ; la générosité des paroissiens ne manquait pas non plus de grandir en proportion de l'accroissement de leurs obligations.

Le *Manuscrit traditionnel* nous a laissé une description détaillée de l'église paroissiale à l'époque où il a été composé : nous ne pouvons mieux faire connaître le zèle déployé par les curés, trésoriers et bourgeois de Villedieu pour la conservation et l'ornementation de leur temple que par la reproduction de cette description. Nous nous contenterons d'ajouter, lorsqu'il sera nécessaire, certains détails que nous auront révélés les registres de la fabrique.

« L'église mérite d'autant plus d'être admirée que, quoique toute construite de pierres de taille très dures et très difficiles à mettre en œuvre, elle est embellie par dehors d'une infinité de figures des plus recherchées et de divers ouvrages ciselés

adroitement. Le *Rond-point* (1) est orné d'une petite promenade dont l'enceinte est garnie de pyramides qui prennent pied jusqu'à terre, et de gargouilles soutenues par différents animaux, par où
les èaux dégouttent.

« Le *Frontispice de la Chapelle du Rosaire*, au midi, est agréable à cause de la vitre qui lui donne
le jour, des pyramides qui sont à ses côtés, et de la
croix qui lui sert de couronnement.

« Le *Portail* (2) est fort simple et ne répond point
au corps de l'église.

«... La *Tour* est la partie qui témoigne le plus
d'adresse et le génie de l'architecte ; elle est portée au milieu du corps de l'église sur quatre piliers
proportionnés à sa grosseur et à son élévation ; elle
est carrée, ornée de 12 amples fenêtres croisées
dans le milieu, dont 8 servent pour l'ornement, et les
4 autres ouvertes pour laisser passer le son des cloches, qui y sont au nombre de cinq dans un accord,
une proportion parfaite. La grosse, qui pèse plus de
5.000, et la seconde à proportion, furent fondues en
1708 par Jonchon, fondeur de ce bourg, aux dépens
de la fabrique ; la première fut nommée Françoise

---

(1) Les fenêtres, pignons et gouttières du chœur sont de
1648-9 (*Compte de cette année*).

(2) « A l'ancién portail a succédé celui qui existe aujour-
d'hui, et qui laisse bien des choses à désirer pour sa perfection. L'ancienne croisée *ogivale*, que j'ai encore vue,
faisait beaucoup mieux avec tout l'ensemble de l'architecture de l'église, et répondait mieux à son antiquité que
celle *ronde* qui existe maintenant ». (*Note de M. Piédoye*).

ABSIDE DE L'ÉGLISE PAROISSIALE.

par M. le Commandeur François de Comenge et noble
Dame Berrier de ce bourg, la deuxième s'appelait
Jean-Baptiste. La troisième et la quatrième furent
refaites par Clément Le Picard un an après l'incendie de 1632; elles furent bénites par M. Durand
alors curé et official. M. Hector Huard, Procureur
fiscal de ce lieu, nomma la troisième Anne. La quatrième fut consacrée à sainte Barbe (1) par les habitants, parce qu'on a recours à cette sainte pour
être préservé du tonnerre : on a coutume de sonner cette cloche quand il tonne.

« Le *Beffroi*, qui supporte ces cloches, fut refait
également en 1633 par le même Huard, qui fit cou-
vrir, les années suivantes, tout le bas de l'église et
le dôme de la tour. (2)

« On remarque entre les fenêtres différentes
armoiries ; les armes de France et du Dauphin
sont placées vers l'Orient, et à l'opposite celles de
l'Ordre de Malte et de Normandie. Vers le septentrion sont quatre faces de profil, dont deux repré-
sentent, *dit-on*, le duc Guillaume et Mathilde son
épouse (3)...

« Au-dessus de ces fenêtres paraît une promenade,

(1) « Cette cloche, aujourd'hui en 1853, est la grosse de
la paroisse de Fleury ». (*Note de M. Piédoye*).
(2) L'*horloge* fut fondue en 1635, ainsi que la *croix* de la
Tour. — La fausse-porte date aussi de cette époque.
(3) « Ces effigies furent détruites en 89 ; moi qui copie en
1853 cette description, j'ai vu marteler ces emblèmes ». (*Note
de M. Piédoye*).

d'où la vue se perd au loin vers le septentrion, étant bornée de côteaux fort élevées sur les autres côtés. Elle est construite en pierres de taille percées à jour et formant plusieurs figures découpées à la mosaïque (1). Il y a quatre colonnes à ses angles en forme de vases, avec autant de gargouilles à leur base en gueule de dragon. Un peu plus haut finit le mur qui, suivant la tradition, fut laissé imparfait à cause d'accidents fâcheux.

« Sur ce mur est placé un dôme à huit pans, couvert en ardoise : c'est sous ce dôme que l'horloge est renfermée. Enfin au-dessus du dôme est une lanterne composée d'une dizaine de piliers en bois recouverts de plomb et hauts de 15 pieds ; sur ces piliers s'élève encore un dôme plus petit que l'autre et surmonté d'une croix qui porte un *coq gros comme un fort mouton.*

« Si l'extérieur de cette église est admirable, l'*intérieur* ne l'est pas moins. Elle est fort régulière, ayant deux ailes séparées de la nef et du chœur par deux rangs de piliers qui portent des voûtes de pierre (2).

« La chapelle du haut de l'aile droite (*épître*).

(1) Ces différents travaux ont sans doute été composés par les *sculpteurs* qu'on alla chercher à Caen en 1635. (*Comptes de 1635-6*).

(2) Ces piliers et ces voûtes furent construits à la suite de l'incendie de 1632 (Cf. *les comptes de 1636, 1637*, et de 1641 à 1644). Nous verrons au chapitre XIII l'accident qui amena la destruction d'une partie de ce travail.

LE CHŒUR DE L'ÉGLISE PAROISSIALE.

à côté du Maître-Autel, est dédiée à *saint Jean-Baptiste*, parce que cette église appartient à l'Ordre de Saint-Jean de Jérusalem. Celle du haut de l'aile gauche est destinée à *sainte Anne*. Un peu au-dessous de ces deux chapelles se rencontrent celle du *Rosaire* et celle de *St-Hubert*, qui forment une croix par leur avancement en dehors.

« Cette église est éclairée par 27 grandes vitres : les plus belles sont celles du Rosaire, de St-Hubert et du portail. La *sacristie*, prise dans le corps de l'église, est placée derrière le maître-autel : on passa en travers en faisant la procession ».

— Le meuble en bois de chêne, adossé au maître-autel, fut commandé en 1665 : il devait être « de la longueur d'une vieille muraille étant dans la sacristie, et de la hauteur des deux corniches portans deux anges qui sont aux deux costez du grand autel, de la façon et manière de celui qui est dans la sacristie de l'Abbaye de la Luzerne. » Il avait deux compartiments, l'un pour serrer les chapes, l'autre pour renfermer les chasubles et tuniques portées sur des *jambiers* ; avec, au milieu et en arrière, une fenêtre pour aller au tabernacle. — Sur les 160 livres tournois qu'il était estimé, 60 devaient être payées dès la conclusion de l'arrangement avec le menuisier ; « sur lesquelles 60 livres, nous dit le *compte paroissial*, il y eut 40 sols de perte, parce qu'on avait donné des pièces de 60 sols à l'ancien

(1) Registres des Comptes de la Fabrique.

cours. » Il y a là une indication de l'altération des monnaies si fréquente sous le règne de Louis XIV: de la valeur de 2 francs environ de notre monnaie actuelle qu'elle avait à la fin du règne de Louis XIII, la livre tournois devait s'abaisser jusqu'à 1 fr. 70 en 1692, — 1 fr. 50 en 1701, — 1 fr. 25 en 1715. — Après les perturbations qui résultèrent de la banqueroute de Law, la livre tournois resta à peu près l'équivalent de notre franc.

« Les *contretables*, et particulièrement celles du maître-autel, de Sainte-Anne et de Saint-Hubert, sont faites de bois doré enrichi d'une jolie sculpture. Il y a plusieurs figures de relief qui ont leur mérite particulier; on en voit cinq au chœur travaillés avec tant d'art, qu'il ne leur manque que la parole.

La Chaire de l'Église paroissiale.

Celles de la chapelle Sainte-Anne, *ci devant saint-Nicolas*, y furent placés en 1656; et celles de la chapelle du Rosaire y furent données en 1687 par M. Paillast, prêtre de la ville de Saint-Malo. Ces chapelles sont parées avec d'autant plus d'agrément que chaque confrérie à soin d'orner la sienne... Le tableau de l'*Assomption de la Sainte Vierge*, patronne de l'église, est au milieu de la contretable du chœur. — Une statue de

Notre-Dame-de-Pitié est au-dessus du portail : les fidèles y vont tous les jours faire leurs prières. »

« La *chaire*, assez bien travaillée, fut placée en 1683, le Vendredi Saint. »

Nous terminerons ce chapitre en résumant les notices consacrées par le Manuscrit traditionnel aux Curés, prêtres et bourgeois de Villedieu qui se sont distingués dans le cours du XVIIe siècle.

D'abord, les *curés* DURANT et FOUBERT, qui présidèrent aux nombreux travaux de leur église, sans négliger les besoins spirituels de leurs fidèles ; nous en aurons la preuve au chapitre suivant.

C'est à la prière de M. Foubert, qu'en 1665, Messire FRANÇOIS FOUQUET, archevêque-primat de Narbonne, exilé à Avranches par Louis XIV, s'arrêta à Villedieu, depuis la veille de l'Ascension jusqu'au 25 juillet, et administra pendant ce temps la Confirmation à plus de 30. 000 personnes accourues des paroisses circonvoisines. Ses nombreuses prédications, ses visites aux malades et aux pauvres, jointes à l'exemple de ses vertus, laissèrent un souvenir durable dans le bourg.

Un prêtre de Villedieu, PIERRE DE LA HOGE, Docteur en Théologie de la Faculté de Paris, fit, en 1650, de savantes annotations sur le Concile de Trente : il mérita *le degré de Directeur de conscience de Sa Sainteté.*

NICOLAS LEDUC, *vice gérant* de l'*Officialité*, s'est acquitté pendant vingt ans, des devoirs du sacerdoce avec la plus grande édification : il donna à l'église plusieurs tableaux placés autrefois au haut des piliers du chœur. Sa mort arriva le jour des Rois de l'année 1680.

NICOLAS GILBERT, mort en 1681 à Rouen, où il avait exercé la médecine pendant quinze ans, avec l'applaudissement des savants de cette grande ville. Sa charité pour les pauvres et sa dévotion pour la Sainte-Eucharistie lui ont surtout mérité l'attachement des habitants de Villedieu ; il fut un des premiers confrères et majors de la Confrérie du Saint-Sacrement, pour laquelle il a composé plusieurs livres. L'un de ses fils est mort Jésuite en Amérique ; l'autre, Mᵉ Jean Claude, devint avocat au Parlement de Rouen.

En 1683, mourut à Villedieu, où il était né, Pierre LHERMITE, conseiller et aumônier du Roi, curé pendant trente ans de Poligny, au diocèse de Sens. C'est lui qui obtint la bulle d'Alexandre VII pour l'érection de la Confrérie du Saint-Sacrement à Villedieu. (1) On lui doit la première croix qui fut placée au haut des halles.

JEAN ENGERRAN, prêtre, helléniste distingué, professa plusieurs années à Paris ; il mourut à la fin du XVIIIᵉ siècle, à l'âge de 78 ans.

MAURILLE HUARD, enlevé tout jeune, en 1707, après huit années d'un ministère accablant : c'est par ses soins, et en partie à ses dépens, que la *contretable du chœur* fut réparée.

(1) Voir le chapitre suivant.

JACQUES HUARD, prêtre, frère aîné du précédent, consacrait au ministère des missions le temps que pouvait lui laisser libre l'enseignement des humanités, de la rhétorique et de la philosophie qu'il professa à Villedieu. A sa mort, le 30 novembre 1708, à l'âge de 66 ans, il demanda par humilité à être inhumé dans le portail de l'église. C'est à lui qu'on devait la voûte du bas du chœur construite en 1698.

JEAN OBLIN, célèbre par ses prédications dans les missions, par sa science théologique et historique : porté pour lui-même aux scrupules, il ne disait la messe qu'aux fêtes solennelles. Il mourut le 14 janvier 1715, à 62 ans, après avoir été directeur perpétuel de la Confrérie de la Trinité, et premier supérieur du Tiers-Ordre de Saint François.

Le souvenir de JEAN GASTEY se présentera de lui-même quand nous parlerons de la fondation de l'Hôpital de Villedieu.

ÉTIENNE ENGERRAN DE LA HAMELIÈRE, d'abord avocat marié; entré plus tard dans les ordres, il serait resté diacre, si ses amis ne l'avaient sollicité à se laisser ordonner prêtre à l'âge de 60 ans. Sa connaissance de la jurisprudence lui permit de remplir plusieurs années les fonctions de vice-gérant de l'Officialité. Il mourut à 79 ans.

JEAN PICOT, docteur médecin, né près de Vire, exerça son art à Villedieu et aux environs pendant 70 ans, malgré plusieurs maladies contractées au service des malades. Il mourut le 31 août 1726, laissant, avec une fortune considérable, l'exemple de ses vertus à son fils unique, médecin de Vire.

Nous mentionnerons ici, bien qu'il soit d'une époque plus récente, un autre médecin de Villedieu, la Roche-Preville, mort en 1760, qui a laissé les ouvrages suivants : *Méthode pour conserver la santé* (1752); — *Traité de la théorie et de la pratique des accouchements*, in-8º, (1754); — *Observations sur les accouchements*, in-12, (1756).

CHAPITRE X

LES MISSIONS. — LES CONFRÉRIES.

Missions des Capucins, des Eudistes, des Jésuites. — Le
  Bienheureux Grignon de Montfort. — Érections de Croix.
Confréries de Métiers : Sainte-Anne, Saint-Hubert,
  Sainte-Barbe, Saint-Éloi, Saint-Jean-Baptiste.
Confréries pieuses : de Saint-Nicolas et autres anciennes
  Confréries, de la Sainte-Trinité, de Sainte-Foy, du Saint-
  Sacrement. — Le Grand-Sacre. — Principaux offices de
  l'Église de Villedieu en 1672. — Tiers-Ordres de Saint-
  Dominique et de Saint-François.

Le zèle des habitants de Villedieu pour leurs intérêts spirituels ne se manifestait pas seulement par
le soin qu'ils prenaient de la conservation et de
l'ornementation de leur église. Leur propre sanc-
tification devait avant tout réclamer leurs efforts
les plus sérieux et les plus durables. C'est surtout
sous l'administration du Commandeur d'Elbène
et de son successeur, le Commandeur de Caillemer, que se produisit une véritable rénovation religieuse.

Il est bon de remarquer qu'il n'y a point là
un fait isolé à cette époque. De tous côtés en France
nous voyons alors la Réforme apportée dans l'Église

par le Concile de Trente produire ses heureux
effets. Les ruines des guerres de religion sont réparées ; des congrégations, en harmonie avec les
besoins du siècle se multiplient, tandis que les abus
disparaissent ; des missions ramènent partout le
peuple à la pratique de ses devoirs.

Villedieu reçut ainsi la parole divine de plusieurs
des nouvelles congrégations de missionnaires. En
1649 (1) et 1690 les Capucins, en 1659 les Eudistes, en 1679 les Jésuites se succédèrent dans le
bourg. Nous n'avons de détails que sur la Mission
de 1659 : la citation suivante, extraite des *Annales*
des PP. Eudistes, (2) nous montrera les fruits merveilleux qui furent alors opérés dans le pays :

La mission de Vasteville étant achevée, le P. Eudes re-
tourna à Caen, où plusieurs affaires le demandaient, et de
là, il écrivit à M. du Pont, Supérieur du Séminaire de Coutances, pour envoyer M. Yon à Villedieu y prendre les mesures nécessaires pour la mission que M. de Renty, mort
dix ans auparavant, avait recommandée à Madame son
épouse. Il lui ordonnait en particulier de savoir de M. le
Curé du lieu s'il trouverait bon qu'on la fît, et de savoir de
lui si M. de Caillemer, commandeur de Villedieu, y avait
quelque autorité sur le spirituel, afin d'avoir son consente-

(1) En reconnaissance de la mission prêchée pendant le
carême de 1649, les Capucins de Vire furent priés d'accepter, de la part du Curé, prêtres et principaux bourgeois, un
petit chaudron et une *couverture à four et pâtes*, d'une valeur de 8 l. 12 s., ainsi que deux chandeliers d'autel estimés
10 livres. (*Compte paroissial de 1643-4*).

(2) L. V. Ch. VI, n° 30.

ment. Ayant appris par la réponse qu'il en était ainsi, il lui écrivit avec sa politesse et son humilité ordinaires pour lui marquer le dessein de la mission et le prier de concourir de son autorité au bien que les habitants en devaient attendre.

Il avait obtenu les pouvoirs ordinaires de M. de Lesseville, qui en est l'évêque diocésain, quoiqu'il n'y fasse aucune visite, l'Ordre de Malte y ayant un official qui y exerce toute la juridiction contentieuse, et s'étant maintenu en cette possession toutes les fois que ces prélats ont voulu l'attaquer.

. M. de Caillemer reçut avec plaisir les offres qu'on lui faisait, et envoya son mandement écrit de sa propre main en date du 15 Septembre de cette année 1659. Il commence ainsi :

« Nous, frère Jean Caillemer, prêtre, religieux de l'Ordre de St Jean de Jérusalem, Docteur en sainte théologie de la Sapience de Rome, Prieur ecclésiastique de Saint-Jean en l'Ysle-lès-Corbeil, commandeur de Villedieu-lès-Bailleul, Villedieu-sous-Sault-Chevreuil et autres dépendances, conseiller du Roi en ses conseils d'État et privé, à nos très chers et bien aimés les Official, Curé et autres, nos officiers de Villedieu-les-Sault-Chevreuil, salut en N.-S.

« Étant averti que le R. P. Jean Eudes et ses autres vertueux compagnons se disposent pour aller exercer les fonctions de leur mission dans l'église paroissiale de notre bourg de Villedieu-les-Sault-Chevreuil, pour lequel effet ils ont demandé notre consentement, permission et aveu, et considérant les grands biens spirituels qui en peuvent résulter à la gloire de Dieu et aux âmes soumises à notre juridiction spirituelle et temporelle.... Nous vous ordonnons par ces présentes de coopérer, chacun selon l'exigence de vos charges, à l'exécution de leur bon dessein, afin que Dieu en soit glorifié, les peuples édifiés, la doctrine chrétienne enseignée aux enfants et autres qui ne la savent pas, les vices extirpés, la vertu et la véritable dévotion sans illusion et hypocrisie introduite dans les cœurs des fidèles.

« A ces causes, nous vous enjoignons à vous, notre dit Official, de recevoir authentiquement les présentes et de faire en sorte que, par une due publication et par des exhortations particulières, nos dits sujets pratiquent en ce rencontre ce que saint Paul recommande aux Corinthiens (II Cor., VI,) : *Adjuvantes autem exhortamur ne in vacuum gratiam Dei recipiatis.* La grâce que la souveraine bonté leur offre, par la charité de ces vertueux ouvriers, est sans doute l'une des plus évidentes que l'on puisse attendre du Ciel, puisqu'il s'agit de recevoir et les instructions nécessaires au salut par les mystères de la foi, et, par une vraie réconciliation avec la divine Majesté, dans le bon usage des Sacrements, les trésors inestimables de l'indulgence plénière. Nous vous exhortons donc, en vertu de ce nôtre mandement, qui sera publiquement lu au prône de la grand' messe, d'avertir vos paroissiens que l'exercice de la mission commencera le 21 du présent mois de septembre. »

Il marque ensuite les exercices ordinaires qu'on fait dans les missions, et il ajoute : « Et afin que les peuples connaissent mieux le prix de cette grâce que le Ciel leur offre peut-être pour la dernière fois, nous voulons que l'ouverture de la mission se fasse par une procession solennelle que vous ordonnerez à heure compétente, selon que vous aviserez bien être avec les dits RR. Pères Missionnaires; et, parce que une des plus grandes utilités que les âmes doivent prétendre du travail des dits RR. Pères, est de se réconcilier véritablement avec Dieu par la pratique des Sacrements, et que, pour y parvenir, le plus grand secours vient des confesseurs : pour ce, craignant que les dits RR. Pères Missionnaires ne puissent suffire au grand nombre des pénitents, nous vous ordonnons *de leur donner* (1), selon ce qu'ils vous en requer-

(1) Cf. ce que nous avons dit au Chapitre II sur la juridiction spirituelle du Commandeur et de son Official. La Bulle de Paul V du 1er Juin 1560 reconnaissait aux Chapelains de l'Ordre de Malte le droit de confesser tous les membres et sujets de l'Ordre.

Il paraîtrait, par la coutume ici mentionnée, que les prêtres *étrangers à l'Ordre* demandaient les pouvoirs à l'évêque de Coutances : peut-être y a-t-il là simplement une marque de

ront, des *prêtres doctes*, capables et vertueux pour les assister en l'administration des dits Sacrements, qu'à cet effet *vous examinerez* et, selon leur avis, trouverez propres à ce très important ministère.

« Nous vous ordonnons enfin d'employer vos soins à ce que les dits RR. Pères Missionnaires ne reçoivent aucun mécontentememt dans le cours de leur mission ; mais encore que, de la part de tous les habitants de notre dit bourg, et autres externes qui y pourront venir, on leur rende tous les respects qui sont dus à des hommes apostoliques, qui portent la grâce et l'Évangile gratis à qui les veulent recevoir, et qui donnent leurs peines, leurs travaux et leurs vies pour le service de Dieu et des âmes à qui la divine bonté a destiné sa gloire. Enjoignons pareillement à tous nos officiers, tant de la juridiction temporelle et séculière, que de la spirituelle et ecclésiastique, d'y tenir la main, pour mériter plus avantageusement, par leur zèle envers Dieu et par leur obéissance, les bénédictions du Ciel que nous demandons humblement à sa Souveraine Majesté pour tous ceux qu'elle a soumis à notre gouvernement.

« Donné à Ste-Marie-du-Mont, le 15 de Septembre 1659. »

C'est la subtance de ce mandement, qui apparemment fut le seul qui fut publié à Villedieu et dans ses dépendances, et que j'ai cru devoir rapporter pour faire voir ce que l'Ordre de Malte a coutume de faire dans les lieux qui sont soumis à sa juridiction. Mais il est bon de remarquer que, dans l'usage présent, M. l'Évêque de Coutances est le seul qui approuve les confesseurs de ce lieu, sans que l'Official du Commandeur y ait aucune part ; et que, pour les prédicateurs, on n'en reçoit aucun externe à Villedieu que de l'agrément du Commandeur ou de son Official.

M. de Caillemer eut tout sujet de se louer des fruits de cette mission qui dura jusqu'à la Toussaint, et à laquelle on accourut de trois et quatre lieues. Le P. Eudes remarque, dans une lettre qu'il adressa à M. Blouet à Paris, le 30 octo-

déférence pour les prétentions du prélat. Le Commandeur semble bien ne pas douter de son pouvoir d'*Ordinaire*.

bre, que ce qui y manquait, c'étaient les confesseurs qui n'étaient pas plus de douze, au lieu qu'il en eût fallu trois fois autant. « Nous voici, dit-il encore, plus pressés de monde qu'à Vasteville; nous avons quatorze confesseurs; mais il est certain que cinquante ne suffiraient pas. C'est une chose qui crève le cœur de pitié de voir une grande quantité de pauvres gens, qui viennent de trois et quatre lieues, nonobstant les mauvais chemins, qui demandent avec larmes qu'on les entende en confession, et qui sont les six et huit jours sans pouvoir être entendus, tant la presse est grande, et qui couchent la nuit sous le portail et sous les halles du temps qu'il fait. *Rogemus Dominun messis ut mittat operarios in messem suam.* »

Il est juste de rapprocher de cette mission des disciples du P. Eudes le récit du court séjour fait à Villedieu, en 1714, par un des missionnaires les plus populaires de la fin du xviie et du commencement du xviiie siècle, le *Bienheureux* GRIGNON DE MONTFORT.

En quittant Rennes, —dit Clorivière (1), —M. de Montfort prit la route d'Avranches. Il partit le douzième jour d'Aoust et arriva le quatorzième dans cette ville, où le Seigneur voulait lui faire mettre en pratique les leçons qu'il venait de donner aux autres, sur la grande science de la Croix. Il était tard à son arrivée, ce qui fit que, le soir même, il ne put pas aller saluer Monseigneur l'Évêque et lui offrir ses services. Il y fut de bonne heure le lendemain, se fit annoncer, et fut admis dans l'appartement de sa Grandeur; mais peut-être personne ne fut jamais si mal reçu. Le prélat n'eut aucun égard aux certificats des évêques de Nantes et de la Rochelle que lui présenta M. de Montfort, et il lui dit pour toute réponse qu'il ne lui permettait pas de prêcher dans son dio-

(1) Le P. CLORIVIÈRE S.J., auteur d'une Vie du Bienheureux.

cèse ; qu'il lui défendait même d'y dire la messe, et que le
plus grand service qu'il pût lui rendre, c'était d'en sortir
au plus tôt. Il se peut faire que les calomnies que les jansé-
nistes et les ennemis de la religion faisaient courir sur M. de
Montfort, fussent parvenues aux oreilles des prélats. Quoiqu'il en soit, l'homme de Dieu, qui regardait toujours Jésus-
Christ dans la personne des évêques, reçut cette sentence
comme si elle fût émanée de la bouche de son divin Maître,
et sortit du palais épiscopal avec la même tranquillité qu'il
y était entré, sans qu'on pût apercevoir en lui la plus légère altération.

L'unique chose en cette circonstance, qui l'eût afffigé
bien sensiblement, c'eût été de ne pouvoir pas célébrer la
sainte messe, dans un jour aussi solennel que celui de l'*Assomption de la Très Sainte Vierge* ; c'est pourquoi, après
avoir remercié le Seigneur de la croix qu'il venait de lui
accorder, sans perdre un temps précieux en réflexions
inutiles, il prit le parti de louer un cheval, et d'aller en
poste — chose que peut-être il n'avait jamais fait de sa
vie, — afin d'arriver assez à temps dans le diocèse de Coutances, pour y offrir le Saint-Sacrifice.

Villedieu fut la première paroisse de ce diocèse qu'il rencontra sur son chemin. Il y arriva avant midi. M. le curé
qui le vit arriver si tard, à cheval, et en assez mauvais équi-
page, eut d'abord quelque peine à lui permettre de célébrer
dans son église, mais le saint prêtre lui fit tant d'instances,
et lui-même reconnut dans l'entretien qu'il eut avec lui des
preuves si frappantes de science et de piété, que non seulement il le lui permit, mais qu'il l'engagea même à dire à
son peuple des paroles d'édification. C'est ce que fit le mis-
sionnaire, et Dieu bénit tellement son travail, que, dans le
court espace de temps qu'il fut à Villedieu, il mit plusieurs
personnes dans le chemin du Ciel, et y établit la pratique
du *Saint-Rosaire*, sa dévotion de prédilection. Après avoir
évangélisé en passant Villedieu, le saint voyageur partit
pour Saint-Lô.

La mission prêchée par les Capucins en 1690

« avec la permission et les libéralités de Me Jean
Foubert, official et curé de Villedieu, » fut clôturée
par l'érection d'une Croix de bois sur « la place du
bas des halles vers l'église. » Elle tomba vingt ans
après ; des difficultés entre les habitants empêchèrent de la remplacer comme on en avait eu le désir. Le piédestal existait encore au siècle dernier.

D'autres Croix ou *Calvaires* avaient déjà été éri-
gés, ou le furent plus tard, dans le bourg, grâce à
des libéralités particulières. *Au haut du bourg*, en
1655, Jean *Huard-la-Croix* en avait donné une.
« Au *haut des halles*, on voyait un puits (1) couvert d'une plate-forme appuyée sur quatre pilliers
de pierre de taille (granit) sur laquelle s'élevait une
Croix de la même pierre, don de Jacques Gastey,
fondateur de l'hôpital de ce lieu ; elle fut placée
en 1702 en la place d'une autre, de la libéralité de
M. l'Hermitte, que l'on transporta sur le piedestal
de la Croix-Cercel donnée par Raymond Cercel. Cette
dernière fut plantée en 1713 sur un autre piedestal proche la Chapelle St-Etienne. »

La religion ne présidait pas seulement chez nos
ancêtres à tous les actes importants de la vie ; elle
était même appelée à consacrer toute association

(1) M. Piédoye ajoute à ce passage du Manuscrit traditionnel la note suivante : « Ce puits existe encore. A la Croix,
la Révolution de 89 y substitua une pyramide en bois. Sous
Napoléon Ier un aigle sur une colonne de granit provenant
de l'abbaye de la Bloutière (la remplaça); enfin, une pompe
avec imitation de la colonne Vendôme. »

industrielle et tout contrat d'un caractère officiel.
Nous avons indiqué déjà l'existence d'une *Confrérie*
parmi les membres de la corporation des *Poëliers*.
Tous les autres corps de métiers avaient aussi à
Villedieu leur Confrérie particulière ; chacune possédait une des Chapelles de l'église paroissiale, dont
elle avait l'entretien, avec ses fêtes, ses cérémonies
spéciales, son administration distincte. Le Règlement donné aux églises de sa Commanderie par
le Commandeur de Comenge en 1710 (1) établit
les règles suivantes pour ces différentes confréries,
règles qui s'appliquaient également aux *confréries
pieuses,* dont nous aurons bientôt à parler :

« A. 26. — Il ne se fera dans nos églises aucunes
Associations ou *Sociétés pieuses* de quelque nature
qu'elles puissent être, que du consentement de notre Curé, et dont il ne soit le chef et le supérieur :
le tout suivant l'art. 8 du statut du Commandeur
de Caillemer, pour ne pas nourrir dans nos églises
des personnes inutiles, ni fomenter des schismes
et des divisions, *voulant que nos Curés y soient
toujours les maîtres et les supérieurs.*

« A. 23. — Dans les églises où il y aura des *Confréries,* les *Maires* (maieurs) seront élus *dans une
Assemblée de Paroisse* comme nous l'avons dit dans
le précédent article (2), et rendront leurs comptes
de la même manière que les trésoriers.

(1) Terrier de 1710.
(2) Voir au chapitre précédent l'art. 22 du même Règlement.

« A. 24. — *Les prêtres chapelains* de chaque
Confréries seront élus dans le même ordre dans
l'assemblée de ceux à qui il convient d'en faire le
choix, toujours en présence du Curé, et de son
consentement : laquelle élection, ainsi que les précédentes, sera rédigée par écrit et signée. »

La Confrérie des *poëliers*, la plus ancienne de
toutes, était sous le vocable de *Sainte-Anne*. « Chaque semaine, nous dit le
Manuscrit de Villedieu,
deux chapelains célè-
brent la messe (1) à leur
chapelle, l'un les jours
de fêtes, et l'autre les dimanches. Si ces artisans
échappent au danger
imminent auquel ils sont
exposés journellement
au milieu des feux, à qui
en attribuer la cause, si
ce n'est à l'aïeule de Jé-

Chapelle Sainte-Anne

sus-Christ ? » — Et l'auteur raconte deux mira-
cles arrivés de son temps par l'intercession de
sainte Anne, tous deux reconnus authentiques par
des procès-verbaux déposés au greffe de l'officialité
de Villedieu. Le premier, du 11 août 1707, est la
guérison d'une femme aveugle depuis quatre ans,

(1) « Encore aujourd'hui (1853) appelée *Messe Sainte-Anne*, » ajoute M. Piédoye.

le second, du 31 juillet 1713, est le redressement d'une jeune fille qui avait perdu l'usage de ses jambes.

Les *dinandiers,* ou chaudronniers, distincts des fabricants de poëles (1) étaient sous le patronage de *saint Hubert.* Le Souverain Pontife Innocent X accorda à leur Confrérie plusieurs indulgences, le 20 juin 1654. — *Sainte Barbe* était la patronne des *Fondeurs, saint Éloi* des *Maréchaux, saint Jean* des *Parcheminiers.*

Aujourd'hui encore ces diverses Confréries continuent à célébrer leurs fêtes.

La notice suivante, que nous devons à la bienveillance de M. Lavalley, président du Bureau de la Fabrique paroissiale, nous montrera la ténacité des anciennes traditions à Villedieu.

On ignore la date de la fondation de la Confrérie de Sainte-Anne ; mais elle semble remonter à plusieurs siècles, peut-être même à l'installation des Poëliers à Villedieu ; cár à diverses époques et dans des documents très anciens. On parle de la Confrérie, du Chapelain de Sainte-Anne.

Cette fête se célébrait solennellement le 26 juillet. Au commencement du siècle, vers 1807, on disait encore, la veille, les premières vêpres et les matines, puis, le jour, les laudes, les petites heures ; une procession solennelle se faisait dans les principales rues de la ville, le matin avant la grand'messe : on y chantait les litanies des saints, et après chaque invocation on répondait : « *Sancta Anna, ora pronobis.* » La grand'messe se disait ensuite avec sermon, et le soir les vêpres étaient suivies du salut du Saint-Sacrement.

(1) Voir la distinction de ces deux métiers au Chapitre XIII.

Le lendemain, messe solennelle de Requiem pour les confrères décédés.

La fête était chômée par presque tous les habitants. Peu à peu l'industrie de la poëlerie a diminué, et elle a fini par disparaître, et avec elle les poëliers ont également disparu.

Néanmoins la fête de Sainte-Anne continue d'être célébrée le 26 juillet de chaque année. Plusieurs personnes, et notamment, M. L'Abbé Lebedel, ancien Doyen de Villedieu, M. L'abbé Lanos, ancien vicaire de Villedieu, actuellement curé de La Lande d'Airou, M. Alphonse Briens, ancien maître poëlier, et autres, ont successivement fondé à perpétuité, la grand'messe, les vêpres, le salut, la messe de *Requiem* du lendemain; mais il n'y a plus de Confrères. La Procession continue cependant d'être faite avant la grand'messe, et est suivie de quelques âmes pieuses.

La Fête des Poëliers portait le nom de Sainte-Anne *d'Airain* pour la distinguer de la Sainte-Anne *de Bois* que fêtent les *Menuisiers* le lundi d'après la Sainte-Anne *d'Airain*. Il y a également grand'messe, vêpres et salut le jour, mais pas de procession ; le lendemain, également messe de Requiem pour les confrères défunts.

Le lendemain de la Sainte-Anne *d'Airain*, les *Dentellières* (sans toutefois faire de fête religieuse) chômaient pour fêter *la Petite Fille*, c'est-à-dire la Sainte Vierge qui était *la petite fille* de Sainte Anne.

Les *Fondeurs* fêtent *sainte Barbe*, le 4 décembre : mêmes offices que pour Sainte-Anne de Bois.

Les *Chaudronniers* fêtent *saint Hubert*. Autrefois cette fête se célébrait le 3 novembre ; aujourd'hui les chaudronniers font leur fête le lundi dans l'octave de l'Ascension; et ce, depuis 1830 ou 1835. Mêmes offices que pour Sainte Barbe.

Les *Tanneurs*, *Mégissiers*, *Parcheminiers* ont pour patron *Saint Jean-Baptiste* et célèbrent leur fête le 24 juin. Avant la réunion d'une partie de la Commune de Saultchevreuil du Tronchet à Villedieu, cette fête Saint-Jean se faisait à Saultchevreuil, parce que la plupart des tanneurs et mégissiers habitaient le Bourg l'Abbesse qui faisait partie de Saultchevreuil.

Cette fête a un caractère distinctif. Après les vêpres, les membres de la Confrérie, un cierge à la main, précédés du Clergé et de leur bannière, vont processionnellement sur la place du Champ de foire, où est planté un arbre (ordinairement un bouleau orné d'un bouquet) entouré au pied de bourrées, paille et fascines. En se rendant de l'église à ce petit bûcher, on chante le *Benedictus*. Arrivé à ce bûcher, l'officiant allume le feu avec un cierge, et l'on chante l'hymne de saint Jean-Baptiste *Ut queant laxis*. — En revenant à l'église, on chante le *Te Deum*.

Chapelle Saint Jean-Baptiste

Enfin une dernière Confrérie, celle *de Saint-Eloi*, qui comprenait autrefois les *Maréchaux, Orfèvres, Forgerons, Serruriers*, etc, est aujourd'hui la confrérie de tous les corps de métiers qui n'avaient pas de confrérie : coiffeurs, cordonniers, peintres, clercs de notaire, etc. Elle se fête de la même manière que les autres au mois de juillet.

A toutes ces confréries, on distribue à la grand'messe des morceaux de pain bénit à tous les assistants.

Après la messe on se réunit dans une auberge pour manger la *Fallue*: ce sont de grands gâteaux que l'on divise par morceaux entre tous les confrères présents, et que l'on mange en buvant quelques verres de cidre.

Chaque année, par rang d'ancienneté, chacune de ces confréries nomme deux majors ou gardes, qui recueillent les cotisations, font faire le pain bénit, quêtent à l'Église, en un mot président à la Fête, et portent les cierges à la procession du Saint-Sacrement qui se fait au salut à l'intérieur de l'église.

Après la fête religieuse, les familles se réunissent et font une petite fête, soit chez eux, soit à la campagne (*sur l'herbe* suivant l'expression consacrée) suivant l'époque de l'année.

Le *registre paroissial* (1), dont je me suis servi pour ces notes, ne donne pas d'autres détails ; j'y ai ajouté mes souvenirs personnels et ceux que je tiens de mes ancêtres.

Ce registre paroissial parle encore d'une confrérie qui n'existe plus, celle des Prêtres, sous le patronage de saint Charles Borromée. Tous les prêtres se cotisaient pour les frais de cette fête et pour un dîner pris en commun.

« L'année de la cherté du pain (1812), dit le Registre, ils versèrent leur cotisation dans le sein des pauvres, et l'agape cléricale fut abolie, ainsi que la fête qui en était l'occasion. »

A côté de ces confréries spéciales pour les différentes corporations, l'Église de Villedieu avait des *confréries picuses* ouvertes à tous ses paroissiens.

La plus ancienne en date était celle de Saint-Nicolas : elle remontait au XIIIe siècle d'après la tradition. On célébrait le 9 mai, la fête, aujourd'hui oubliée dans nos contrées, de la Translation des Reliques de son saint Patron à Bari en Italie. Les comptes de la Fabrique mentionnent les titres de rentes qui lui appartenaient.

Nous trouvons également mentionnées dans les -registres de la Fabrique les confréries du *Saint-Rosaire*, du *Saint-Scapulaire*, de *S.-Honoré*, de *S.-Roch* et de *S.-Sébastien*, qui tous les ans remettaient une certaine somme au trésorier de l'Église. Nous n'avons aucune autre indication à leur sujet.

_____

(1) Le Registre paroissial renferme l'histoire religieuse de Villedieu depuis la Révolution, composée par différents Curés ou ecclésiastiques d'après leurs souvenirs personnels ou les relations des témoins oculaires. Nous aurons à le citer plus d'une fois dans notre seconde partie.

En 1647, le 4 mai, fut donné par « Frère Louis, docteur ès Décrets, Général et Grand Ministre de tout l'Ordre de la Sainte-Trinité et Rédemption des Captifs (1) », un Décret pour l'érection à Ville-dieu de la *Confrérie de la Sainte-Trinité*. Le prêtre JEAN LOYSEL, qui avait sollicité cette faveur, était chargé de l'érection. Le passage suivant du décret indique le but et les avantages de la Confrérie : « Nous vous accordons par les présentes, et sous l'assentiment des Supérieurs, le pouvoir d'ériger et d'établir la sainte Confrérie de notre Ordre pour la Rédemption des Captifs, dans l'église paroissiale de la B. V. Marie de la Commanderie de l'Ordre de Saint-Jean de Jérusalem de Villedieu *nullius diœcesis*, — d'y associer et aggréger tous fidèles du Christ de l'un et l'autre sexe, en inscrivant leurs noms sur un registre à ce destiné, de bénir les scapulaires ornés de la croix rouge et bleue, et de leur conférer les Absolutions ou Bénédictions pri-vilégiées, et les autres Indulgences et grâces concé-dées avec munificence à notre Ordre de la T. S. Trinité par le Saint-Siège... — de les leur communi-quer en notre nom et place, d'après l'intention du même Saint-Siège aux fêtes et temps prescrits ; —

(1) On sait que cet Ordre, fondé en 1209 par les saints Félix de Valois et Jean de Matha, se vouait à la délivrance des Chrétiens captifs des mahométans. Lorsque les ressources manquaient aux religieux pour racheter les prisonniers, leurs vœux les obligeaient à prendre eux-mêmes la place des malheureux qu'ils désiraient sauver.

comme aussi de recueillir les aumônes données par eux pour la Rédemption des Captifs, et d'en rendre compte seulement au Procureur général de notre Ordre pour ladite Rédemption demeurant ici avec Nous, afin qu'elles soient plus fidèlement employées à l'œuvre de la Rédemption. »

L'Official de Villedieu, BATAILLE, contresigne ce décret le 2 janvier 1650, et en permet l'exécution, du consentement du Curé, dans l'église paroissiale.

Sous l'administration du nouveau Commandeur, Jean DE CAILLEMER, le 1er Décembre 1655, le nouveau Général de l'Ordre, Fr. Pierre MERCIER, à la sollicitation de Me FOUBERT, permettait au chapelain de la Confrérie, M. Jean LOYSEL, de consacrer la moitié des aumônes qu'il recevait à l'entretien et ornement de la chapelle de la Trinité dans l'église paroissiale. De plus il autorisait une procession chaque mois dans l'église et le cimetière, *sous le bon plaisir* de Philippe BATAILLE, Official, et de Frère Jean DURAND, Curé.

Cette procession, fixée au quatrième dimanche du mois, et les autres exercices de la Confrérie furent assurés par les libéralités de Jean Loysel. Déjà il avait fait édifier la Chapelle de la Confrérie du temps du Commandeur d'Elbène « entre deux des portes du bas de l'église. » Par contrat passé le 15 juin 1657 avec les Curé, trésorier et bourgeois de Villedieu, il donnait après sa mort « 21 livres 5 sols tournois de rente foncière, savoir...9 livres pour *12 messes,* qui se diront tous les quatriesmes dimanches des mois ;... autres 4 livres pour *12 processions*, qui se feront les dits jours après vespres ; 40 sols pour le clerc *custos* qui fera sonner lesdites messes et processions ; 100 sols tournois pour le *thrésor et fabrique* de ladite église, parce que ledit thrésor entretiendra ladite chappelle de linge comme les autres chappelles où il y a Confrairie ; et pour les 25 sols restant, il entend qu'ils soient donnés et délivrés avec les aumosnes des frères et sœurs pour *le rachapt des pauvres captifs*. Et oultre a donné à ladite Chappelle son calice et *pintons* d'argent doré, avec tous les ornements de ladite chappelle, pour estre participant aux prières qui se feront en icelle, et désirant estre inhumé et enterré dans icelle chappelle. »

L'existence d'une Confrérie pieuse sous le patronage de SAINTE FOY nous est révélée par la copie imprimée d'une Bulle d'Innocent X accordant à ses membres, à la date du 21 septembre 1653, avec diverses indulgences partielles, une indulgence plénière le jour de leur admission, à l'article de la mort, « outre semblablement aux Confrères vrayment pénitens, confessez et repeus de la Sacrée Communion qui visiteront tous les ans dévotement l'église (paroissiale), la Chappelle de ladite Confrairie ou l'Oratoire *le jour et feste de Saincte-Foy*, qui a coustume d'estre célébrée le sixiesme d'Octobre, depuis les premières Vespres jusques au soleil couché. »

Les autres fêtes de cette Confrérie, également

indiquées dans la Bulle, étaient les jours du Saint-Sacrement, de Sainte-Anne, de Saint-Nicolas et de la Toussaint.

L'exemplaire imprimé, approuvé par l'official Bataille, porte de plus cette mention : « En outre les Indulgences cy-dessus, Sa Saincteté a octroyé par une autre Bulle pour le temps de 7 ans aux confrères de la susdite Confrairie un *autel privilégié* pour la délivrance des âmes du Purgatoire, auquel tous prêtres, tant séculiers que réguliers peuvent célébrer, tant l'Octave des Morts que tous les lundys de l'année. »

Le titre, employé uniquement dans l'exemplaire que nous venons de citer, de « Confrérie du Très-Adorable Sacrement de l'Autel érigé à perpétuité dans le Bourg de Villedieu *sous l'invocation de Sainte-Foy*, » doit-il nous faire présumer que cette confrérie se confondit ensuite avec celle du Saint-Sacrement dont nous avons maintenant à parler ? Nous n'avons aucune donnée qui nous permette de l'affirmer. C'est à l'époque même où les Indulgences indiquées plus haut furent publiées à l'église de Villedieu que se firent les premières démarches pour obtenir l'érection canonique de la Confrérie affiliée à la Confrérie primaire instituée à Rome en 1539 par le pape Paul III.

On conserve *aux Archives paroissiales* les documents relatifs à cette érection. C'est d'abord, le 1er août 1654, la requête présentée par Me Étienne Angeran, prêtre, et autres bourgeois à l'Official, Me Phi-

lippe Bataille, curé de Saint Pierre du Tronchet,
pour qu'il leur soit permis de demander aux Reli-
gieux de l'ordre de Saint-Dominique du Mesnil-
Garnier d'établir à Villedieu cette confrérie. Les
Frères-Prêcheurs avaient en effet reçu du Saint-
Siège le droit d'ériger partout la confrérie du Saint-
Sacrement.

La permission de l'official ayant été accordé le
3 août 1654 et celle du Curé, frère Durand, le 12
août, une demande fut adressée le 20 Septembre
au P. Pénon, Prieur du Mesnil-Garnier, qui auto-
risa l'érection le 28 du même mois. Un de ses religieux, le P. Urbain, vint présider à l'établissement
canonique le 27 mai 1655.

Le 5 Septembre 1657, une bulle du Pape Alexandre VII, publié avec l'autorisation de l'official Bataille, alors Curé de l'Orbehaye, accordait une
indulgence plénière aux nouveaux confrères le jour
de leur admission.

Le Registre de la Confrérie contient tous ces
documents, avec les règles et usages, ainsi que les
noms des aggrégés jusqu'à notre époque.

Les Statuts particuliers, approuvés et reçus par
l'Assemblée le 23 juin 1658, furent confirmés par
l'Official Bataille le 28 juin suivant, puis par le
Commandeur de Caillemer le 23 Mars 1659, et ensuite par les évêques de Coutances, DE LESSEVILLE,
le 25 avril 1661, et DE LOMÉNIE DE BRIENNE, le
16 juin 1670.

La dévotion au Saint-Sacrement allait devenir

la dévotion toute particulière des habitants de Villedieu par l'établissement de la procession toujours célèbre du *Grand-Sacre*.

Les statuts de la Confrérie primaire approuvés par Paul III portent que les Confrères feront une procession tous les ans, avec la permission de l'Ordinaire, le premier vendredi après l'Octave de la Fête-Dieu. Les Directeur, Majors et Confrères de Villedieu demandèrent, le 3 février 1662, *à leur Ordinaire*, le Commandeur de Caillemer, alors présent au *Manoir seigneurial*, de les autoriser à faire une procession, *la plus solennelle qui leur serait possible*, en l'honneur du Saint Sacrement le *dimanche dans l'Octave de la Fête-Dieu* « pour la plus grande commodité du peuple de ce bourg. » — La permission fut accordée dès le surlendemain.

Le jour indiqué pour la procession ne parut sans doute pas favorable: le 24 Mai suivant, une nouvelle requête était adressée à l'évêque de Coutances, Eustache de Lesseville. Nous n'avons pas le texte de cette requête ; la réponse du prélat, en date du même jour, ne devrait nous laisser soupçonner d'autre motif de ce recours à son autorité pour une paroisse sur laquelle il n'avait aucune juridiction, que le désir de le voir exhorter ses diocésains, « les curés voisins avec leur clergé et peuple » à se joindre aux confrères et autres paroissiens de Villedieu pour la procession fixée, cette fois, au *prochain dimanche d'après l'Octave* de la Fête-Dieu, à l'issue des vêpres. Une indulgence de 40 jours était accordée à tous les fidèles *de son diocèse* qui s'y rendraient, et « à tous ceux et celles qui s'acquitteraient de *l'Adoration perpétuelle du Très-Saint-Sacrement* à leur tour, jour et heure qu'ils s'y seront volontairement obligez. »

Un nouveau mandement du même évêque, du 9 mars 1665, confirmait la *permission et autorisation* qu'il avait accordées en 1662. Dans l'une et l'autre pièce, le prélat n'hésitait pas d'ailleurs à qualifier le bourg de Villedieu de *paroisse de notre Diocèse.*

Il fut imité en cela par son successeur François DE LOMÉNIE DE BRIENNE, lorsquè, le 10 juin 1670, « il accorda la confirmation de ladite Confrérie avec les Indulgences y accordées : — mandant aux Curés, Vicaires, Prêtres et peuples circonvoisins, qui sont de notre Diocèse, d'assister, à la manière accoutumée, à la Procession générale du Saint-Sacrement. »

Il est vrai que cette *confirmation* était sollicitée au nom des « Curé, Vicaire, Prestres, Bourgeois, Habitans, Confrères et associés à la Confrérie du Très Saint et Auguste Sacrement de l'Autel érigée en l'Église paroissiale du Bourg de Ville-Dieu lez Sauchevreul de notre Diocèse. » Déjà, sans doute, le besoin d'échapper le plus possible à la juridiction spirituelle aussi bien que temporelle du Commandeur se faisait sentir aux vassaux de l'Ordre de Malte ; le XVIIIe siècle nous montrera les efforts successifs qu'ils feront dans ce but, jusqu'au jour

où la Révolution, par la suppresssion de leurs derniers privilèges, les soumettra complètement au
droit commun.

La PROCESSION DU GRAND-SACRE, comme on l'appelait, fut toujours célébrée à Villedieu avec la
plus grande magnificence. Une lettre du mois de
Juin 1767, citée dans le *Journal d'un Touriste en
Basse-Normandie*, — publié par CAZIN à Vire en
1863, — nous en donnera une idée.

La description qu'on va lire offre un intérêt particulier par suite de cette circonstance que les processions avaient dû être interrompues depuis quatre ans « à cause des maladies et de la misère des
temps. »

Je vous dirai d'abord qu'il y avait trois grands *reposoirs*,
pour lesquels nous avons toutes travaillé pendant un mois,
ce qui était bien amusant, parce qu'on riait et qu'on causait
beaucoup.

Le plus beau reposoir était un Calvaire ; on y montait par
une longue rampe couverte de sable, bordée de mousse et
garnie d'arbres et de fleurs. En haut était un temple avec
des colonnes où devait être Pilate qui devait condamner
Jésus ; à côté était une croix où devait se faire le crucifie-
ment ; mais cela n'a pas eu lieu à cause que Messieurs les
commissaires (chargés de l'organisation de la fête) et M. le
Curé on dit que ça ressemblerait trop à une parade de la
foire.

Le second reposoir était un autel auprès d'un ermitage,
au milieu d'un bois et de rochers d'où coulait une nappe
d'eau dans un bassin où il y avait des canards. Malheureusement la provision d'eau n'était pas assez forte ; et quand
la procession est arrivée, il n'y en avait plus. Dans une
grotte on voyait un ermite qui a sonné sa cloche pendant

la cérémonie ; autour de lui étaient des oiseaux et des animaux de toute espèce..., empaillés.

Le troisième reposoir était plus brillant. Il y avait considérablement de chandeliers, de chaises, de croix, de cœurs d'or et d'argent ; de magnifiques dentelles recouvraient tout l'autel.

Mon oncle disait à mon mari qui lui faisait admirer tout cela : « On aurait de la peine à croire que Villedieu est dans la misère en voyant toutes ces richesses. » A quoi mon mari répliqua ; « Si elles sont là, c'est que nous ne trouvons pas à qui les vendre ; c'est que la misère est générale. »

PAROISSE DE VILLEDIEU LES POELES

ORDRE ET MARCHE DU CORTÈGE AU SACRE DE LA PRÉSENTE
ANNÉE 1767 (1)

Deux Hallebardiers, avec casques et hallebardes ;

Les deux *clocheteux* de la paroisse ;

Les Clocheteux des paroisses voisines venues avec leur clergé ;

Les pauvres de l'Hospice, chacun avec une aune de serge sur les épaules ;

Un suisse, avec justaucorps et haut-de-chausses rouges et une lance garnie de rubans (*Perotte, dit le Beau, le plus grand du bourg*) ;

Quatre violons ;

Les enfants des écoles ;

La Confrérie des Tanneurs, Mégissiers et Parcheminiers ;

La Confrérie des Poëliers et Batteurs de cuivre :

La Confrérie des Doreurs, Argenteurs, Étameurs ;

La Confrérie des Fondeurs ;

Chaque Confrérie escortant la statue de son Patron ;

(1) Six Commissaires avaient été désignés pour organiser la cérémonie ; ce qu'ils avaient réglé fut exécuté ponctuellement : c'étaient MM. De la Hague, Havard, Gautier, Laurent, Pitel et Lemonnier du Gage.

Ces Confréries avec leurs Bannières, et chaque membre portant un cierge avec écusson ;

Huit Dentellières, en robes blanches et ceintures bleues, portant la statue de la Vierge couverte d'un grand voile de dentelle ;

Les Musiciens venus d'Avranches et de Vire ;

Les prêtres étrangers, les porte-chapes et les chantres sur deux rangs ;

Deux serpents ;

Au milieu, la Passion, précédée de saint Michel, avec un casque et une épée d'or ;

Notre-Seigneur portant sa Croix (*le petit Béatrix*) aidé par Simon (*le petit Loyer Maisonneuve*) ;

La Vierge (*la petite Laurent*) ;

Trois Compagnes de la Vierge (*les petites Enguerrand, Viel et Besnou*) :

Saint Jean avec son mouton (*le petit Villain*) ;

Six satellites avec casques d'or et lances ;

Un Ange avec des ailes conduisant Tobie (*Cadet et le petit Vigla*) ;

D'autres petits Anges avec des ailes et des couronnes de fleurs ;

Le Maître des Cérémonies (*l'abbé Villain*) ;

Les Thuriféraires au nombre de vingt ;

Le Dais porté par six Diacres ;

Les cordons seront portés par MM. le Syndic, le Procureur de Mgr le Commandeur, le Bailli et le Lieutenant, chacun une torche à la main ;

Derrière, le Trésorier et les Membres de la Fabrique, les notables habitants et les Officiers du Roy ;

Et quatre Hallebardiers pour arrêter la foule ;

. . . .

Il en aurait bien fallu davantage ; car il y avait tant de monde, que la procession avait du mal à avancer.

C'était bien beau quand la rampe du Calvaire fut couverte de tous les prêtres et de tous les anges, et que les trompettes des musiciens jouèrent des fanfares, et les violons un air bien touchant au moment de la bénédiction.

. . . .

Voici ce qu'on dit qui a été consommé pour la nourriture de tout ce monde, le dimanche et le lundi : 20 tonneaux de cidre, 40 veaux, 50 moutons, 200 canards et volailles, sans compter les provisions que les paysans des environs avaient apportées. »

La Révolution ne devait interrompre ces cérémonies que pour quelques années ; aujourd'hui, comme au siècle précédent, le Grand-Sacre est la fête par excellence de Villedieu ; et toujours on y accourt de loin se joindre aux habitants et aux processions des paroisses voisines.

Un livre, autrefois très répandu à Villedieu, imprimé avec la permission de l'évêque de Coutances Loménie de Brienne, en date du 10 décembre 1672, *la Confrérie du Très-Saint-Sacrement de l'Autel establie à Ville-Dieu, dans le diocèse de Coutances,* peut donner une idée de la dévotion des habitants du bourg à cette époque. Nous nous contenterons de citer ici l'énumération des fêtes, réunions et exercices pieux recommandés aux Confrères du Saint-Sacrement (1).

Le Premier Jeudi de chaque mois. Messe solennelle et salut du Saint-Sacrement.

Le cinquième dimanche du mois appartient à la Confrérie.

(1) Nous devons l'analyse de ce livre à M. l'abbé Mauviel, Supérieur du Grand Séminaire de Nantes, qui a bien voulu d'ailleurs nous aider de ses judicieux conseils dans tout notre travail.

Assistance aux solennités de l'Octave du Saint-Sacrement.

Le vendredi d'après l'Octave, service solennel avec trois messes hautes, fondé par M. Estienne Angeran, prêtre, pour les Confrères défunts, etc.

Le dimanche suivant, Messe du Saint-Sacrement exposé, avec Procession générale.

Le dimanche suivant, élection de deux nouveaux Majors, les anciens rendent leurs comptes ; choix d'un nouveau chapelain, s'il y a lieu.

Dévotions en diverses fêtes, et le ving-cinquième jour de chaque mois.

Adoration à certaines heures — et spécialement les jours gras.

Outre les exercices privés, on recommande aux confrères l'assistance aux Stations, Messes solennelles, Processions et Saluts du Saint-Sacrement.

Il y avait alors (1672) :

23 ou 24 *stations*.

44 ou 45 *messes hautes*, dont 23 ou 24 *solennelles*, du Saint-Sacrement.

60 *saluts* réglés au moins, outre les extraordinaires que chacun faisait chanter à sa dévotion.

7 ou 8 *Processions* du Saint-Sacrement.

Ordre... de la Station : La veille..., à l'issue des Complies, le Clergé chante le ᴿ. *Homo quidam...* (ce qui suppose que tous les jours le Clergé chantait au moins une partie de l'office.

Le 6 décembre, messe fondée par Gilles Le Monnier la Porte, au nom de défunte Colasse Le Pontois, sa première femme.

Le premier jeudi de Janvier, messe solennelle fondée par Gilles Vigla, Brurie.

14 Janvier, fête du Saint Nom de Jésus. Messe et salut fondés par feu François Engerran Mazurie et Suzanne Le Maistre, sa femme.

28 Janvier, solennité de Jésus, ou Feste des Grandeurs de Jésus. — Messe et salut fondés par vivants M. Thomas Danjou les Landes et Louise Sauvé, sa femme.

Salut de la Purification fondé par Antoine de Grimouville, escuyer, sieur de Villiers.

Premier jeudi de février, messe fondée par feu Jean Huard la Croix et Marie Mancel, sa femme.

Lundi de la Quinquagésime, messe fondée par Jacqueline Pitel.

Salut fondé par Jean Gilbert Laumondière.

Le mardi de la Quinquagésime, messe fondée par ledit Gilbert.

Premier Jeudi de mars, Messe fondée par ledit François Engerran Mazurie.

25 mars, salut fondé par M. Nicolas Gilbert, docteur médecin.

Fête des cinq Plaies. — Messe et salut fondés par Jean Oblin.

Fête de la Compassion ou N.-D de Pitié fondée par feu Jean Huard la Croix et Marie Mancel sa femme. Salut fondé par Guillerine Huet et Pierre Potrel.

Dimanche des Rameaux. Salut fondé par Jeanne Phelipote.

Premier Jeudi d'avril. — Messe solennelle fondée par M. Pierre le Blanc, sieur des Monts, bailly de ce lieu, décédé.

Premier Jeudi de May. Messe fondée par feu François Engerran Mazurie.

3 mai — Invention de la Sainte Croix : — la fête n'est plus chômée — Messe solennelle (à 5 heures à cause de la foire) et salut par Maître Jean Sevaux Le Rocher.

9 mai — Translation de Saint-Nicolas (la confrérie de Saint-Nicolas existe depuis plus de 400 ans et fait chanter en ce jour 3 messes solennelles.)

Salut fondé par Gilles le Monnier la Porte, ut suprà.

25 mai. Messe et Litanies fondées par M. Nic. Gilbert de M.

Veille de la Fête-Dieu. Salut fondé par M. Pierre Le Blanc, sieur des Monts, bailly de ce lieu, décédé.

Lundi et mardi de la Fête-Dieu, on dit la Messe du Saint-Sacrement au lieu de la Messe des Trépassés, et celle de Saint-Roch et de Saint-Sébastien.

Seconde fête-Dieu. Procession générale.

(On ne suppose que 3 reposoirs.)

24 Juin, salut fondé par feu Jean Huard La Croix.

29 Juin. Messe fondée par feu Gilles Dolley.

Premier Jeudi de juillet. — Messe fondée par feu François Engerran Mazurie.

26 Juillet. Sainte Anne, *tutélaire de ce bourg*, — Salut à l'autel de sainte Anne, par les confrères de Sainte-Anne.

Premier Jeudi d'août. Messe fondée par feu Guillemine Huet et Pierre Potrel.

6 août. Tranfiguration. Messe fondée par feu Jean Gilbert. Salut fondé par défunte Jaqueline Pitel.

L'Assomption est titulaire de l'Église de ce lieu.

(La Confrérie du Rosaire a été établie plus anciennement que celle du Saint-Sacrement).

Octave. Messe et salut fondés par Maître Jean de Sevaux le Rocher.

Premier Jeudi de septembre, messe fondée par François Quentin Daginière et Maria Mallet.

8 septembre, salut fondé par les mêmes.

14 septembre. Messe solennelle de la Confrérie. Salut fondé par Guill. Huet et Pierre Potrel.

17 septembre. Grandeurs de la Très Sainte Vierge. — Messe et salut fondés par M. Nicolas Gilbert des Monts.

2 octobre. Saints Anges gardiens. — Messe solennelle. — Salut fondé par Engerran Mazurie.

Premier Jeudi d'octobre. Messe fondée par feu M. Desmonts, bailly.

Premier dimanche d'octobre. Solennité du Rosaire de la Sainte Vierge, où beaucoup de personnes communient.

25 octobre. Messe solennelle et Litanies du Saint Enfant Jésus, fondée par M. Nicolas Gilbert, Docteur.

Premier Jeudi de Novembre. — Messe fondée par feu Jean Huard la Croix.

(époque de la fête Saint-Hubert.)

21 novembre. Salut du Très-Saint-Sacrement.

Le vingt-cinquième jour de chaque mois, exercices comme dans la congrégation de l'Oratoire.

L'Idéal des confrères du Saint-Sacrement devait être de tendre à reproduire des fondations aussi complètes et nombreuses que dans plusieurs paroisses de la Ville de Paris.

Les Dominicains (1) du Mesnil-Garnier, appelés à Villedieu pour l'érection de la Confrérie du Saint-Sacrement, devaient bientôt y recruter des adeptes pour leur *Tiers-Ordre*. Les Registres de la *Confrérie de Saint-Dominique*, conservés au Presbytère, donnent la liste des frères et sœurs reçus dans la Fraternité. Les premiers furent admis dès 1688 ; cependant l'approbation de cet établissement ne fut donnée qu'en 1699 à l'occasion de l'élection du P. Jacques comme Provincial : « Nous approuvons lestablissement de notre tiers ordre qui a este fait au bourg de Villedieu, et nous enjoignons au R. Prieur du Mesnil-Garnier de travailler avec soin à le conserver, à le maintenir et à laccroistre. »

Le *Majeur* ou Maire de cette Confrérie avait le titre, usité dans le Tiers-Ordre, de *Prieur*, avec un *Sous-Prieur* pour le suppléer. Le registre de comptabilité nous fait connaître les noms de quelques-uns de ces prieurs. En 1784, Dominique Badin est élu pour remplacer Jean Havard, décédé. Le 16 octobre 1791, Jean Baptiste Havard est élu, et donne bientôt sa démission, remplacé par Gilles Foubert. Les dernières recettes de la Confrérie

(1) Déjà, en 1625, les Pères du Mesnil-Garnier, prédicateurs de l'Avent à Villedieu, sont logés à l'*Hôtel du Dauphin* (*Compte de 1625-6*).

sont de 1793, époque à laquelle s'arrêtent les Registres.

A côté du Tiers-Ordre de Saint Dominique se voyait le *Tiers-Ordre de Saint-François* érigé en 1686, « où s'enrôlent, — nous dit le Manuscrit de Villedieu, — des laïques et des ecclésiastiques du lieu, dont ils sont élus prieurs tour à tour. On était admis à cette société par les Capucins d'Avranches, qui la transportèrent dans ce bourg à ce sujet, du consentement de M. le Curé. »

CHAPITRE XI

LA COMMANDERIE AU XVIIIe SIÈCLE

Droits seigneuriaux. — Diminution des privilèges des vassaux de l'Ordre de Malte sous les règnes de Louis XIII et Louis XIV : la taille et autres impôts. — Confirmation des privilèges de l'Ordre par Louis XV. — Installation du Commandeur de Villeneuve-Trans ; grève d'avocats. — Terriers de 1710 et 1741. — Visite prieurale de 1756. — Procès-verbal des améliorissements de 1771 : 16 procès pendants entre la Commanderie et ses vassaux : — portion congruë ; — droits de banalité des fours et moulins ; — droit de havage. — Refus des droits honorifiques aux Officiers de la Commanderie.

Nous avons assisté au développement progressif de la bourgeoisie de Villedieu. Les droits seigneuriaux du Commandeur n'ont pas été un obstacle à cette extension ; loin de là : les réparations des édifices publics, autres que l'église, et l'entretien des officiers des différentes juridictions, dont il était seul chargé, ont enlevé de tout temps à ses vassaux une des préoccupations les plus pénibles pour les paroisses peu fortunées, celle de trouver les ressources nécessaires pour équilibrer leur bud-

14

get. A la fin même du xviie siècle, le Commandeur de Rochechouart (1) venait de reconstruire les éli-

des du moulin ainsi que le Pont-de-Pierre (1696) : ses armes, placées sur une pierre de taille, au haut de la Porte du bourg, voisine de ce pont, rappelaient ce souvenir.

Cependant un certain malaise régnait dès lors dans les relations entre les Commandeurs et leurs vassaux. Nous aurons à constater durant le xviiie siècle l'aggravation progressive de cè malaise, dont les causes apparaîtront d'elles-mêmes.

Armes du Commandeur de Rochechouart

Une des raisons de la prospérité relative dont avait pu jouir Villedieu dans les temps de paix, c'étaient les privilèges dont bénéficiaient ses habitants comme vassaux de l'Ordre de Saint-Jean de

(1) Les histoires facétieuses colportées contre les habitants de Villedieu ne sont pas d'invention récente. Constantin de Renneville, dans son *Histoire de la Bastille*, imprimée à Amsterdam en 1724, rapporte (T. I p. 417-420) aux préparations de la réception du Commandeur de Rochechouart, réception à laquelle il dit avoir lui-même assisté, la pêche fantastique d'un poisson royal, baleine ou dauphin, qui se trouva n'être qu'un malheureux âne tombé dans la rivière. Le même auteur attribue également à cette époque de ferveur religieuse la décision lumineuse d'un des compères chargés par le Curé de l'achat d'un Christ à Coutances : « Le veut-il mort ou vif ? — Achetons-le vivant ; si M. le Curé le veut mort, il n'aura qu'à le tuer ! »

Jérusalem. Ces privilèges ont été exposés dans le Chapitre II : nous n'aurons à rappeler que ceux dont la perte successive amena le mécontentement parmi les bourgeois.

A la suite de la formule employée par les vas-

Le Pont-de-Pierre

saux de la Commanderie dans leurs déclarations pour la confection des *terriers*, ils ont soin d'ajouter, en 1740 comme en 1710, ce qui suit : « Nous devons jouir de tous les anciens privilèges accordés à l'Ordre et à leurs vassaux par les princes chrétiens, et entr'autres des exemptions de coutumes, péages, pontages, barrages, gabelles, étapes et logement des gens de guerre, de guet et de fortifications, de prises de loups, emparements et envitaillements des villes, châteaux et places-fortes, et aussi de l'exemption des fouages qui se lèvent en Normandie de trois ans en trois ans sur chacun feu, — et autres immunités portées par les anciens papiers terriers. » Mais les rédacteurs des nouveaux terriers sont obligés de rapporter des faits qui contredisent la plupart ces différentes exemptions.

L'ensemble des Statuts de l'Ordre n'avait pas été attaqué par les rois ni par leurs officiers; mais le besoin d'argent d'une part, de l'autre les empiètements jaloux des divers fonctionnaires dont s'étaient servis les ministres de Louis XIII et de Louis XIV, pour amener autant que possible la *centralisation* et *l'uniformité d'administration* dans tout le royaume, avaient porté plus d'une atteinte partielle aux privilèges des Hospitaliers de Malte. Le Grand-Maître, Raymond de Perellos Rocaful, jugea utile d'envoyer à la cour de France un exemplaire (1) des *Statuts* imprimés en 1676, avec les additions manuscrites apportées par le dernier Chapitre général, en les accompagnant d'une lettre signée et scellée de son sceau de plomb en date du 20 décembre 1717. Le roi Louis XV, ou plutôt son Conseil de Régence, approuva les Statuts et les privilèges contenus dans ce volume par Lettres de décembre 1718, voulant qu'ils servissent de règle dans le Royaume pour toutes les relations avec les sujets de l'Ordre de Malte.

(1) Cet exemplaire se trouve aux Archives Nationales avec la lettre du Grand Maître et les Lettres confirmatives de Louis XV. (MM. 17).

Et en effet le *Terrier* de Villedieu de 1741 rapporte quelques faits qui montrent l'exécution de ces Lettres du Monarque (fol. 29 vᵒ) : ... « Dans les Lettres de confirmation du mois de Décembre 1716, Sa Majesté a si peu entendu exclure (les officiers de la Justice tant spirituelle que temporelle de la Commanderie) desdits privilèges et exemptions, que M. Pierre Armand Duval, curé et Official de Villedieu lez Sauchevreuil, et le Trésor et Fabrique du même lieu, par arrêt du Conseil privé du Roy tenu à Versailles le 28 août 1730, ont été déclarés francs et exempts des décimes, don gratuit, capitation (1) et autres taxes et impositions faites par le Clergé sur les bénéfices du diocèse de Coutances, restitution leur est adjugée des sommes exigées d'eux, et deffenses sont faites au Bureau dudit diocèse de les y imposer, et d'imposer à la subvention tenant lieu de capitation le vicaire promoteur, les prêtres habitués et autres ecclésiastiques de ladite églize de Villedieu pour les casuels qu'ils y perçoivent. — Et qu'enfin, en conformité

---

(1) Les comptes de la Fabrique de la fin du XVIIᵉ siècle mentionnent en effet le paiement d'un droit de 6 livres 16 s. pour la *capitation*, impôt qui fut levé, durant les dernières guerres de Louis XIV, sur tous les habitants du royaume, privilégiés ou non, *par feux* ou *par familles*. On les avait partagés en 22 classes suivant leur état ou leur qualité : la plus élevée payait 2000 livres, et la dernière 1 livre seulement. Le Clergé de France demanda à le remplacer par un subside dont il fit lui-même la répartition entre ses différents bénéfices.

des mêmes Lettres, Monsieur Guynet, cy devant Intendant et Commissaire départi pour l'exécution des ordres de S. M. en la Généralité de Caen, par deux ordonnances émanées de son autorité l'11 de Novembre 1717 et 15 janvier 1718, a déclaré feu Mᶜ Charles François Le Maître, franc et exempt de taille, en qualité de Procureur fiscal en la Haute-Justice de Villedieu, et les biens dudit Ordre, entr'autres les moulins, bois, passages, péages et étaux de boucherie ont été déclarés exempts, et ce faisant déchargés des droits de confirmation ou Joyeux-Avènement par arrêt du Conseil d'État du Roy le 25 novembre 1727. »

Toutefois ces privilèges ne paraissent avoir été maintenus qu'en faveur des membres de l'Ordre ou de leurs Officiers. Quant à leurs *vassaux* ou *fermiers,* depuis longtemps le gouvernement royal affectait de les traiter comme les fermiers du Clergé de France ; il les avait soumis en conséquence aux impôts dont ils avaient été autrefois exempts au même titre que leurs maîtres. L'article 33 de l'Édit de Janvier 1634 restreint même l'exemption des chevaliers de Malte spécialement désignés, comme celle des autres privilégiés, « à une seule de leurs terres et maisons, et celles qui sont adjacentes et contiguës en dépendant. Pour les autres terres et métairies, qu'ils feront valoir par receveurs ou serviteurs, lesquels seront taxés tout ainsi que pourroient être taxés leurs fermiers des dites terres et métairies. »

Déjà, nous avons constaté, à propos de l'incendie de Villedieu de 1632, que les bourgeois étaient soumis à la *taille*, impôt qui ne pesait que sur les roturiers ; toutes les contributions (1) inventées pendant le règne de Louis XIV sous le prétexte du *malheur des guerres*, seront également exigées d'eux ; et il en sera de même jusqu'à la Révolution, malgré l'espoir toujours exprimé dans les *terriers* de la Commanderie que la paix permettra aux monarques de rétablir enfin ces privilèges auxquels ils se sont trouvés *obligés de surseoir*.

Sans succès dans leurs réclamations auprès des officiers royaux,—et nous verrons dans les chapitres suivants qu'elles furent nombreuses, — les habitants de Villedieu croyaient trouver un allègement à leur misère en se plaignant de l'ennui que leur causait l'acquittement des droits seigneuriaux des Commandeurs. Quelques-uns même, nouveaux vassaux, essayèrent par ruse de s'exempter du paiement des droits : le Terrier de 1741 (f. 4º) ; s'exprime ainsi :

« Comme dans la plupart des *nouvelles* déclarations, on a remarqué que les vassaux n'ont fait un dénombrement juste et véritable des maisons et héritages qu'ils possèdent de cette Commanderie, et qu'ils ont obmis les cens, placages, rentes et sujet-

---

(1) Cependant l'exemption du droit *de fouage* fut reconnu pour tous les vassaux de la Commanderie par sentence de l'élection de Vire en date du 23 août 1668, et demeura en vigueur au xviiiᵉ siècle.

tions qu'ils doivent reconnaître, on a blâmé toutes les déclarations qu'on a trouvées vicieuses, et on les a obligés d'en fournir de nouvelles ou de les réformer conformément aux précédens papiers terriers. »

Déjà, en 1721, des atteintes étaient portées par les habitants aux droits du Commandeur. C'est ainsi que, le mardi 8 juillet de cette année, Thomas Havard est assigné devant le Bailli de Villedieu (1) par Jacques Harivel, un des procureurs-receveurs de la Commanderie, « pour avoir tué et massacré à coups de fusils le poisson des rivières du Sgr Commandeur, et avoir empoisonné ledit poisson par des drogues par lui jetées dans lesdités rivières. » — Défaut est prononcé contre Havard, et le Commandeur appointé à justifier et prouver « tant par témoins de certains que censures ecclésiastiques, que ledit Havard a la complicité de plusieurs particuliers peschent et furettent journellement, tant de nuit que de jour, les rivières. »

Cette tendance d'opposition au pouvoir du Commandeur se manifeste également en plus d'un passage du *Manuscrit traditionnel.* Après avoir cité les Curés de Villedieu, originaires du pays (après Me Joubert, était venu Me Lecharpentier), il s'exprime ainsi sur un de leurs successeurs:

« A la place de ce dernier fut substitué M. Jean-Bte Jaumarque, natif de la ville de Marseille, Doc-

(1) Archives de la Manche. B. 1679.

teur de l'Université d'Avignon, en la Faculté de Théologie, et Aumônier d'une des galères du Roi. Son séjour fut court, son mérite peu connu, y étant venu dans l'espoir d'y trouver un bon bénèfice et un bon revenu, et celui-ci était plus honorable que profitable. Il l'abandonna bientôt. — Il était inconstant, intéressé, plus disposé à recevoir qu'à donner. On ne peut rendre compte de sa doctrine, puisqu'il n'a pas parlé en public. Il prit possession de cette Cure en 1722 ; sans dire adieu, il s'en alla au mois de janvier 1724.

« Après plusieurs Curés étrangers, Villedieu eut M. Pierre Armand Duval, natif de ce lieu, fils de Guillaume Duval, lieutenant de la juridiction... Il entra dans ce bénéfice en octobre 1724. »

Au chapitre suivant nous constaterons les efforts tentés pour soustraire le nouvel Hôpital à la juridiction spirituelle du Commandeur, et le soumettre à celle de l'évêque de Coutances.

Toutefois il est un point sur lequel le Clergé et les fidèles de Villedieu paraissent avoir tenu à leur indépendance religieuse : c'est pour la conservation du *rit romain* dans la liturgie paroissiale, alors que les diocèses voisins de Coutances et Avranches, comme la plupart des Églises de France, adoptaient une liturgie particulière. Le Compte de Fabrique de 1756 porte bien l'achat d'un *Rituel de Coutances* ; mais, postérieurement, celui de 1771 indique la dépense de 60 livres pour se procurer à Rennes un *Graduel* et un *Psautier romains*.

Cependant, les divers documents du XVIII⁰ siècle ne nous permettent pas d'accuser les dignitaires de l'Ordre de Malte d'avoir négligé les intérêts de leurs vassaux : le soin qu'ils prennent de réparer continuellement les édifices publics dont ils ont la charge, les réclamations même qu'ils reçoivent dès qu'une amélioration devient nécessaire, sont la preuve de cette sollicitude.

Le procès-verbal de prise de possession du Commandeur de Villeneuve-Trans (17 Octobre 1721), conservé parmi les papiers de la Haute-Justice (1), est un exemple du respect qu'on savait alors garder pour la dignité du Seigneur, et de la liberté avec laquelle on recourait à sa bienveillance pour l'obtention des réformes souhaitées.

Le chevalier Thomas de Villeneuve-Trans, mestre de camp de dragons, délégué à cet effet par son frère, le Commandeur Henry Anthoine de VILLENEUVE-TRANS, capitaine des galères du Roy, présente au Bailly de Villedieu, René André, sieur de la Ligottière, assisté de tous ses assesseurs et officiers, l'acte de provision émanant de la vénérable Langue de France *en date du 17 janvier précédent,* qui le nommait au lieu et place du Commandeur de Courtebonne. On le conduit à l'église paroissiale, où l'eau bénite lui est présentée par le Vicaire Anthoine Regnault, la Cure étant vacante (entre MM. Le charpentier et Jaumarque). Il entre dans le chœur, bai-

(1) Archives de la Manche. B. 1679.

se le grand-autel ; on lui fait l'ouverture du Tabernacle, et les Saints-Vases lui sont représentés ;
après quoi il va prendre place au banc ordinaire du
Seigneur Commandeur, pendant qu'on sonne les
clochés.

Puis une messe solennelle du Saint-Esprit est
célébrée en sa présence, pendant laquelle on lui donne
l'encens et on lui porte le livre des Évangiles à
baiser.

Le procès-verbal de cette installation est ensuite
dressé et signé de tous les dignitaires de la ville et
assistants notables.

De l'église, on se rend au Manoir Seigneurial, dont
toutes les pièces sont attentivement visitées, ainsi
que les Archives de la Commanderie. Les meubles,
ornements, etc, furent bientôt après remis par l'ancien fermier Harivel aux mains de Me Raymond
Lebreton de Vastemare, Lieutenant de la Milice
bourgeoise, nouveau fermier, avec les étalons des
poids et mesures, et les clefs du manoir et de la
prison.

La visite de *l'Auditoire* de la Justice termine la
journée.

Le lendemain 18, le four et le moulin banal, le
Poids du Roy, les halles, les prisons, la perrée, les
écluses, les ponts, les places vagues sont à leur tour
examinés avec la plus grande attention, et partout
on a soin de faire remarquer au Chevalier « les
réparations urgentes et nécessaires qu'il convient d'y
faire pour éviter à l'entière démolition qui en pour-

roit arriver, et pour le bien et l'utilité du public et l'intérêt de ladite Commanderie. » Le four banal, le moulin, le parapet du Pont-Picard, la perrée, les Halles, la prison, le parapet du Pont de Pierre, en particulier, réclamaient ces urgentes réparations : vrai droit de joyeux avènement pour le Commandeur.

Enfin, pour terminer, on se transporte dans l'Auditoire, « où estant, le Procureur fiscal a fait ses remontrances audit Seigneur, que du depuis plus de six mois, les *Avocats*, qui avoient de coutume de *postuler* en ce lieu, s'en sont retirés et n'ont assisté à aucune audience : ce qui est très préjudiciable au public, attendu que les simples significations qui doivent estre faites de procureur à procureur, ou d'avocat à avocat, n'étant point faites au controlle, elles y deviennent inutiles lorsqu'elles se font de partie à partie ; — et que d'ailleurs les justiciables par leur peu d'expérience et de connoissance dans les affaires ne peuvent pas eux-mêmes s'expliquer en justice ny instruire leurs proceds. Pourquoy il est nécessaire d'y estre pourvu par ledit Seigneur, non seulement pour l'entretien de la juridiction qui dépend de luy, mais encor pour le bien publiq. »

Nous verrons se reproduire plusieurs fois en ce siècle de semblables *grèves*.

Le Terrier de 1741, composé « à la Requête du Commandeur LOUIS VINCENT DU BOUCHET DE SOURCHES DE MONTOREAU, à la diligence de Vénérable et discrète personne Pierre Armand DUVAL, prêtre,

Curé et Official de Villedieu-lès-Poëles, et dicté par
Pierre LE PESANT SIEUR DES VALLÉES, Bailli de cé
lieu, » — porte dans son titre même la garantie de
l'entente qui devait régner alors entre le Commandeur et les officiers des juridictions spirituelle et
civile. Aucun des anciens droits de l'Ordre de Malte ne s'y trouve attaqué : les passages que nous en
avons rapportés plus haut attestent au contraire
les efforts communs tentés pour obtenir le maintien, et même le rétablissement des privilèges successivement tombés en désuétude.

Depuis sa prise de possession, en 1736, le Commandeur avait fait d'importantes réparations aux
Halles (pour plus de 500 livres,) à l'Auditoire dont
il avait refait l'escalier, au four banal (plus de 500
livres), au Pont Picard. De plus, il avait obtenu du
Roi la confirmation du nouvel Hôpital (1). Le Pont-
Chignon, qui servait nécessairement de passage aux
routes royales de Granville, Coutances, Avranches
et Vire, avait été, par ses soins, remis à l'entretien
du Trésor de Sa Majesté, qui l'avait fait entièrement reconstruire. Bâti en pierres de taille, à deux
arches, de 33 pieds de long sur 24 de large, avec
un pavé à ses deux extrémités, le nouveau pont
facilitait les communications ; l'ancienne Porte qui
l'avoisinait avait disparu dans cette réparation.

Les revenus de la Commanderie ne diminuaient
pas, malgré les événements malheureux dont

(1) V. le chapitre suivant.

avaient à souffrir les vassaux (1). Le 10 février 1696,
le Commandeur de Rochechouart l'avait donnée à
bail pour 2100 liv. à Duval, médecin de Villedieu;
le 11 avril 1736, le Commandeur de Sourches re-
nouvelait pour 6 ans un bail de 2470 livres, plus 40
chapons gras et 60 perdrix du Bocage, avec le fermier de son prédécesseur, le Commandeur de Villeneuve-Trans, qui était Me Jean Chapdelaine, prêtre, Curé de Saint-Ouen de Marchefroid, acceptant
par son frère Claude, docteur en médecine. Il se réservait, avec les droits de nomination aux bénéfices et
charges de judicature tant ecclésiastiques que sécu-
lières, le revenu des confiscations, aubaines et amendes, ainsi que la jouissance du manoir seigneurial.

Il avait eu un tort cependant, dont les conséquences devaient se faire plus tard sentir, celui de
distraire du territoire de la Commanderie ou du
bourg plusieurs portions de terrain pour les donner
à bail à des particuliers.

La situation de la Commanderie sous le successeur de Sourches de Montsoreau, PAUL DE VION DE
GAILLON (1746-63), nous est donnée d'une manière
sommaire par le procès verbal (2) de la visite prieurale de 1755 (31 Mai-2 Juin). Deux indications
seulement méritent notre attention. D'abord l'*abolition* de la chapelle Saint-Blaise (elle était encore

(1) V. Chapitre XIII.
(2) Nous en avons trouvé le texte dans le Ms. latin 10.070,
fol. 136 de la Bibl. Nat. (Collection LÉCHAUDÉ).

conservée lors de la confection du Terrier de 1741) :
l'absence de toute fondation religieuse pour cette
chapelle, d'une part; de l'autre, l'humidité fréquente causée par les inondations qui la détérioraient,
avaient été les causes de cette mesure. — La *boîte*
servant pour le *droit de havage* y est estimée à
la seizième partie du boisseau contenant 16 pots-
chopine-demion-demiard : cette estimation pourra
être rappelée dans le procès dont nous aurons
bientôt à parler.

Le Commandeur Pierre DE SAINT-POL (1763-66)
avait eu une visite des améliorissements de sa
Commanderie dont le procès-verbal ne nous est
pas parvenu.

L'époque de la confection d'un nouveau Terrier
se présenta sous l'administration d'ALEXANDRE
ELÉONOR LE MÉTAYER DE LA HAYE-LE-COMTE. Son
régisseur, Pierre Chevalier, et le feudiste Laurent
Descoins, tous deux bourgeois de Rouen, auxquels
il confia cette mission, secondèrent énergiquement
ses efforts pour faire respecter les droits de l'Ordre
de Malte.

Nous en avons la preuve dans le *Procès-verbal
des Améliorissements* dressé en 1771 par Jacques
Armand de Rogres de Champignolles, Commandeur d'Auxerre, et Joseph de Hennot de Theville,
Commandeur de Sours et Arville : « Il demeure
constant, disent-ils à la fin de leur rapport, que M. le
Chevalier de la Haye-le-Comte en a usé comme le
meilleur économe et un des plus attachés au bien et

à l'avantage de notre Ordre et de ladite Commanderie, nous ayant paru avoir esté négligée de tous les
temps, et qu'il falloit quelqu'un d'aussi zélé que luy
pour soutenir et attaquer toutes les affaires qu'il y
a et qu'il y aura pour la remettre comme elle doit
estre. »

Les divers édifices publics étaient en très bon
état. A l'*église paroissiale*, une particularité nous
est signalée, dont nous n'avons pas trouvé d'autre
trace : la lanterne qui domine le dôme de la tour
était revêtue de couleurs et dorures. A l'intérieur,
l'attention des commissaires fut attirée par l'absence de bancs dans la nef, à l'exception de celui
des gens de la Commanderie. — Il y avait huit ans
que les choses étaient ainsi, leur fut-il répondu :
le Curé et les trésoriers avaient enlevé les bancs
pour les replacer dans un ordre plus avantageux
pour le Trésor paroissial ; mais les habitants n'a-
vaient encore pu se mettre d'accord pour adopter
une nouvelle disposition. Nous retrouverons la
suite de cette affaire en 1775 et 1784.

La constatation de l'état précaire de l'*Hôpital*
fournit l'occasion aux directeurs de demander aux
Commissaires de prier le Commandeur de s'inter-
poser pour faire réunir à cette maison quelques
biens ecclésiastiques des environs : idée qui fut
poursuivie jusqu'à la Révolution. (1)

Des réparations importantes avaient été faites aux

(1) V. Chapitre suivant.

Halles : 24 poteaux avaient été *rentés* à neuf, 5 entièrement remplacés, ainsi que diverses pièces de charpente ; la couverture et les étaux réparés. Le bâtiment entier mesurait alors 200 pieds de long sur 33 1/2 de large ; il était soutenu par 4 rangs de poteaux de bois établis sur des piédestaux en pierre.

La *Chambre du Conseil*, près de l'*Auditoire*, était refaite à neuf pour servir au jugement des procès de rapport et renvoi, et recevoir le dépôt sous clefs des minutes de toutes les juridictions et tabellionages confiées à la garde des greffiers.

Les portes et la couverture de la *prison* avait aussi été réparées : son existence était menacée, ainsi que celle de la Porte du Pont de Pierre, par le projet d'élargissement du chemin d'Avranches. Le procureur général avait averti le régisseur, et lui demandait de ménager dans une nouvelle prison une cour pour les prisonniers.

Les *piliers de la Haute-Justice* avaient besoin depuis longtemps d'être réparés: mais Chevalier n'avait pas pu trouver un maçon pour en faire les fondements en maçonnerie:—Il faudrait, disait-il, pour y contraindre les ouvriers, des lettres de la Chancellerie de Rouen, et probablement un procès. — Il est à croire qu'on n'avait heureusement que des occasions très rares d'y exposer des criminels !

Le *Manoir seigneurial* et ses dépendances n'avaient pu être ramenés à un état satisfaisant malgré le zèle de Chevalier : c'était même à cette occasion qu'avait commencé la série de procès encore pen-

15

dants pour la plupart entre les vassaux et la Commanderie.

Avant d'exposer les difficultés si pénibles dont ces procès furent la source entre les parties jusqu'à l'époque de la Révolution, nous donnerons le chiffre des revenus constatés de la Commanderie à cette époque. D'après les baux passés à partir du 1er Mai 1766 devant Lefranc, *soi-disant* notaire royal à Villedieu, étaient affermés :

1o à Jacques Lebreton : le droit de havage. . . . . 620 l.

2o à Jacques Pichard : les moulins banaux. . . . . 1200 l.

2o à Jean-Baptiste Jamard : la sergenterie, les droits de jaugeage des mesures et de perçage des boissons. . . . . 150 l.

4o au même : les droits de halles, étaux, coutumes et pesage. . . . . 620 l.

5o à Jean-Baptiste Huard des Fontaines : le greffe civil de la Haute-Justice. . . . 40 l.

6o à Jean François Lefranc : le grand four banal, avec le droit de cuire . . . 300 l.

7o à Michel Desrues : le nouveau four banal . . . . 200 l.

Les fiefs, rentes et cens de Villedieu et dépendances rapportaient . . . . . . 150 l.

Les fiefs et rentes de la Vicomté de Valognes. . . . . 30 l.

Les fiefs et rentes de Bazenville . . . 100 l.

Total des revenus annuels . . . . . 3410 l.

Le chiffre des dépenses, depuis l'installation du Commandeur de la Haye-le-Comte, s'élevait à 5. 062 livres pour les réparations, — 4. 794 livres pour les différents procès, — 77 livres pour les pauvres de l'Hôpital, sans compter les responsions, et les pensions que s'étaient fait attribuer *par provision* les Curés et Vicaire de Villedieu et du Pont-Brocard, au sujet desquelles il y avait en ce moment contestation.

Ces Curés appuyaient leurs réclamations sur les édits royaux concernant la portion congruë. Le dernier édit de Mai 1768 avait élevé la portion congruë, — pension fixe que les bénéficiers étaient obligés de donner aux prêtres qui les suppléaient dans l'exercice de leurs fonctions, lorsque le casuel était manifestement insuffisant pour leur subsistance, — savoir à 500 livres pour les Curés et à 250 pour les Vicaires. — Le Commandeur avait bénévolement octroyé 300 livres de pension au Curé de Pont-Brocard, François Obelin, vieillard de quatre-vingts ans, dont la Cure était loin d'être suffisante; mais ce prêtre prétendit exiger sa pension comme une rente obligatoire, et en appela au Baillage de Coutances.

De son côté, le Curé de Villedieu, Richard Hébert, installé depuis 1762 (1) à la mort de Me Gautier,

(1) Nous avons l'inventaire des registres paroissiaux depuis 1668 dressé à ce moment par le Bailly Jean André de la Ligotière, en exécution de la Déclaration royale du 9 avril 1736. (*Archiv. de la Manche, B. 1681*).

longtemps Curé et Official, profitait du nouvel édit pour réclamer pour lui-même 500 livres, et 250 livres pour son vicaire : le bailli de Coutances avait obligé le Commandeur à payer 300 livres par an, en attendant la sentence du Parlement de Rouen (1).

A ces prétentions il était facile d'opposer les Lettres Patentes du 30 décembre 1768, enregistrées au Parlement le 30 Janvier suivant, par lesquelles le Roi déclarait déroger à son Édit de Mai en faveur de l'Ordre de Malte : c'était toujours à cet Ordre qu'était resté le droit de fixer les portions congruës de ses curés séculiers. Il était d'ailleurs à remarquer qu'il n'y avait aucune raison de les élever aux mêmes chiffres que pour les curés des bénéfices du Clergé de France, puisque toutes les charges de ces cures étaient directement supportées par l'Ordre. Il fut réglé dans l'Assemblée provinciale du 28 Novembre 1769 que les Curés recevraient 400 livres, et leurs Vicaires au prorata, suivant l'article II de l'Edit royal.

Mais il ne pourrait être question dans tous ces actes que des Curés ayant opté pour la portion

(1) Voir sur ce procès *Arch. Manche.* B. 1683 : 12 Décembre 1769 : le Curé Hébert, qui s'intitule *Vicaire perpétuel*, demande, pour être payé « des 250 livres de provision à lui adjugée sur la portion congruë par sentence du Baillage de Coutances du 5 Octobre précédent », qu'on mette arrêt sur tous les deniers dus et à devoir au Sgr Commandeur par ses différents fermiers.

congruë. Or le Curé de Villedieu était resté *gros
décimateur*. Sa cure lui rapportait au moins 800 livres de revenu. « Si, par considération pour sa famille et sa patrie, il ne voulait pas se faire payer
des droits de Curé, ce n'était pas au Commandeur
à y suppléer : il devait s'en rapporter aux règlements établis dans la Commanderie sur les droits
et revenus curiaux, comme l'avaient fait ses pré-
décesseurs. »

A ces raisons, le Régisseur ajoutait que le Commandeur ne pouvait être considéré comme Curé
primitif : d'après la charte de Richard Cœur-de-
Lion, il avait les droits de seigneur patron laïc; s'il
était en même temps seigneur spirituel, c'était en
vertu des privilèges accordés à l'Ordre par les Souverains Pontifes. Cette explication paraîtra moins
solide après la décision de l'Assemblée provinciale
que nous avons rapportée.

Quinze ans plus tard, en 1786, le Curé Hébert
revenait à la charge, en s'adressant au Bailly visiteur des Commanderies de l'Ordre de Malte. Il recevait 400 livres de pension du Commandeur : ce
qui, avec le casuel, ne faisait pas plus de 700 livres
pour une Cure de 3000 *communiants :* et encore
fallait-il prélever 100 livres pour le loyer de sa
maison. Il n'avait qu'un seul vicaire, et sans pension.
Aucune aumône ne lui avait été remise de la part
du Commandeur depuis 23 ans, malgré le grand
nombre de pauvres de sa paroisse. Le Conseil de
l'Ordre consulté répondit au Commandeur de Bo-

niface (1) : Il faut connaître le montant du casuel, savoir si les Curés ont opté pour la portion congruë en 1686 ou en 1768. Le Vicaire serait à la charge du Commandeur s'il était gros décimateur de la paroisse et que le Curé fût à portion congruë. Un deuxième Vicaire serait nécessaire s'il y avait plus de 3000 *habitants.*Quant au logement, il doit être à la charge des habitants d'après les édits de 1695 et 1768.

L'exemple du Curé ne pouvait manquer d'encourager les habitants de Villedieu dans leurs revendications contre les régisseurs du Commandeur. La fermeté un peu dure de ceux-ci pour les droits de leur maître, et leurs propres prétentions peuvent être considérées comme des circonstances atténuantes, lorsqu'il s'agit d'apprécier l'espèce de révolte à laquelle nous allons assister.

Outre ces deux premiers procès, quatorze autres se trouvaient engagés en 1771 devant les différentes juridictions, entre la Commanderie et ses vassaux : nous en exposerons les motifs aussi brièvement que possible.

Depuis longtemps déjà le *notaire royal*, qui résidait en principe au Pont de Pierre, avait été chargé des affaires du *tabellionage* de la Commanderie : le régisseur voulut rétablir la charge distincte pour la Haute-Justice de Villedieu : de là des altercations entre le nouveau pourvu, Bouillon, et le fonc-

(1) Arch. Nat. MM. 89, *26 janvier 1786.*

tionnaire royal, Lefèvre. Nous les voyons se présenter tous les deux, par exemple, pour faire l'adjudication des coutumes de la Foire Saint Clément, le 17 novembre 1771 (1). L'appel au Conseil du Roi et à la cassation en Conseil des Finances devait décider de cette difficulté, pour laquelle le droit de l'Ordre de Malte était évident.

Jamais, peut-être, les dignitaires de cet Ordre ne s'étaient montrés plus jaloux de leurs privilèges. D'après les Bulles des Papes et les concessions des Souverains chrétiens, aucune prescription ne pouvait être invoquée contre eux. Obligés en certains cas de s'incliner temporairement devant les désirs, équivalant à des ordres, des Monarques absolus, ils saisissaient l'occasion de reprendre leur indépendance au plus tôt. Il serait intéressant de suivre dans les Registres des Chapitres provinciaux (2) l'opposition énergique, quoique respectueuse, qu'ils firent aux Rois de France quand on voulut leur imposer des princes du sang pour la charge de Grand Prieur. C'est ainsi qu'ils ne cédèrent qu'après des négociations difficiles entre la Cour de Rome, le Grand-Maître de Malte, et la Cour de France, lorsque, en 1777, Louis XVI prétendit faire attribuer cette fonction importante à l'enfant du Comte d'Artois, le jeune duc d'Angoulême, qui ne put jamais la remplir par lui-même: c'était encore le Bailli

(1) Compte paroissial de cette année.
(2) Arch. Nat. MM. 50 à 53.

de la Tour Saint-Quentin, nommé son Lieutenant
par Lettres Patentes du 13 Mars 1777, qui le
suppléait dans les dernières années du mois de
Juin 1792.

Des ordres venus de Malte dans la seconde partie du xviiie siècle prescrivaient d'ailleurs une obser-
vation plus stricte des Statuts, qui avaient souffert
de plus d'une négligence. La recherche de tous les
anciens titres des Commanderies, leur centralisation
au Couvent du Temple à Paris en 1744, la confection des Terriers tous les 27 ans, la recherche à
époques régulières des améliorissements : c'étaient
autant de moyens de maintenir continuellement les
Commandeurs dans la fidélité à leurs devoirs ; sans
compter l'obligation personnelle, rappelée à chaque
Chapitre annuel, d'être toujours munis d'armes et
prêts à partir pour Malte au premier commandement.

Tous les baux passés par les Commandeurs ou
leurs régisseurs n'avaient de valeur qu'autant qu'ils
avaient reçu la sanction des supérieurs. Ce fut l'o-
rigine de plusieurs difficultés pour Villedieu. Le
Commandeur de Sourches avait en effet loué certaines portions du territoire jusque-là non-fieffé à
des particuliers en 1736 et 1737. Le régisseur Chevalier crut de son devoir d'attaquer ces baux en
nullité : plusieurs des intéressés se soumirent sans
difficulté ; d'autres résistèrent ; et l'affaire, intéressant directement les droits de l'Ordre, dut être portée au Parlement de Paris, en vertu du droit de

committimus. étendu sous Louis XV à toutes les
Commanderies de l'Ordre, même situées dans le
ressort des autres Parlements.

Les deux anciens fiefs de la Vicomté de Valognes
et de Bazenville, dont nous avons rappelé l'origine
à la fin du Chapitre Ier, devenaient, pour le même
motif, sujets à reprise d'instance. Les conditions
avantageuses proposées par MM. le Marquis duQues-
noy pour le premier, et de Grimouville pour le second, étaient impuissantes, tant qu'elles n'auraient
pas été approuvées par l'Ordre, à arrêter les dé-
cisions du Grand Conseil.

Ces réformes avaient indisposé les habitants de
Villedieu. Des taquineries, des injures même se
multiplièrent, contre le régisseur et le feudiste.
Parmi les papiers de la Haute-Justice se trouvent
encore quelques pièces où les témoins racontent
plusieurs de ces scènes d'une manière humoristi-
que (1). On y trouva notamment à l'adresse de
Descoins les expressions de « f... savetier, de f...
gueux, bienheureux d'être venu à Villedieu pour y
trouver du pain. »

L'une de ces scènes eut des conséquences plus
graves : le régisseur avait envoyé un ouvrier pour
placer un tourniquet au milieu d'un petit pont de
bois, nommé la Planche-Blondel, destiné à l'usage
du four banal. Son but était d'empêcher les fréquentes détériorations de la passerelle par les voitures,

(1) Arch. de la Manche B. 1683. (*6-20 Mars*).

qui avaient un chemin tout indiqué par le grand pont situé à 30 pas de là. L'ouvrier fut arrêté par plusieurs habitants pendant qu'il s'acquittait de sa tâche, et conduit en prison. Le Procureur du Roi du Bureau des Finances de Caen, voulut évoquer l'affaire à son tribunal, comme ayant le droit de connaître des matières de voirie, même dans le ressort de la Haute-Justice. Le Grand Conseil saisi allait donner raison au Commandeur, quand il fut supprimé par Louis XVI, en sorte que le Parlement de Paris eut encore à intervenir.

Une mesure plus pénible pour les régisseurs, ce fut leur inscription d'office sur le rôle des tailles de Villedieu en 1768. Tous les vassaux et fermiers de la Commanderie y étaient soumis ; mais les officiers et domestiques du Commandeur en devaient être exempts, d'après les arrêts des rois les plus récents. En attendant la solution de cette difficulté pendante en l'Élection de Vire, le paiement par provision avait été exigé, et arrêt mis sur les deniers provenant des fours banaux et autres coutumes revenant à la Commanderie. 1014 livres avaient été ainsi déjà confisquées à l'époque du procès-verbal d'améliorissement.

L'Élection de Vire donna raison aux habitants de Villedieu, et Chevalier en appela au Parlement de Rouen. L'appel n'était pas encore jugé en 1784. Mais ce qui augmentait l'ironie de la situation, c'était la mesure prise par les bourgeois contre le successeur de Chevalier dans la régie de la Commanderie, le Sieur Paton (1). Ils avaient obtenu de l'Intendant de Caen l'autorisation de prélever 1200 livres pour suivre le jugement ; dans la répartition de cette somme, ils imposaient le dit Paton pour 80 livres, l'obligeant ainsi à fournir de l'argent pour plaider contre lui-même. Une nouvelle demande de 1500 livres ayant été obtenue pour la poursuite des autres procès, Paton dut encore contribuer pour sa part. Le Conseil de l'Ordre, siègeant à Paris pour les affaires des sept prieurés de la Langue de France, à qui Paton s'adressa, ne put lui donner gain de cause : c'était comme habitant de Villedieu qu'il était frappé, lui fut-il répondu, pour une charge personnelle, et qui ne regardait en rien le Commandeur : il n'avait qu'à se soumettre.

Les deux procès les plus graves et les plus interminables engagés par les régisseurs agissant bien, cette fois, au nom du Commandeur, avaient rapport au droit de banalité des fours et moulin, et à la perception des droits de havage.

Le moulin et l'ancien four de Villedieu avaient été réparés à neuf, et un nouveau four établi pour suffire aux besoins de tous les vassaux. Mais les fraudes, déjà anciennes, continuaient. (2) Une com-

(1) Arch. Nat. MM. 88. — *26 février 1784.*

(2) Parmi les documents concernant la banalité du moulin, nous citerons les deux pièces suivantes des Archives de la Manche.

1° Assises mercuriales tenues devant Me Bosquet de la

munication ménagée contre tout droit avec le Moulin de Bourg l'Abbesse, grâce au déplacement des écluses, favorisait la contrebande. Le régisseur avait fait enlever les planches et terrassements indûment établis : on les avait remis en place aussitôt. Une demande de poursuite présentée au Conseil de l'Ordre contre les Dames de Lisieux, propriétaires du Moulin et de ses dépendances, faillit ramener les anciens démêlés avec cette Communauté.

Le système de *blutage*, adopté dans la réparation du moulin de la Commanderie, était, paraît-il, défectueux, et faisait éprouver une plus grande perte aux banniers sur leur mouture que l'ancien système à *l'anche :* tel était le prétexte qu'ils invoquaient pour ne pas se soumettre.

Forge, Bailli de ce lieu, en présence de Me Danjou, Procureur Fiscal, le mardy 14 octobre 1749 :... « Et suivant les plus amples conclusions du Pr. fiscal faisant droit sur la complainte judiciaire des habitants de ce lieu, *ordonné* que les bourgeois seront préférés à faire moudre leurs grains au moulin banal de ce lieu, aux boulengers vendants et débitants du pain, à l'exception toutefois de lundy et jeudy de chaque semaine spécialement destinés pour lesdits boulengers. » (B. 1677).

2° Un procès-verbal du mardi 5 avril 1769 (B. 1683) dressé contre un jeune homme surpris au moment où il chargeait une somme de blé pour le porter à un autre moulin que le moulin banal. La femme Besnou, à qui appartenait ce froment, veut s'opposer violemment à la saisie du sac et du cheval qui allait l'emporter : « Elle était libre, criait-elle, de faire bluter son bled où elle jugerait à propos ; et quand M. le Commandeur de Villedieu auroit un *moulin bultoir,* elle iroit moudre et bulter son bled. »

Quant aux fours, les bourgeois préféraient faire cuire leur pain chez les boulangers des environs, ou même chez ceux qui s'étaient installés dans la la ville. Au lieu du 20e qu'ils devaient pour le droit de cuisson, ils s'appuyaient sur un arrêt donné *sans requête* par le tribunal de la Haute-Justice en 1740, pour se contenter de son droit de 2 sols ou 2 sols 1/2 par boisseau. L'un des fourniers se plaignit que les dépenses se trouvaient pour lui inférieures aux recettes, et établit pour son compte un autre four. Le Bailli de la Haute-Justice veut régler l'affaire à l'avantage de ses compatriotes. Le Régisseur en appelle au Grand Conseil, qui rend un arrêt (1770) condamnant l'établissement de fours distincts des fours banaux, et *fixant* le droit de cuisson au même taux que pour les banalités du Baillage de Coutances. Au lieu de se soumettre, les habitants prétendent qu'on veut les affamer, qu'il n'y a plus de pain dans le bourg, et se pourvoient à Rouen ; des Lettres Patentes, sollicitées par l'ordre de Malte, évoquent l'affaire en règlement de juges au Conseil d'État privé, et un arrêt du Parlement de Paris défend de plaider ailleurs que devant lui.

Le refus de payer le *droit de havage* donna lieu à une véritable révolte. Lorsque le feudiste Descoins, chargé par procuration du Commandeur, en date du 20 janvier 1768, de la confection du nouveau Terrier, demanda aux vassaux de produire leurs déclarations habituelles, aucun d'eux ne bougea. Il se vit obligé de requérir un Gage-Pleige qui fut ou-

vert le 11 Mars 1771 ; les vassaux déclarèrent se
soumettre, pourvu qu'on leur représentât le terrier
de 1587 et les autres, avec des copies faites à leurs
frais. Une surcharge se trouvait dans le terrier de
1587 sur la valeur du godet : le terrier fut saisi et
scellé avec un cachet du Bailli et trois du Syndic, le
Procureur Fiscal et Descoins refusant d'y mettre le
leur. Le godet fut également mis sous scellés. Le
terrier fut ensuite ouvert et recacheté plusieurs fois
pour l'examiner. Enfin le 25 mars, une sentence provisoire du juge intervint : le havage, interrompu aux
deux derniers marchés, continuera, sauf les droits
des parties, à être perçu avec un nouveau godet en
cuivre à parois plus résistantes et de forme cylin-
drique.

Le 20 juin 1771, le juge ordonne que l'Ordre sera mis en cause. Les vassaux en appellent aussitôt
au Baillage de Coutances ; mais le Commandeur se
pourvoit au Parlement de Paris. Les vassaux, condamnés par défaut le 15 janvier 1772, surprennent
au Conseil supérieur de Bayeux, le 5 février 1772,
un arrêt qui les dispense de comparaître à Paris.
Un nouvel arrêt du Parlement de Paris ordonne
l'instruction du procès, pendant laquelle arrive le
décès du Commandeur (1).

M. le Receveur reprend l'instance ; mais les habitants font signifier le 20 juillet 1774 un acte, par

(1) Il mourut le 5 juillet 1772 à Malte, où il avait été appelé avant même la visite de ses améliorissements.

leur avocat aux Conseils et à celui de l'Ordre, par lequel il déclare que la question « du conflit concernant le havage était connexe avec celle du conflit sur la banalité, sur laquelle les parties avaient été renvoyées au Parlement de Paris par arrêt du 18 janvier 1773 ; qu'en conséquence les habitants consentaient d'y plaider : au moyen de quoi il ne pouvait y avoir un conflit. »

D'après cet acte, il fut rendu au Conseil d'État privé, le 3 février 1777, un arrêt par forclusion contre les habitants, qui renvoya les parties au Grand Conseil pour y procéder suivant les derniers errements, tant sur la question de la banalité des fours et moulin que sur la question du havage.

L'affaire sur les banalités est instruite; le Conseil de l'Ordre consulté pour la seconde répond : « Il faut arriver à constater l'état du Terrier de 1587 et du godet : la difficulté sera de les faire saisir et apporter aux Juges, sans qu'ils aient été auparavant altérés, et de constater s'il s'agit du droit du 5e ou seulement du 20e de godet dans le plus ancien Terrier » (1).

Nous rappelons ici l'estimation donnée par le Terrier de 1710 que nous avons rapportée au Chapitre II, et celle du procès-verbal de visite prieurale donnée plus haut (page 223) : il s'agit là d'une *boîte* représentant le 5e du godet, ce qui met le droit de havage à 1/16 de la quantité des grains.

(2) Arch. Nat. MM. 89. — *10 Mars 1785.*

La surcharge est évidente dans les exemplaires
des Terriers de 1587 et de 1650 conservés aux Archives nationales.

Ce dernier procès fut-il définitivement jugé ? Les
plaintes dont nous retrouvons souvent les traces
dans les Registres des Chapitres Provinciaux contre
l'absence du Terrier de Villedieu les Poëles toujours inachevé ; les certificats que le Commandeur
MARIE JEAN-BAPTISTE DE BONIFACE DU BOLHARD,
deuxième successeur (1) du Chevalier de la Haye
Le Comte, présenta au Chapitre, les 23 juin et 22
Novembre 1788, pour attester « les diligences qu'il
fait pour terminer les procès qui retardent la clôture de son Terrier de Villedieu lès Bailleul, » d'une
part ; — d'autre part la Lettre des habitants de Villedieu (2) au même Commandeur, en date du 20
septembre 1789, pour le prier de leur envoyer de
nouveaux étalons de mesures, semblent bien indiquer que la disparition des droits féodaux put seule mettre fin à cette longue lutte.

Les frais de ces procès, durant les années 1784
et suivantes, s'élevaient encore pour la Commanderie
à des sommes considérables : 370 livres en 1784 ;
— 353 en 1785 ; — 128 en 1786 ; — 9 en 1787 ;—
168 en 1788 ; — ce qui, joint aux 2678 livres de

(1) Au Commandeur de la Haye le Comte avait succédé en
1772 MARIE GABRIEL LOUIS LE TEXIER D'HAUTEFEUILLE,
qui, dès le mois de juin 1774, quittait le Commanderie de
Villedieu-lès-Bailleul pour celle de Beauvais en Gâtinois.
(2) Arch. Municipales de Villedieu.

charges annuelles (1846 l. de responsion, 751 d'impositions royales, 81 pour le travail des Archives
du Temple et la Bourse Commune), diminuait d'une
façon notable le revenu du titulaire de Villedieu-lès-
Bailleul (1).

La situation pénible créée par ces procès entre la
Commanderie et ses vassaux s'accentuait de temps
en temps par de nouvelles difficultés : les Registres
des Délibérations du Conseil de l'Ordre nous en
font connaître plusieurs.

L'officialité de Villedieu-les-Poëles, qui servait également pour le chef-lieu et les autres Membres de
Villedieu-lès-Bailleul (2), était sans titulaire depuis la
mort du curé Gautier : le Curé de la Meurdraquière,
Boudet, remplissait les fonctions de vice-gérant en
1771-72. Il ne continua sans doute pas ses fonctions.
Le Procureur Fiscal, André de la Ligotière, se plaint
de la vacance au Conseil du 22 août 1782, et de l'o-
bligation où l'on était de recourir à l'Évêché de
Coutances afin d'obtenir les dispenses de bans pour
les mariages (3). Même plainte (4) le 13 janvier
1785, à propos d'une demande en séparation de corps
et de biens : l'un des époux s'était adressé à l'Officialité de Coutances, l'autre prétendait que, en l'absence d'un Official à Villedieu, c'était à l'Official
métropolitain de Rouen qu'il fallait recourir.

(1) Arch. Nat. S. 5258.
(2) Arch. Nat. S. 5525.
(3) Arch. Nat. MM. 86.
(4) Ibid. MM. 89.

· Le Conseil ne paraît pas très bien fixé dans ses réponses sur les anciens droits de la Commanderie. Le recours à l'évêque du diocèse lui semble nécessaire. Quant à la légitimité de l'existence d'une Officialité à Villedieu, il faudrait, pour en être assuré, voir, non pas seulement l'affirmation des anciens Terriers, mais des provisions d'anciens Officiaux ou des actes incontestables de leur judicature.

Plus énergique, quoique toujours modérée, fut sa décision dans la consultation du 2 septembre (1) 1784 au sujet des Droits honorifiques refusés aux Officiers de la Haute-Justice de Villedieu les Poëles par les Sieurs Curé, marguilliers et habitants dudit lieu...— Voici l'exposé de la plainte :

« Cette Commanderie, ou plutôt cette Haute-Justice, est la plus ancienne et la plus distinguée du ressort de Rouen, tant par rapport à l'Ordre de Malte à qui elle appartient, que par le nombre des officiers de justice que le Seigneur y nomme, et son ressort immédiat au Parlement ; pourquoi les quatre premiers officiers sont toujours licenciés et avocats. »

Le peuple de Villedieu était partagé entre deux partis : l'un pour, l'autre contre le Commandeur : les juges fidèles à leur devoir étaient avec leur chef, les infidèles, qui lui étaient opposés, étaient devenus ainsi les idoles de la bourgeoisie. *Les juges* (2) *destitués*

(1) Arch. Nat. MM. 88.
(2) Voici, d'après le procès-verbal des améliorissements, la liste des officiers en fonction en 1771 : *Bailli,* André de

en 1772, cause de tous ces maux, n'avaient cessé d'être regrettés par les habitants. Le *lieutenant* actuel était encore opposé aux nouveaux pourvus.

En 1775, vers le mois de novembre, le nouveau Procureur fiscal se crut obligé d'avertir le Conseil que les habitants avaient, sans l'agrément du Commandeur, ni ordre, fait tirer et déplacer les bancs du Seigneur étant au haut du chœur, un de chaque côté, pour ses Officiers, et *mis des stalles* dans toute la longueur du Chœur sans laisser de place pour les juges spirituels et temporels, et que les marguilliers avaient fait construire un banc à la première place à droite dans la nef du côté de l'épître, qui est la place la plus honorable dans la nef, où le Seigneur a droit de faire placer celui des Officiers de sa maison. Le Conseil de l'Ordre, avisé le 21 décembre 1775, avait décidé de résister : Chevalier, pour le Commandeur de Boniface, en écrivit au Procureur fiscal, qui préféra tout arranger à l'amiable : on promit de donner les premières stalles du Chœur aux Officiers, et de ne laisser mettre dans les autres que les gens honorables ; de même on était prêt à céder le premier banc de la nef, et à placer un fauteuil au Chœur pour le Commandeur quand il viendrait.

Cette promessse ne fut pas tenue. Bien plus, de nouveaux procédés injurieux pour les Officiers fu-

la Ligotière ; — *Lieutenant*, Boudet ; — *Procureur fiscal*, Bonvoisin de Dézert ; — *Sergent*, Le Maître ; — *Commissaire de police* et *tabellion*, Bouillon.

rent mis en usage. Jusqu'alors le second bedeau se présentait aux dignitaires de la Commanderie avec une corbeille pleine de pain bénit aussitôt que le premier bedeau en avait offert aux membres du Clergé : depuis quelque temps, on servait les marguilliers et les autres personnes placées dans le chœur avant les Officiers, à qui on n'apportait plus que les restes, à la grande risée des paroissiens.

Une telle situation était intolérable. On affectait également de ne plus convoquer, les gens de la Commanderie aux assemblées communales, alors qu'ils avaient le droit d'y présider : ce qui était bien important cependant « dans un endroit où avaient lieu des assemblées trop fréquentes sans utilité pour le public, avec des délibérations contraires au bon ordre et à la tranquillité. Parfois, dix à douze séances y étaient à peine suffisantes *pour délibérer qu'ils délibèreront !* »

Il y avait à distinguer au point de vue juridique entre les *grands droits honorifiques* réservés au Seigneur, et les *petits* qui convenaient aussi, à son défaut, à ses Officiers. Tel était, du moins, l'usage en dehors de la Normandie, et des arrêts nombreux l'avaient fortifié. A Villedieu, il en était de même par tradition.

Le Procureur Fiscal proposait au Conseil de l'Ordre de s'en tenir aux moyens de douceur : demander simplement aux Curé et marguilliers de rétablir les anciennes coutumes, avec menace d'en appeler au Conseil du Roi s'ils n'acceptaient pas. Le Conseil fut d'avis d'agir de suite. Le Commandeur devait se pourvoir au Grand Conseil afin d'y obtenir un arrêt sur requête pour le maintien des anciens droits, et en demander l'application immédiate par provision. Nous n'avons retrouvé aucune autre trace de cette affaire.

Une réflexion se dégage des événements que nous venons d'exposer ; — et il en serait de même pour des faits semblables qui se passaient dans bon nombre d'autres villes ou bourgs de France à cette époque : — la Révolution était commencée longtemps avant 1789. L'indifférence et le délaissement plus ou moins volontaire de beaucoup de seigneurs ecclésiastiques ou séculiers, à l'égard de leurs vassaux, tandis que le soin de leurs propriétés était abandonné à des régisseurs avides, leur avaient enlevé la confiance de leurs sujets. En même temps les attaques des fonctionnaires du Roi contre les anciens privilèges, les impôts continuels qu'ils exigeaient avec une rigueur souvent impitoyable, portaient les populations, grevées de deux côtés à la fois, à désirer une transformation complète de leur condition. L'enthousiasme avec lequel furent accueillies les premières réformes fut-il récompensé dans la suite par l'amélioration si vivement souhaitée ? Ce sera aux événements postérieurs à nous le faire connaître. Il nous reste auparavant à rappeler d'autres faits malheureux et d'autres récriminations, qui achevèrent d'aigrir la bourgeoisie de Villedieu.

CHAPITRE XII

L'HOPITAL DE VILLEDIEU. — AFFAIRES MILITAIRES

L'HOPITAL. Sa fondation. — Industries qu'on y exerce. — Son état en 1784.— Demande de l'union des biens de l'Abbaye de Hambye ou du Prieuré de la Bloutière.
AFFAIRES MILITAIRES : Passage des troupes. — Garnisons à Villedieu. — La Maréchaussée. — La Milice.

Le *Manuscrit traditionnel* raconte ainsi la fondation de l'Hôpital de Villedieu « Proche le *Bourg d'Envie,* vers le couchant, est la ruelle *Jacquemin* tendant à un Hôpital naissant à l'entrée d'une prairie sur la rivière de Sienne. Il est redevable de sa construction aux libéralités d'un nommé JEAN GASTEY (1), qui a mérité d'avoir son éloge parmi les

(1) Ce Jean GASTEY, d'après le même Manuscrit, était un simple ouvrier en cuivre, d'une grande piété et d'une grande charité. Dûr pour lui-même, il habitait une petite cabane sur le bord de la rivière, couchant sur la dure, passant une partie des nuits en oraison, et ne sortant que pour aller à l'église ou au secours des malheureux. Ses ouvrages ne lui rapportaient aucun bénéfice : il les vendait à vil prix, quand il ne les donnait pas pour des œuvres pieuses. A sa mort (1er mai 1715), son corps fut porté par quatre pauvres et in-

citoyens recommandables de ce bourg, sa patrie.
Plusieurs gens de bien, à son exemple, ont déjà doté
cette maison de quelques rentes, et trois charitables
filles de ce bourg s'y sont sacrifiées pour le service
des pauvres, qui y sont déjà au nombre de plus de

L'Hôpital de Villedieu en 1898

seize, à la *substance* desquels elles fournissent chaque jour, aidées des petits travaux des enfants qui
y sont admis. Cet Hôpital, dont on attend incessam-
ment la confirmation de Sa Majesté, sera d'un grand
avantage dans le bourg pour le soulagement et l'instruction chrétienne des pauvres. La construction est
si récente, que personne n'en ignore le temps. On

humé à l'entrée de l'Église paroissiale. Il léguait tout ce
qu'il possédait pour les pauvres.

commença à y travailler le 4 juin 1717; et ce jour
là, M. Lecharpentier, alors *curé* et *official*, y mit
la première pierre, après une délibération du *Général* (1) du 27 octobre 1716 faite à l'Hôtel de Ville
devant les Officiers de la Mairie de ce lieu.

« La Chapelle, dont M. *l'Evêque de Coutances*
permit l'établissement, est placée dans la grande
chambre destinée pour le travail des pauvres, en
attendant de plus grandes charités pour en faire
construire une. Elle fut bénite par M. Enguerran,
prêtre originaire de ce lieu, curé de Sourdeval et
doyen de Gavray, suivant la commission qu'il reçut
de l'autorité supérieure, au mois de mars 1724.

« L'assiette de cette maison est dans un fort bel
air. Elle est tout à fait avantageuse, et par rapport
à la proximité des eaux, et parce qu'elle est construite dans un lieu honoré depuis longtemps du nom
de Paradis; quoique nous n'en connaissions pas la
cause, nous osons avancer que c'est aujourd'hui
qu'il mérite ce titre... »

Le récit du *Manuscrit traditionnel* est, on le voit,
favorable, d'une part aux prétentions d'indépendance des bourgeois de Villedieu, d'autre part aux
tentatives de suprématie des évêques de Coutances
à l'égard de la Commanderie. Diverses pièces des
Archives du Calvados (C. 622) montrent cette double tendance très accentuée : on songea même à

---

(1) On donnait le nom du *Général* à l'assemblée de tous
les bourgeois.

transférer l'Hôpital à Saultchevreuil « pour faire cesser la concurrence des droits de l'Ordre de Malte avec ceux de l'évêque de Coutances. » C'était cependant au Commandeur que devait revenir l'avantage d'obtenir les Lettres de Confirmation refusées aux bourgeois. Voici comment s'exprime à ce sujet le Terrier de 1741 (fol. 120) :

On a écrit dans le plan le nom... d'un lieu nommé *Paradis*, où est assis l'Hôpital de Villedieu, depuis peu érigé en *Hôpital Général* par Lettres patentes d'érection et confirmation que le Seigneur Commandeur de Sourches a obtenues de Sa Majesté à cet effet, et pour exercer tous ses droits et privilèges de même que dans les autres églises de sa Commanderie, ainsi qu'il le pratique actuellement en son absence Monsieur son Official de Villedieu, suivant lesdites Lettres données à Versailles au mois d'août l'an de grâce 1735, et registrées ès registres des Cours des Comptes, Aides et Finances et du Parlement de Normandie en conséquence d'arrêt desdites Cours en Grande Chambre dudit Parlement du 3 décembre 1735 et 23 mars 1736. »

Le même Terrier donne la description de l'Hôpital en 1741 : nous en donnons un abrégé :

L'Hôpital était clos au midi par un mur de 8 perches 3/4 de long, dans lequel s'ouvrait une grande porte cochère à deux battants, et à côté vers l'E. une petite porte à un battant donnant accès dans la cour de l'Hôpital. Des deux côtés de la cour, à l'E. et à l'O., se trouvaient deux jardins potagers fermés. Les limites de la prairie sur laquelle était édifié l'Hôpital étaient, au midi la rue Jacquemin, à l'O. la Sienne, au N. la rue Mesquine.

L'Hôpital comprenait en bas une belle cuisine, et sous l'escalier de pierre de taille *une office* ; puis au milieu de la maison une salle sans cheminée, à côté de laquelle se trouvait une autre belle salle *avec place à feu,* dans laquelle se *faisait la manufacture.* — Au premier étage, à droite de l'escalier une belle chambre au-dessus de la cuisine, avec une place à feu, et à gauche de l'escalier, au-dessus des salles, une chambre servant de chapelle sous l'invocation du Sacré-Cœur de Jésus ; au-dessous de l'autel *dans sa contretable* un tableau représentait le Crucifix ; divers autres tableaux et ornements décoraient cette chapelle.

Un escalier de bois conduisait au premier étage dans les mansardes : on y voyait au-dessus de la chapelle les lits des pauvres et plusieurs petits meubles sans place à feu ; au Nord, un petit cabinet sans place à feu ; et à gauche de l'escalier une autre chambre sans place à feu.

Un appentis à l'E. de la maison servait d'étable et de cellier ; au N. un petit appartement à usage de cachots pour les furieux. A l'E. de la cour s'élevait un bâtiment où se trouvaient un four et deux places à feu.

Le pré sur lequel étaient édifiés les bâtiments avait une contenance de 6 vergées 21 perches ; un autre pré dépendant de l'Hôpital mesurait 5 vergées 30 perches.

Nous ne pouvons mieux faire connaître l'histoire de cet Hôpital qu'en transcrivant en entier le compte-rendu adressé en octobre 1784 par ses administrateurs à la Commission chargée par autorité royale de répartir entre les différents établissements nécessiteux les biens des Communautés supprimées depuis l'Édit de 1768. (1) Nous nous contenterons

(1) *L'Édit du 24 mars 1768,* sous prétexte de réformer les Ordres religieux, prépara la ruine d'un grand nombre de monastères. La *Commission des Réguliers,* chargée d'en exécuter les clauses, supprima en moins de 10 ans (1776-1784) quinze cents couvents de France. Cependant on ne

d'indiquer en note plusieurs autres documents qui expliquent ou développent certaines assertions de ce compte-rendu.

Compte (1) *que les administrateurs de l'Hôpital général de Villedieu ont rendu au Conseil, concernant la demande qu'ils lui ont faite de l'union à leur Hôpital des biens de l'Abbaye de Hambie, et du Prieuré conventuel de la Bloutière.*

« L'Hôpital de Villedieu (2) fut fondé en 1733, et confirmé par Lettres patentes du mois d'août 1735.

« L'état et la position de Villedieu déterminèrent et rendirent indispensable l'établissement de cet Hôpital.

« Villedieu est un des plus gros bourg du royaume, extrêmement peuplé (3), et d'une foule d'artisants presque occupés aux fontes et fabriques de cuivre et d'airain, qui n'ont pour vivre que le produit de leurs journées qui est depuis 15 jusqu'à 18

pensait pas au Conseil du Roi à employer à des usages étrangers les biens dont ces maisons prohibées étaient les propriétaires : *La Commission des Secours* fut chargée de les distribuer aux divers établissements ecclésiastiques ou religieux insuffisamment dotés.

(1) *Archives Nationales.* G⁹ 670, n° 15. D'après le Catalogue des Archives du Calvados, C. 826, cette pièce est du mois d'octobre 1784.

(2) Les citations précédentes permettent de rectifier cette première date.

(3) Plus considérable que les villes de Granville, Mortain, Torigny, Pontorson, etc. (*Note du document*).

et 20 sous. La plus légère maladie et la moindre surséance de débit venant à arrêter le travail de ces infortunés, les plongent eux et leur famille dans une extrême misère : le genre de leur travail est d'ailleurs si pénible par sa nature, que quantité de ces ouvriers vivent peu et laissent souvent grand nombre d'enfants sans pain, ou, s'ils vivent, épuisés de fatigue et attaqués de diverses maladies, ils deviennent eux-mêmes une nouvelle charge dans leur famille.

« D'un autre côté Villedieu est par sa position un des passages les plus fréquentés de la province ; éloigné de toute autre ville, il est le point où se réunissent neuf routes royales, notamment celle de Paris à Granville, Saint-Malo, Brest ; il est aussi le centre de communication de la Haute-Normandie avec la Basse, et avec la Bretagne, de l'Anjou et du Poitou à la mer ; il est par conséquent le passage des troupes du Roi, et son Hôpital l'asile des soldats et matelots qui tombent malades en route et qui y sont en garnison.

« L'établissement de cet Hôpital fut donc exigé par la nécessité même ; il est l'unique retraite d'une foule d'ouvriers dans leur maladie ; mais la fortune du fondateur ne lui permit de donner qu'un petit terrain pour l'établir, et quelques deniers pour commencer la bâtisse.

« Cette circonstance détermina le feu seigneur Roi à permettre par ses Lettres patentes aux administrateurs de recevoir par acquêt, donation entre vifs, ou a cause de mort, en quelque sorte et manière que ce pût être, des immeubles de toute espèce, et à concéder à l'Hôpital un léger droit sur les boissons qui entrent dans l'intérieur de Villedieu.

« Mais l'Édit de 1749 (1), publié auparavant que cet Hôpital eut pu prendre quelque consistence, l'a laissé dans un état de dénuement total.

« Ses biens consistent 1°en quatre arpents de mauvaise prairie joignant la maison qui peuvent pro-

	l	s	d
duire de revenu cy	120.	»	»
« 2° Un petit potager contre la maison enclos produisant à peu près, cy	41.	10	»
« 3° Cent trente livres quatre sols en onze parties de rente, cy.	130.	4	»

« 4° Dans le produit du droit qui s'exerce sur les boissons qui en-

(1) *L'Édit d'août 1749*, destiné à restreindre le plus possible le nombre des établissements de main-morte en France, interdisait même à tous les anciens établissements de recevoir à l'avenir aucun legs ou donation consistant en immeubles, rentes foncières ou non rachetables, ni même des rentes constituées sur des particuliers, avant d'avoir obtenu des Lettres patentes du Roi. — La *Déclaration* du 20 juillet 1762 accordait bien une exception pour les *legs testamentaires* faits depuis l'Édit précédent, ou à faire dans l'avenir, en *rentes foncières* et en *immeubles* au profit des Hôpitaux, Paroisses, Fabriques, et Établissements de Charité ; mais ces immeubles devaient payer la taille comme les biens non privilégiés jusqu'à leur transformation en rentes non foncières.

trent dans l'intérieur de Villedieu (1),
lequel année commune, frais de ré-
gie déduits va a . . . .   450.   » »

  « 5º Deux cents livres de rentes hy-
potèque léguées en 1772 a l'Hôpital
sur les biens du prieuré conventuel de
la Bloutière, a charge de douze messes par an et de la nourriture de deux
pauvres d'une paroisse voisine ; on n'a
rien touché de cette rente, les revenus de cette maison étant consom-
més en procédures, et au reste tous
étant arrêtés par M. d'Audiferet, Commendataire de ce prieuré . . . .   »   » »

  « 6º En vingt-quatre livres dix sols
d'autres rentes dues par les nommés
Lucas et Engeran insolvables . . .   »   » »

  « Total du Revenu effectif . . .   704. 14   »

  « Les *charges passives* sont :

                                     l   s   d

  1° Une livre quatre sols de rente due
au Seigneur (2) affectée sur le glébe
ou est sise la maison, cy   1.   4. »

  2º L'entretien des bâtiments tant de
la maison que de la chapelle évalué
par an, cy. . . . .   60.   » »

(1) Les faubourgs qui sont fort étendus, et où se fait la
plus grande consommation, en sont exceptés. (*Note du docu-*
ment.

(2) Au Commandeur.

3° La rétribution accordée au Chapelain pour dire la messe, administrer
les sacrements et acquitter les fondations, deux cents livres; mais le Chapelain actuel, considérant l'état d'épui-
sement de cette maison, l'a gratifié
d'une partie de cette rétribution, et ne
reçoit que cent vingt livres, qui, avec
dix écus pour la dépense de la sacristie, fait. . . . . 150. » »

4° La nourriture de deux sœurs qui
gouvernent et régissent l'intérieur de
la maison ; les gages et nourriture
d'une servante et d'une couturière,
et la dépense des journaliers employés
aux gros ouvrages, à la fauche du pré
et au jardinage reviennent à plus de   540. » »

5° La nourriture des pauvres pas-
sants, autres que les soldats et matelots, évaluée au moins a . . . . .   50. » »
Total de la dépense première. . .   801. 4 »

« Cette dépense excédant les revenus (1), l'Hôpital

(1) Pour compléter cet exposé de la situation de l'Hôpital
de Villedieu, nous citerons l'analyse suivante des *Archives
du Calvados* c. 826 : «1782-89. *Hôpital de Villedieu.* Correspondance entre M. de la Millière et MM. Esmangart, de Feydeau et de Launay, intendants, leurs subdélégués et les
administrateurs de l'Hôpital de Villedieu, relative au service
des *enfants trouvés.* — États de dépenses et de situation : —
son revenu est de 700 à 800 l., il y a ordinairement 40 pau-

n'a subsisté jusqu'à ce jour, que par le produit des manufactures qu'on y a tenues successivement, et par quelques aumônes que le peu de fortune qui est dans le lieu, rend fort rares et fort modiques.

« On y occupait ci-devant les jeunes pauvres à filer du coton; cette branche de commerce a cessé; on les occupe actuellement à faire des dentelles, dont le produit suffit à peine à présent pour la subsistance des meilleures ouvrières.

« Il est visible qu'avec une si faible ressource, l'Hôpital ne peut satisfaire aux besoins d'un gros bourg, dont plus d'un quart est souvent ou infirme ou sans pain, qu'il ne peut guère admettre que les pauvres dont il espère tirer du travail, que les vieillards, les malades et les infirmes, en sont presque toujours éloignés, que le peu qu'il en admet est toujours pour lui une surcharge, et qu'ainsi il ne se peut qu'il ne soit dans la misère.

« Il admet les soldats et matelots qui passent ou qui sont cantonnés dans le lieu ; mais quel hospice pour des troupes qu'un hospice sans revenu, dépourvu de tout et chargé de dettes ! Comment dans un tel état, faire des avances, et en attendre le payement pendant des temps considérables ! Comment

vres, dont le travail est utilisé ; l'arrêt du 10 janvier 1769 impose de recevoir les enfants ; le Roi a promis de payer ; — réclamation de 6 livres par mois et par enfant : les nourrices coûtent dans le canton de 4 livres 10 sous à 5 livres par mois, le surplus est pour la nourriture et l'entretien ; — le ministre répond que les ordonnances de remboursement sont signées. »

supporter les pertes qu'on éprouve à cet égard !
Sans un emprunt que l'Hôpital a trouvé occasion de
faire, il n'aurait pu, dans les temps qui viennent de
passer, procurer aucun secours aux troupes ; il lui
est dû actuellement au moins deux mille trois a
quatre cents journées de malades. (1)

« Les événements arrivés dans l'Abbaye de Hambie,
et le Prieuré Conventuel de la Bloutière, qui ont

(1) Cf. *Arch. Calvados* C. 912 : 1781-85. *Hôpital militaire
de Villedieu.* Correspondance entre MM. le Maréchal de Ségur, ministre ; Esmangart et de Feydeau, intendants de la
généralité de Caen ; Collet et Montcarville, commissaires des
guerres à Avranches, relative : à l'établissement d'un Hôpital militaire à Villedieu ; — à la demande de M. Collet,
tendant à obtenir le paiement de 300 livres par lui avan-
cées ; — à la réclamation de ce dernier, adressée à l'intendant pour obtenir de nouvelles fournitures de literie, bon-
nets, etc., vu l'encombrement des malades ; — à la lettre
de M. de Ségur annonçant à l'intendant que le Roi a bien
voulu accorder au sieur Havard, médecin, une gratification
de 250 livres, pour les services qu'il a rendus aux soldats
malades ; — à une autre somme de 200 livres accordée au
sieur Laurent, chirurgien, pour le même service.

C. 913 : 1775-84 : État des journées des soldats, cavaliers
et dragons entrés dans l'*Hôpital militaire* de Villedieu comme malades, fiévreux, blessés ou vénériens, depuis le 1er
janvier 1775 jusqu'au 31 décembre 1784, appartenant aux
régiments de la Couronne, Auvergne, Beaujolais, Brie En-
ghien, Flandre, Forez, Navarre, Royal-Infanterie, et au
corps royal de marine.

C. 914 : 1785-88 : État semblable pour les soldats de la
marine, et des régiments d'Anjou, Australie, Auvergne,
Beauce, Bourbon, Bresse, Lorraine, corps de Montréal,
Penthièvre, Poitou, Royal Roussillon, Maréchal de Turen-
ne, et des colonies de l'Amérique.

17

donné lieu à la suppression de ces maisons, ont donné occasion aux administrateurs de l'Hôpital de solliciter l'union d'une partie des biens de ces communautés à leur pauvre maison, et enfin ils ont cru suivre les plans indiqués par Sa Majesté, lorsqu'elle annonce par ses Édits qu'elle se réserve de subvenir aux maisons de charité nouvellement établies, et non suffisamment dottées.

« L'Abbaye de Hambie, Ordre de saint Benoit non réformé, est isolé dans la campagne au pied d'un bois à deux lieues de Villedieu; elle jouit de 18 à 20.000 livres de revenu : il n'y a aucun religieux depuis grand nombre d'années; vers 1742 il fut défendu d'en recevoir.

« L'Abbé Commendataire jouit de tout, et paye trois à quatre prêtres desservants et résidants dans les maisons de l'Abbaye; il donne à chaque 280 livres, leur fait délivrer quelque peu de bois de chauffage, et leur a cédé un potager.

« Le Prieuré Conventuel de la Bloutière est de Chanoines réguliers, Ordre de saint Augustin, ayant un abbé ou prieur commendataire. Il est aussi situé dans la campagne, au pied d'un bois a demi-lieue ou trois quarts de lieue de Villedieu.

« Les maisons claustralles, dans une des ailes desquelles est le logement destiné au Commandataire, furent reconstruites à neuf vers 1764 avec l'édifice de l'Église qui est resté imparfait.

« Les couvertures de ces édifices faites de très mauvaises ardoises, sont presqu'entièrement détruites;

ces bâtiments sont fort endommagés par les pluyes, et il en couteroit beaucoup pour les mettre en état d'être habités.

« Il y a quelques bâtiments de décharge, antiques et prêts à écrouler.

« Ce couvent est dans la paroisse de la Bloutière, limitrophe de Villedieu. Il devait s'y trouver six religieux, outre les religieux curés résidants à leurs cures, parce que cette Communauté a le patronage de cinq paroisses, l'une desservie par un curé séculier, et les quatre autres par les religieux de la maison.

« Il n'y avait jamais de partage entre le Commandataire et les Religieux avant 1764 ; les Religieux étaient en usage de traiter avec leur Commendataire et de lui payer une somme nette annuellement.

« M. d'Audiferet, pourvu de la Commande en 1763, ne put s'accorder avec ses religieux ; de là suivirent des procès sans nombre ; les religieux, ayant contracté beaucoup de dettes pour leurs nouveaux bâtiments. et étant dès lors peu en état de soutenir toutes les procédures, firent, en 1764, une transaction et un partage avec le sieur Commendataire.

« M. d'Audiferet donna des Bénévoles a des Capucins, Picpus, Benedictins, &, qui quittoient leur Ordre avec des Brévets de translation, et qui ne venaient habiter cette maison que pendant six à sept mois de noviciat, pour s'y faire adjuger des pensions.

« Le Prieur Conventuel, qui est pourvu de la Cure de la Bloutière, fut transporté en Berry, en vertu de

Lettres de cachet; on chassa deux novices, d'autres religieux moururent, les créanciers firent vendre les meubles, et la maison Conventuelle est restée sans religieux et sans meubles : un prêtre, commis par M. l'Évêque, dit la Messe dans un oratoire qui avait été consacré dans le Bâtiment claustral pour servir dans la reconstruction de l'Église.

« Les biens de cette maison produisent entre 8 à 9000 livres de revenu, dont la plus grande partie est dans les paroisses de Fleury et de la Bloutière, limitrophes de Villedieu.

« Les biens situés dans la Bloutière consistent :

1o Dans la Seigneurie de cette paroisse et rentes seigneurialles.

2o Dans les dixmes.

3o Dans trois moulins.

4o Dans un bois taillis dont le quart est de réserve.

5o Dans les quatre fermes.

« Les biens situés dans Fleury consistent :

1o Dans la Seigneurie de partie de cette paroisse et dans les rentes seigneurialles cy annexées.

2o Dans les dixmes.

3o Dans deux fermes.

« Les surplus des biens consistent en rentes foncières et hypotèques, en dixmes, redevances, et quelques petits fiefs situés en d'autres provinces.

« *La part des Religieux consiste:*

1o En leur enclos, composé des bâtiments et de la

cour antérieure, un potager, trois vergées de mauvais
plan, un pré contenant une vergée ou une vergée et
demie, une prairie nommée Le Pré d'entre les Rivières, et un mauvais herbage : tous ces objets sont

	l	s	d
affermés à Pierre Vibert au prix de . . .	370	»	»

2° En trois moulins à bled, l'un nommé le Moulin de Colombel, attenant
aux murs de l'enclos; les deux autres
nommés le Moulin de la Roche et le
Moulin de Fleury, éloignés d'un quart
ou d'une demi-lieue.

Tous ces moulins sont affermés avec
une prairie à Charles Adrien Le Souti-
vier pour 550 livres; mais les réparations en sont si considérables, qu'il reste à peine net . . . . 250 » »

3° En une ferme en la même paroisse de la Bloutière nommée la Prin-
cerie, affermée à Jean et Michel Boisel
au prix de 400 livres; mais par la
transaction de 1764, le fermier ne
paye point de dixmes; s'il la payoit, il
déduiroit au moins soixante livres:
ainsi reste net . . . . 340.. » »

4° Une autre ferme nommée la
Varonnière en la même paroisse, affermée à Jacques Le Gentil 500 livres;
mais en exception des dixmes déduites, restent à . . . . 136.. » »

5º En une autre ferme en la même paroisse nommée la Conseillere, affermée a Guillaume Jardin 170 livres ; mais aussi en exception des dixmes déduites, restent . . . . 136. » »

Total de la Manse Conventuelle . 1496. » »

« *La part du Commendataire*, telle qu'elle était affermée en 1764, consiste :

1º Dans les dixmes de la paroisse de la Bloutière affermées . . . . 775 » »

2º En celles de Fleury affermées . 1.750 » »

3º En partie de celles de Briqueville . . . . 560. » »

4º En un petit trail a Landelle. . 10. » »

5º En une ferme nommée la Dairie en Fleury . . . . 440. » »

6º En une autre en Fleury. . . 180. » »

7º En un pré loué au prieur de Fleury. . . . . 35. » »

8º En un autre pré au clos de la Chalaisière . . . . 16. » »

6º En une rente sur un goupy de. . . . . 3. » »

10º Dans le produit du bois d'environ 5 ou 600 livres, cy . . . . . 600. » »

11º Dans le produit des treizièmes d'environ . . . . 300. » »

12º En rentes, tant seigneurialles

que foncières et hypoteques, mon-
tantes ensemble à peu près à . . 2112. » »

Total de la Manse abbatialle . . 6.781. » »

« Mais cette communauté est chargée : .

1º Des réparations des maisons
conventuelles qui, année commune,
ne peuvent aller à moins de . . . 200, » »
mais qui pour le présent ne peuvent
se faire à moins de 25 à 30000 l.

2º Des pensions de deux Religieux
transférés, chacune de 500 fr. . . 1.000 » »
Ces pensions ne sont qu'à vie.

3º De la pension des Curés de
Fleury et de la Bloutière à raison de
500 l. chacune, et de celle de leurs
vicaires à raison de 200 l. chacune,
fait cy . . . . 1.400 » »

4º Des réparations en entier des
cœurs des Églises de Fleury et de la
Bloutière, et en partie de celles de
Briqueville et Landelle a raison de la
quotité des dixmes et fourniture des
ornements de ces mêmes Églises, le
tout évalué au moins a . . . . . 300. » »

5º Des décimes qu'on croit à peu
près a . . . . 700. » »

6º En une rente due à l'Abbaye du
Mont-Saint-Michel qu'on croit être
de . . . . 150. » »

7º Deux cents livres de rente léguées
en 1772, à l'Hôpital de Villedieu, dont
on n'a encore rien touché . . . . . 200. » »

Total des charges de la Manse ab-
batialle . . . . 3.950 » »

Revenus { De la Manse Conventuelle. 1.496 }
{ de la Manse Abbatiale . . 6.781 } 8.277

Charges : trois mille neuf cent cinquante livres . . . . . 3.950 » »

Les charges déduites, reste. . . . 4.327 » »

« On paye en outre au prêtre commis par M. l'Évêque : 274 livres sauf erreur.

« On a omis dans le détail ci-dessus un petit fond
d'environ 50 eu 60 livres de revenu situé près de
l'Église de la Bloutière, parce que la paroisse prétend que, le curé étant commensal, elle est exempte
de loger son curé, que la communauté doit le
loger, qu'à ce défaut ce petit fond doit rester pour
fournir et entretenir le logement, qu'un ancien religieux curé l'acquit et le donna à la paroisse, et
le destina au logement de ses successeurs : le curé
actuel en jouit par les concordats qu'il a faits avec
M. d'Audiferet.

« Les biens restants aux Religieux ont été pendant
quelque temps régis par un religieux profès de la
maison, curé de Fleury, que les quatre religieux
curés, seuls restants profès de cette maison, établi-
rent prieur claustral pour maintenir encore quelqu'ordre entre les transférés sur le bénévol de

M. d'Audiferet et qui se trouvaient alors dans la maison sous prétexte de noviciat ; mais ce religieux curé se voyant écrasé de procès de toute part et ajourné au Châtelet par M. d'Audiferet, abandonna cette régie.

« M. l'Évêque a ensuite obtenu un arrêt sur requête qui établit le prieur de l'Hôtel Dieu de Coutances, régisseur ou économe.

« Mais deux de ces religieux transférés résidants à Paris se sont fait adjuger chacun 500 livres de pension, ils ont fait arrêts sur tous les revenus : M. d'Audiferet en a fait de son chef, et a tout traduit au Châtelet.

« Par là tout reste sans régie et les revenus sont épuisés en frais, et les créanciers légitimes ne peuvent rien toucher. Ces biens, une fois unis à l'Hôpital, ne seroient plus exposés au pillage ; on prendroit des tempéraments avec les créanciers, et insensiblement les dettes seroient acquittées, et l'Hôpital, pourvu d'un revenu certain, se trouveroit un jour en état de remplir le vœu de sa destination.

« Pour juger de la quotité du revenu qui convient à l'Hôpital, voici une esquisse des charges dont on le croit susceptible, en réduisant tout au plus bas prix possible.

« Cet état contient à peu près le nombre des différentes espèces de pauvres qui seroient à admettre dans l'Hôpital s'il avait un revenu suffisant, et celui des personnes qui seroient nécessaires à son service, avec la dépense de chacun par jour, et le résultat de la dépense de chaque espèce de pauvres et d'employés par an.

NOMBRE ET ESPÈCES DE PAUVRES

	l	s	d
1º Vingt malades à 15 s. par jour chaque fait	5490	»	»
2º Cinquante vieillards de l'un et de l'autre sexe et autres invalides à 4 s. par jour fait	3650	»	»
3º Trente enfants depuis 8 ans jusqu'à 11 et 12, a 1 s. 6 d. par jour à cause du travail qu'on en peut tirer . .	820	10	»
4º Vingt enfants au dessous de huit ans, tant orphelins qu'enfants trouvés, à 1 s. 6 d. fait	547	10	»
5º Enfants trouvés, en nourrice ; l'extrême détresse de l'Hôpital a toujours fait prendre des précautions pour qu'il en fut exposé le moins possible ; cependant il y en a eu communément trois à 4 l. 10 s. par mois, et quelquefois bien davantage, à cause d'une espèce de galle dont quelques-uns sont couverts : au prix commun a fait .	162	»	»

On ne met rien pour certains valides dont on tire du travail ; dans des temps communs et ordinaires, le produit de leur travail suffit pour leur dépense.

NOMBRE ET ESPÈCES D'EMPLOYÉS AU SERVICE
DE LA MAISON

Il faut au moins sept sœurs : une supérieure, une cuisinière, une maîtresse
de manufacture, et quatre pour les malades ; leur dépense pour nourriture à
8 s. par jour feroit   1022   » »

Deux domestiques : un valet et une
servante, dont la dépense pour gages
et nourriture ne peut pas être moins
de   240   » »

Un médecin et un chirurgien auxquels il n'appartient pas moins de 300l
chacun : fait cy   600   » »

Un chapelain, dont les honnoraires
avec la dépense de la sacristie ne peut
être moins de   330   » »

Total.   12862   » »

« Il faut ajouter à cette dépense celle
des réparations des édifices, qui, s'ils
étaient aussi étendus qu'il convien-
droit alors, irait du moins a . . .   200   » »

Total   13062   » »

« On ne met rien pour les médicaments, le bois, la
chandelle, le linge et autres ustensiles : en faisant
entrer le prix de toutes ces choses dans la dépense
de chaque individu, soit pauvre, soit employé, l'on

trouvera que la dépense est portée au plus bas prix
possible.

« Il faut observer que dans la dépense ci-dessus, ils
n'ont point fait mention de celle des pauvres pas-
sants ; l'Hôpital, dans l'état où il est, n'en admet que
le moins possible : s'il admettoit ceux qui se présentent et qui ont vraiment besoin de secours, on estime
que leur dépense iroit entre trois à quatre cent livres. »

Le désir des habitants de Villedieu ne fut pas
exaucé. Le 19 juin 1789, l'abbaye de Hambye était
encore affermée (1) par l'Abbé Commendataire, Marie François de la Prune de Montbrun, Vicaire général de Senlis, pour la somme annuelle de 21000 livres. Il y avait également encore un Prieur de la
Bloutière au début de la Révolution. Plus tard, sous
le premier Empire, les biens de l'Hôpital seront
augmentés par l'adjonction de biens ecclésiastiques :
mais ce seront des rentes de la paroisse (2) même
de Villedieu que les marguilliers seront obligés de
laisser ainsi transférer malgré leurs réclamations.

Chaque année (3) jusqu'à la Révolution, les Administrateurs de l'Hôpital envoyèrent à l'Intendance
de Caen la note des dépenses, en demandant qu'on
voulût bien les rembourser. Le Ministre de son côté

(1) *Arch. de la Manche*, H. 4334.
(2) V. *Arch. du Presbytère de Villedieu* : Ans IX, XIII et
XIV.
(3) *Arch. Calvados*, c. 826 *fin*.

répondait en expédiant l'ordonnance de paiement au Trésor royal.

Un des sujets du mécontentement des habitants de Villedieu à cette époque, et durant presque tout le règne du précédent roi Louis XV, c'était le passage continuel des troupes dans leur ville, et l'obligation pour eux-mêmes de participer aux *charges militaires* dont les avaient autrefois exemptés les privilèges des vassaux de l'Ordre de Malte. Des pièces assez nombreuses conservées aux archives du Calvados en font foi. Nous donnerons, en la résumant autant que possible, l'analyse des plus intéressants de ces documents.

Les passages de troupes à Villedieu se trouvent indiqués dans la série C : (n° 1935, pour les matelots volontaires du Luxembourg en 1780-81 ; le régiment d'Anhalt en 1780 (n° 2190) ; (n°ˢ 1937, 1950 et suivants) des dragons en 1727 ; — l'infanterie irlandaise de Clare en 1756 ; — de l'artillerie en 1758, 1782 et 1789. — De 1733 à 1736, 40 hommes et 40 chevaux y sont en garnison ; puis 36 hommes et 36 chevaux. De septembre 1756 à janvier 1757, on y voit des chasseurs, 220 hommes et 15 officiers.

Si les dépenses de ces troupes étaient payées par le Trésor royal, ce n'était pas sans des démêlés parfois très vifs entre les habitants, dont les maisons se trouvaient réquisitionnées, et les officiers de l'administration royale.

C. 2386. — Le 8 juillet 1778, le sieur Duras, inspecteur des vivres, donne l'ordre au sieur Pitel,

syndic de Villedieu, de faire évacuer les lieux choisis ensemble pour l'établissement des vivres. Parmi ces locaux se trouvaient indiqués le grand four
banal de la Commanderie et le corps de bâtiment
qui en dépendait. Le sieur Des Rues, fermier de
ce four, reçoit du syndic le commandement de sortir dans la journée et de tirer tous ses meubles,
tandis que le locataire du bâtiment adjacent était
également expulsé. Il s'adresse à l'Intendant pour
lui exposer le tort qui résulte pour lui de cette
exécution : les deux meilleurs fours lui sont enlevés, et le bail de son locataire, de 350 livres par an,
rompu pour le service de Sa Majesté ; il réclame
une indemnité de 386 livres 8 sols à prendre dans
le plus bref délai sur le collecteur de la taille (20
septembre). Le directeur des vivres, M. de la San-
dray, écrit en tête de cette requête, qu'il ne voit
rien que d'équitable dans le rapport de M. Desmor-
treux, subdélégué ; qu'en conséquence, il y a lieu
au paiement d'une somme de 90 livres 18 sols à
faire par la Régie des vivres au sieur des Rues.

De semblables requêtes émanant des locataires
expulsés reçoivent une réponse équivalente. Des
Rues réclame de nouveau, en 1779, le paiement du
loyer de sa maison occupée pour le service du régiment de Bassigny.

C. 2308. — Affaires militaires. *Casernements* de
l'élection de Vire. — 1761-89. Pièces concernant le
paiement du casernement à *Villedieu.* 1774, 1777.
— 1776, 78 et 79 : Requête de M. Gautier, prêtre de

Villedieu, pour paiement d'une année de loyer pour
sa maison servant de caserne à la brigade de maréchaussée.—1783 : avances faites par le syndic de Villedieu pour le séjour des troupes dans sa paroisse.

C. 2349 : — 1783. *Magasins* : Élection de Vire. —
Correspondance entre M. Esmangart, Intendant de
la Généralité, et le sieur Bonvoisin, syndic militaire
de Villedieu, relative : à l'avis dudit syndic que dans
l'incertitude où il était d'avoir à loger des troupes
dans son bourg, après le départ du régiment d'Auvergne, et vu les fréquents passages de troupes, il
avait cru devoir entretenir les corps de garde, moins
coûteux que s'il fallait faire *déguerpir* des ménages
entiers (6 avril) ; — à l'avis donné qu'il n'était pas
vraisemblable que l'administration se décide à mettre des troupes en garnison dans le bourg de Villedieu, mais que, comme jusqu'au 1er Mai il y aura
encore quelques passages, il convient de conserver jusque là les corps de garde établis depuis la guerre, et
de rendre aux propriétaires les emplacements employés à cette destination (10 avril). — Garde des
ustensiles des corps de garde et autres effets de peu
de valeur provenant des troupes en garnison : inutile de payer un appartement pour cela : on peut les
mettre dans un grenier (8 septembre et 8 octobre).

C. 2172. — *Maréchaussée* (1). — VILLEDIEU. — Correspondance entre MM. Esmangart, de Feydeau,
Intendants ; de Surville, prévôt général ; de Mor-

_____

(1) *Cf.* C. 2169.

treux, subdélégué ; et de Bonvoisin, syndic militaire à Villedieu. — Le propriétaire de la maison occupée par la maréchaussée avait sommé la brigade
de lui rendre sa maison pour la Saint-Michel 1782.
Force était donc de le payer et de chercher une autre maison. — Le brigadier demande à l'Intendant
d'ordonner aux filles Lechevalier, *dentellières*, de lui
céder la maison qu'elles occupent avec *quantité
d'ouvrières* (juin). Le subdélégué ne peut convaincre
le frère de ces filles, capucin. Ces demoiselles réclament elles-mêmes auprès de l'Intendant. Le prévôt
général de Surville prend parti pour le brigadier;
l'Intendant ne paraît pas décidé à user de procédés
violents pour procurer un logement à une si petite
brigade (un brigadier et trois cavaliers). Plusieurs
maisons sont encore proposées les années suivantes,
mais à des prix qui semblent toujours exagérés : de
350 à 450 livres, avec des avances pour les réparations. Le 13 août 1787, l'Intendant finit par répondre au subdélégué : « Je continuerai de faire payer à
cette brigade son logement en argent, jusqu'à ce que
vous ayez découvert dans ce bourg une autre maison
d'un prix plus modique, et qui puisse convenir à
l'usage que l'on en veut faire. »

La brigade de *maréchaussée* de Villedieu avait,
paraît-il, un poste particulièrement difficile. Il est
question en 1786 (1) de créer de nouvelles briga-
des dans les environs : « Villedieu est bordé des

(1) *Arch. Calvados*, C. 2123.

forêts de Saint-Sever et de Gavray, traversés par
des chemins impraticables, où la brigade ne peut
qu'avec danger rechercher et poursuivre les vaga-
bonds ».

La *milice,* réorganisée par l'Ordonnance du 19
octobre 1773, était obligée de son côté de respecter les
exemptions traditionnelles. Nous avons une requête (31 mai 1777) d'un sieur Le Roux, procureur
postulant au Baillage Vicomtal et Haute-Justice de
Villedieu-lès-Poëles, par lequel il demande son
exemption de la milice, étant pourvu de son office
suivant les actes joints aux requêtes.

Mais, en dehors des Officiers de la Commanderie,
les bourgeois, les différentes communautés de métiers, devaient entretenir un certain nombre de
miliciens. Les pièces du procès de 1735 entre les
Prêtres et les Trésoriers de Villedieu, dont nous
aurons à parler au chapitre XIII, nous apprennent
que la Confrérie de Sainte-Anne (ou des Poëliers)
« avait été plusieurs fois obligée de fournir des
soldats de milice sous le règne de Louis XIV. Ainsi
il lui fallait pour cet effet des sommes considérables et faire des emprunts. »

Les citoyens de Villedieu se montreront animés
d'un patriotisme un peu plus ardent à l'époque
de la Révolution.

CHAPITRE XIII

L'INDUSTRIE DE VILLEDIEU AU XVIIIᵉ SIÈCLE
ADMINISTRATION DE LA BOURGEOISIE

Industries de la Poëlerie, de la Dinanderie, des Fondeurs ; Dentelles ; Boucles et Boutons ; Tanneurs, Mégissiers et Parcheminiers. — Règlement de police de 1746. — Etat des corps de métiers en 1761 et 1774.
Administration de la bourgeoisie. — Syndic et Officiers municipaux ; le Général. — Les Trésoriers de la Fabrique ; difficultés et procès. — Sinistres et maladies épidémiques ; disette de 1725. — Plaintes contre la mauvaise répartition des impôts : — Émeutes. — Requêtes au Gouvernement royal. — Charges et revenus en 1782. — Visite du Comte d'Artois.
Fin de l'ancien régime.

L'antique industrie de Villedieu, la fabrication des *poëles*, se perpétuait dans le bourg, mais avec une moindre importance qu'aux siècles précédents. La concurrence étrangère, que les statuts rapportés plus haut auraient dû réduire à l'impuissance, s'était efforcée de s'imposer en France, et elle y avait réussi : plus d'une fois nous verrons à ce sujet les plaintes des poëliers.

D'autre part, la multiplication des octrois et des douanes à l'intérieur même du pays empêchait le libre écoulement des marchandises. Les Dictionnaires géographiques du xviiie siècle affirment que cette seule industrie de Villedieu rapportait au Roi 10.000 écus par an. Aussi un certain nombre de familles émigrèrent-elles en Bretagne : c'était surtout dans ce pays qu'était répandu l'usage des poêles ; en allant s'y établir, on n'avait plus à payer les droits de passage de la Normandie à cette province.

Cependant, au début du règne de Louis XV, les statuts de la Corporation étaient toujours en vigueur, comme les fêtes de sa Confrérie étaient toujours observées. Dans les Registres du Greffe de la Haute-Justice de Villedieu (1) nous voyons encore des poursuites exercées par les *Gardes du Métier* contre des *Maîtres Poëliers*. Au moment de la grande disette de 1725, la Confrérie de Sainte-Anne vient au secours de ses membres éprouvés avec la *Bourse commune*, ainsi que le rapporte le *Manuscrit traditionnel*.

Les *Terriers* de 1710 et de 1740 font mention des rapports de la Confrérie avec la Haute-Justice de Villedieu en ces termes : « Pour les amendes jugées par les officiers de ladite Haute-Justice, pour ce qui concerne l'état et métier de *poêlerie*, lesquelles sont réglées à la somme de 10 livres, il en

(1) Arch. de la Manche, B. 1676.

appartient la moitié au Sgr Commandeur, et l'autre moitié à la Confrérie de Sainte Anne, Patronne des maîtres dudit métier, ainsi qu'il est porté par leurs chartres et privilèges.

Nous transcrivons ici le chapitre du *Manuscrit traditionnel* consacré à ce métier et aux autres industries en activité à Villedieu, à l'époque où il a été écrit, c'est-à-dire avant 1735.

Il y a trois métiers qui concernent les cuivres, savoir la poëlerie, la dinanderie et la fonte du métal.

DE LA POELERIE

C'est avec le cuivre jaune qu'on fait les poëles. On le met à fondre dans un creuzet qu'on retire avec des tenailles d'un fourneau souterrein pour le verser entre deux grandes pierres plattes où il se forme des planches qu'on taille en autant de morceaux qu'on veut faire de poëles. La fabrication en est si surprenante que de chaque morceau d'airain par exemple de huit poucés en quarré et d'un quart de pouce à peu près d'épaisseur on en fait des poëles d'une grande contenance : ce qui depend des coups de marteau donnés avec égalité et mesure, puisqu'en frappant sans ordre, loin de former l'ouvrage, on le détruirait. Comme ces pièces n'arrivent à leur perfection qu'à force de coups, on les fait passer à plus de trente reprises par le feu pour contracter une qualité plus malléable et plus susceptible des impressions du marteau, car si on les battait trop de fois de suite sans ce secour, elles s'endurciraient et s'opiniâtreraient aux coups qui y causeraient des ruptures. La longue route qu'on leur fait faire avant de recevoir la dernière main les rend sujettes à bien d'autres accidents, d'où résulte le plus souvent leur destruction.

Lorsqu'on envisage les ouvriers de cette profession au mi-

lieu de leurs travaux, ils semblent *des cyclopes* ou plus tôt
des noirs colons de l'enfer, tant elle est dure et pénible par
rapport au feu ardent au milieu duquel ils sont tous les
jours, et parce qu'elle demande tant d'action qu'on y sue
sang et eau, quoiqu'on n'en retire qu'un très modique intérêt....

Il a toujours été fort sagement deffendu de continuer ce
travail pendant la nuit à cause du repos public, le grand
tintamard de cette profession retentit encore mieux au loin
dans la campagne que dans la ville, car à peine l'entend-on
dans le quartier du Pont de Pierre et du Pont Chignon, où
on ne fabrique point de poëles. Il y a maîtrise pour cette
profession en sorte que l'on y admet que ceux qui sont
pourvus de lettres ou qui tirent leur origine de parents
maîtres qu'ils appellent du sang. Les autres avaient la liberté de s'y occuper, mais ils devaient travailler debout,
comme l'a fort bien remarqué M. Corneille dans son dictionnaire historique...

Voici quelques particularités au sujet des manœuvres de
cette profession. Ceux qui n'ont pas d'ouvrage s'assemblent
le matin dans une place où les maîtres vont les louer. *Le
Caquet* est ainsi nommé à cause du bruit que les ouvriers y
font pour être préférés les uns aux autres ; car le deffaut de
circulation des especes, les ouvrages de cuivre que l'on apporte pendant la paix de Flandre, de Hollande, de Suède et
d'autres pays, réduisent souvent ces ouvriers à la misère la
plus affreuse en la condamnant au desœuvrement.

DINANDERIE

La DINANDERIE, ou *Chaudronnerie*, comprend les ouvrages tant de cuivre jaune que de rouge dont on orne les temples, avec ceux qui composent les batteries de cuisine, ainsi
que plusieurs autres assez connus par l'usage qu'on en fait.
Elle s'exerce comme la poëlerie à force de coups de marteau ;
mais avec cette différence, qu'un seul peut y travailler, au
lieu que l'autre en exige plusieurs ensemble, sans l'union

desquels on ne pourrait réussir ; elle mérite de lui être préférée par rapport à la manière d'apprêter l'ouvrage et à sa

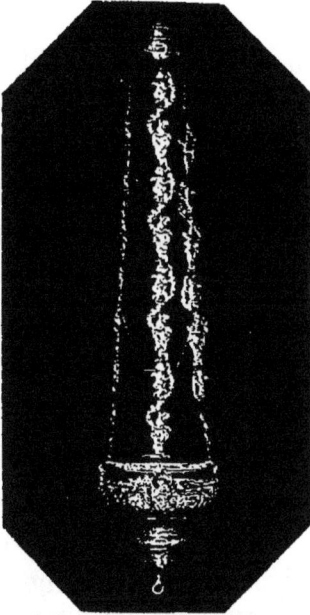

La lampe du sanctuaire de l'église paroissiale.

beauté. Pour en juger il ne faut que jeter les yeux sur une lampe, un encensoir, etc.

On fait aux environs de Villedieu des planches de cuivre qui servent à la fabrication de la plupart des ouvrages de la dinanderie ; la manière de les apprêter est de nouvelle invention dans ce lieu; autrefois on les faisait venir des pays étrangers. Elle se fabrique dans trois moulins, où l'eau fait hausser, par le moyen d'une machine, un marteau fort pesant qui, tombant sur ces pièces, les étend et les réduit bientôt par la violence de ses coups à l'état auquel ils sont destinés.

DE LA FONTE DU MÉTAL.

Le métal pour la fonte se compose dans ce lieu. On en fait plusieurs ouvrages, qui, étant répandus partout, font assez connaître l'adresse des ouvriers. Si on fait attention au temps qu'on emploie à les perfectionner, on sera étonné qu'ils soient d'un prix fort modique.

Toutes ces professions ne font tout au plus que faire subsister tout Villedieu ; on ne connait pas de famille qui se soit enrichie en cultivant ces différentes branches de commerce ; le désœuvrement les conduirait à la plus affreuse misère. Aussi on peut assurer que s'il n'y avait point d'interruption dans le commerce, personne n'y serait oisif. Les enfants y sont occupés dès l'âge le plus tendre. Cette grande

activité contribue beaucoup à faire aimer Villedieu, surtout
à l'homme laborieux.

Un projet de *Règlement de Police* (1) présenté au
Bailli de Villedieu par le Procureur fiscal (2) le 16
août 1746, fait une peinture peu flatteuse de l'état
où se trouvait alors le Bourg, et de l'oubli, en particulier, où étaient tombés les Règlements des Corporations.

« Nonobstant les Édits et Déclarations du Roy,
les Arrests et Règlements de la Cour, et une infinité de sentences et jugements rendus en ce siège
sur le fait de la police, il s'est, malgré la vigilance
la plus exacte des Officiers précédents, glissé quantité d'abus dans ce bourg et paroisse de Villedieu,
et, pour comble de malheurs, dans les faubourgs
adjacents, qui profitent en la meilleure partie du commerce, sans en supporter que très peu de charges,
et en même temps de l'éloignement des sièges de
police dont ils dépendent naturellement par la situation des lieux. Quantité de particuliers se sont
ingérés d'exercer des arts et métiers sans avoir jamais aucune expérience, tels que sont aujourd'huy
la pluspart des marchands poesliers, dinandiers,
fondeurs, boucliers, boutonniers, drapiers, merciers,
boulengers, bouchers, cordonniers, tanneurs, pas-
sementiers, tailleurs et tailleuses, poissonniers, ma-

(1) Arch. de la Manche, B. 1685.
(2) Le *Procureur fiscal* représentait, avec *l'Avocat fiscal*,
le *ministère public* dans les juridictions seigneuriales.

réchaux, taillandiers, cloutiers et autres de toutes sortes de nature. »

« Les *Marchands poesliers* ont laissé aller leur métier et commerce sans aucun ordre,... lequel deffaut cause non seulement auxdits habitants de Villedieu et à leur postérité un notable préjudice, mais encor à tout le public, et on pourrait dire *même pour le moins aux trois quarts du Royaume*, de même aux droits du Roy, vu l'inégalité des anciens points, mesures et poids qui estoient portés par les anciens Statuts et Règlements de la Confrérie de sainte Anne, Patronne des Poesliers. L'on dit que ces titres sont passés en certaines mains dont il est difficile de les retirer ; c'est ce qu'il faut d'abord sçavoir. »

Le Procureur propose de forcer les poëliers à revenir à l'usage de leurs Règlements, en les contraignant par confiscations et amendes. Si les Statuts ont été perdus, ils n'ont qu'à en rédiger entre eux de nouveaux, conformément à ceux des industries similaires des villes voisines.

Même plainte contre les *Dinandiers*, peut-être plus difficiles encore à soumettre : « Comme le Procureur Fiscal n'a pu jusques à présent, quelques voyes qu'il ait pu tenter de douceur ou autrement, parvenir à avoir communication des anciens Registres des greffes du Baillage et de la Police de ce lieu, et notamment des exercices des Sieurs Nicolle, Fleury, Pitel, le Breton, et Badin actuellement en exercice, il luy est par conséquent des plus impossible de sçavoir ce qui s'est passé depuis environ trente ans, qu'il a même connaissance qu'il s'est deub faire certains arrangements et Règlements généraux et particuliers entre les Maistres et Gardes de cette profession, qui cependant demeurent occultes et caelés soit par malice ou autrement. » Requête pour que les dinandiers soient obligés de livrer leurs Règlements, et « d'élire des *maistres* et *surgardes* (autrement dit en ce lieu un *contregarde*) pour veiller aux abus... Et, en attendant, leur faire deffenses de travailler ni tenir boutiques ouvertes, à peine de 50 livres d'amende pour la première fois, sauf à être augmenté dans la suite. »

De semblables mesures sont proposées contre tous les autres Corps de Métiers énumérés au commencement de ce réquisitoire, soit pour assurer la bonne expérience des ouvriers, soit pour garantir l'absence de toute fraude possible dans la fabrication et la vente des marchandises.

Plusieurs de ces mesures pourraient nous sembler surannées aujourd'hui; nos Règlements de Police ne sont-ils pas par instant plus méticuleux encore que ceux de ce temps? Quant aux *restrictions apportées à la liberté du commerce et de l'industrie* qu'on a tant reprochées au *régime corporatif*, n'avaient-elles pas des avantages dont la perte est aujourd'hui cruellement ressentie, soit par les ouvriers abandonnés, — quand ils ne sont pas les victimes d'un chômage forcé, — sans une protection suffisante, à des maîtres parfois fort peu respectueux de

la dignité humaine, soit par les consommateurs qui
ont souvent de la peine à pouvoir s'assurer de la valeur réelle des marchandises qu'ils achètent ? Il est
plus facile et surtout plus à propos, en général, dé
remédier aux abus d'une institution que de la supprimer radicalement.

Nous ignorons si ce Règlement, qui nous est d'ailleurs parvenu incomplet, fut mis à exécution. Les
mesures d'hygiène, de voirie et autres, proposées
dans le même réquisitoire pour la bonne tenue du
Bourg, pourraient être proposées encore de nos
jours.

Signalons, entre autres, la disposition suivante, qui
ne manque pas de pittoresque : « Que deffences
soyent faittes à toutes personnes, quelques qu'elles
puissent être, *d'avoir*, ni laisser disvaguer aucuns
chiens par les rues s'ils ne sont conformément aux
ordonnances et règlements, c'est-à-dire une patte
coupée, ou un traîneau attaché à leur col ; — qu'à
l'égard des chiens de chasse ou petits chiens domestiques, qu'ils n'ayent chaques un collier, ou tout au
moins une empreinte sur la cuisse qui marque à qui
ils appartiennent; et ce pour éviter à mil inconvé-
nients qui en peuvent arriver, et qui ne sont malheureusement que trop fréquents dans l'étendue
de ce royeaume. »

Nous avons vu au Chapitre XIIᵉ l'industrie des
dentelles et des *boucles* mise en usage chez les pensionnaires du nouvel Hospice. Près de la rivière
s'étaient établis aussi des tanneurs, mégissiers et

parcheminiers, dont il est question dans le Règlement précédent.

La *Poëlerie* et la *Dinanderie* de Villedieu ont été l'objet d'une étude très intéressante faite pour l'Académie des Sciences en 1761. Duhamel du Monceau a publié ce travail sous le titre suivant : « *De la fonte et de l'affinage du cuivre et du potin à Villedieu-lès-Poëles en Normandie.* » Il serait intéressant de reproduire les gravures expliquées dans lesquelles il représente toutes les opérations de ce genre de travail. Nous nous contenterons de citer ici les passages où il traite d'une manière générale de l'industrie de Villedieu.

« On envoye ou on apporte des différentes Provinces du Royaume, et particulièrement de Flandre, de Bretagne et d'Anjou de vieilles *mitrailles* de cuivre qui ne peuvent plus servir aux chaudronniers. On les fond et on les travaille à Villedieu de différentes façons, suivant leurs qualités ; et on les met en état de rentrer dans le commerce ou d'être vendues aux Chaudronniers qui les employent comme les cuivres neufs.

... On n'y fait point d'alliage de métaux. On sépare le cuivre jaune, rouge et le potin (mélange de cuivre jaune et de cuivre rouge et d'autres métaux qui les altèrent et les aigrissent) pour les traiter différemment.

— (P. 65 ;) » Le maître-ouvrier est payé à raison de 20 sols par chaque fonte de cuivre jaune : ce qui fait environ 40 sols pour chaque cent pesant de cuivre fondu en table. Les ouvriers qui font mouvoir les soufflets, ceux qui arrangent les moules, qui coulent le métal, etc., gagnent 2 sols 6 deniers par heure de travail. »

— (P. 68) : « Il y a à Villedieu beaucoup de chaudronniers qui font toutes sortes d'ouvrages de chaudronnerie tant en cuivre rouge qu'en cuivre jaune. Le cuivre rouge, au sortir du gros marteau, se vend à peu près 32 sols la livre ; le cuivre jaune environ 3 s. de moins ; et les ouvrages de cuivre jaune travaillés 40 sols la livre. Les machines sont établies sur la petite rivière de Sienne à une lieue de Villedieu. »

Le travail du cuivre a toujours été réputé malsain. Les nombreuses épidémies dont Villedieu fut victime, et qui devinrent si souvent la cause des plaintes de ses habitants, avaient porté certains médecins à en dénoncer le séjour comme dangereux. Duhamel du Monceau prend ici la défense du *Bourg*, comme les bourgeois sauront aussi le faire en plus d'une circonstance.

(P. 62 : 4º) « On dit que les ouvriers fondeurs sont sujets à de fréquentes coliques, et qu'à la fin ils tombent en paralysie, de sorte qu'ordinairement ils vivent peu : rien n'est plus faux, quoiqu'ils fatiguent beaucoup... » M. de Brinanville, conseiller au Parlement, a fait à ce sujet des recherches très exactes. Le Curé et le médecin nient les maladies épidémiques (1) ; les registres mortuaires montrent qu'il s'y trouve des vieillards en plus grand nombre que dans plusieurs autres endroits fort habités. « Il est vrai que les cheveux de ceux qui sont blonds prennent une couleur verdâtre ; mais ils n'en souffrent aucune incommodité. Les ouvriers qui parviennent à un grand âge deviennent sourds, à cause qu'ils sont continuellement exposés à un bruit fort incommode. Plusieurs, quand ils sont parvenus à l'âge de 70 à 80 ans, sont perclus de leurs bras, à cause qu'ils en ont fait un trop grand usage ; mais point de coliques, point d'ulcères, point de maux de cœur ; et l'on attribue la bonne santé dont ils jouissent à ce qu'ils vivent presque unique-

(1) Ils n'auraient pas pu le faire deux années plus tard : nous le verrons bientôt.

ment de bouillie de sarrasin. Je ne sçais ce qui a fait encore imaginer que le poisson ne peut vivre dans une petite rivière où s'égoutent les eaux de la ville : M. de Binanville en a mangé du poisson qui étoit excellent. Ainsi on peut regarder comme des imaginations fausses tout ce qu'on a dit sur le mauvais air qui règne dans cette ville et aux environs. »

L'état de l'industrie et du commerce à Villedieu dans la seconde moitié du XVIIIᵉ siècle nous est révélé par une pièce des Archives du Calvados (1) sans date, mais probablement du règne de Louis XVI, au moment où le ministre Turgot faisait les enquêtes préparatoires à la suppression passagère des corporations et jurandes (1774-75.) Nous pourrions douter de l'exactitude de quelques-uns des renseignements qu'elle contient :

— « Poisliers et dinandiers, 80 maîtres ou chefs, sans statuts, sans règlements ni conventions, sans revenus, sans charges ni dettes. C'est la profession dominante du lieu, qui fait substituer plus de 400 pauvres journaliers et leurs familles. Le plus riche maître n'a pas 1.000 livres de fonds en commerce, et les moindres 2 à 300 l... Leur commerce se fait en Bretagne ; 30 ou 40 livres de métal en font tout le fonds. Ils vivent sans règle et il n'est pas facile d'en établir entre eux. — Il en est de même de la communauté des boutonniers.

25 boucliers et boutonniers. 3 fondeurs. 4 boulangers. 5 maréchaux (peu de fortune, l'un a la poste aux lettres, l'autre aux chevaux). 3 marchands d'étoffes ; peu de fortune, excepté un qui est changeur. 4 quincailleurs 4 serruriers, pauvres. 3 selliers, pauvres. 3 bourrelliers, pauvres, excepté un qui est un peu à son aise. 3 feronniers ou marchands de fer, pauvres. 3 cordonniers pauvres. 25 bouchers, dont

(1) C. 2803

aucun ne réside à Villedieu : ils sont tous des paroisses circonvoisines, et n'ont presque rien pour la plupart. »

Une lettre de l'Intendant de Launay, du 29 novembre 1788 (1), adressée aux *Commissaires du Bureau
de Commerce* à Paris, sur l'état des forges et manufactures à feu de la *Généralité de Caen*, pris par Sub-
délégations, parle ainsi de Villedieu compris dans
la Subdélégation de Vire :

Il y a à Villedieu-lès-Poëles des fonderies de cuivre. Les
fourneaux s'alimentent avec du charbon de bois. On ne se
sert point de charbon de terre. Le charbon est tiré de la fo-
rest de St-Sever et du bois de Beslon, appartenant au Roy.
Cette espèce de marchandise a éprouvé une augmentation
comme les bois qui deviennent rares dans ce canton. »

(Partout on demande la substitution du charbon de terre
au bois, et une récompense pour encourager le reboise-
ment).

Faut-il appliquer à Villedieu cet autre passage
de la même lettre ?

Aucun des établissements de la Généralité n'a été établi
par lettres patentes ou Arrêts du Conseil. Il en existe un qui
a obtenu des privilèges postérieurement à son établissement.

L'enquête n'est d'ailleurs pas suffisamment ap-
profondie :

On n'a aucun détail sur les consommations et le produit
de la consommation des bouches à feu ; pas de notice des
ateliers d'après laquelle on pourrait évaluer ce produit
par approximation. Le Bureau des districts n'ayant pas été
dans cette généralité ne peut y suppléer. »

(1) Arch. Nation., F. 12. 680

Tout en pourvoyant par les Officiers de leur Haute-Justice et de leur Officialité au maintien de la paix et du bon ordre intérieur dans le bourg de Villedieu, les Commandeurs laissaient à leurs vassaux la plus grande liberté pour régler par eux-mêmes les affaires de leur communauté.

Au XVIIᵉ siècle, du moins dans la première partie, la distinction n'apparaît guère entre l'administration des affaires de Fabrique paroissiale et celles d'un intérêt purement temporel. Le *Général* se réunit sous la direction des *Curé, prêtres, trésorier* et *marguilliers* pour traiter également des unes et des autres. Plus d'une fois les *Comptes* de la *Fabrique* ou *Trésor paroissial* mentionnent, parmi les dépenses extraordinaires, des sommes allouées à des bourgeois députés pour aller soutenir les intérêts de la ville: ainsi en 1660-61, vingt livres sont « baillées à Charles Le Moutardier pour aller à Paris trouver MM. les Commandeur et Curé pour avoir *soulagement des gentz de guerre*, par l'advis et consentement de plusieurs bourgeois. » — De même nous lisons à la date du 4 janvier 1646: « Baillé, suivant ladvis du sieur Procureur et plusieurs autres principaux bourgz, à deux homes qui allèrent tant à Vire qu'à Cupves pour avoir les estappes des soldats qui estoent en ce lieu en garnison, et diminuon des tailles... 25 s. tr. »

L'établissement d'une *Mairie* devait amener l'immixtion d'un fonctionnaire royal dans les délibérations et la conduite des affaires communales. Le Manuscrit traditionnel fixe l'institution du *Maire* ou *Syndic* à l'année 1650. Quelles étaient exactement ses attributions ? Il peut être difficile de les déterminer au milieu des fréquents bouleversements que les Gouvernements de Louis XIV · et de ses deux successeurs firent subir à l'administration municipale des villes du royaume. Le souci des intérêts des communautés n'était qu'un prétexte invoqué tour à tour pour la création et pour l'abolition des fonctions héréditaires de *Maires* et *d'Officiers municipaux* : le véritable but, souvent avoué (1), c'était le besoin d'argent pour le Trésor royal.

Les documents provenant de la *Généralité de Caen* contiennent, avec les noms des candidats proposés au Roi pour ces différentes créations, le montant des sommes ainsi acquises aux différentes époques (2). Par exemple, la création de ces offices rétablis en 1722 devait rapporter au Trésor, pour Villedieu seul, la somme de 28. 700 livres.

Nous transcrirons ici la réponse envoyée (3) par les bourgeois, lorsque, en 1774, on leur proposa de faire l'*acquisition* des *officiers municipaux* de nouveau rétablis par l'Édit de Novembre 1771. (Il paraît que les élections, précédemment rendues aux communautés par les Édits d'Août 1764 et Mai 1765, avaient été la cause de cabales et de brigues, sources

(1) Cf. l'*Edit de Septembre 1714* sur la suppression des *offices* de maires et le rétablissement des élections.

(2) Arch. Calvados, C. 1050, 1271.

(3) *Ibid.*, C. 1285.

de graves et ruineuses dissensions) : « Ils ne pouvaient faire cette acquisition, disaient-ils, n'ayant
aucun fonds patrimoniaux, et étant épuisés par les
tracasseries et les procédures des agents de l'Ordre
de Malte. » — Le Subdélégué, de Cheux de Saint-
Clair, ajoutait que le bourg était si misérable, qu'il
avait dû être déchargé, en 1773, de 1500 livres de
taille sur 4500 de principal ; — que d'ailleurs il
n'avait jamais eu comme administrateur qu'un *syndic* proposé et chargé des *vingtièmes* (1) comme
dans les paroisses de la campagne. »

Plusieurs pièces postérieures à cette date nous
révèlent l'existence d'officiers municipaux à Villedieu à côté du syndic : ils bénéficièrent sans doute
d'une disposition de l'Édit du 5 février 1777, portant qu'à défaut de revenus communaux suffisants
pour les gages de ces officiers, les fonds nécessaires seraient pris sur les finances royales.

Si la résistance aux agents des Commandeurs
pendant le xviiie siècle semblait réunir tous les
habitants de Villedieu dans un accord absolu, l'entente entre les bourgeois était loin d'être parfaite
lorsqu'il s'agissait du règlement de leurs propres
affaires, soit de l'ordre religieux soit de l'ordre civil :
l'absence d'une autorité dirigeante se faisait souvent sentir ; la preuve nous en est donnée par les
plaintes des intéressés eux-mêmes et les procès qui
éclatèrent entre eux.

(1) *Vingtièmes* : voir la note de la page 297.

L'un des plus curieux est bien celui que le Trésorier de l'exercice 1725-6 intenta, en 1733, contre les Curé, vicaire, et autres ecclésiastiques de la paroisse, devant le Baillage du Cotentin. Chargé, disait-il, de recouvrer le montant des rentes des fondations pour la Fabrique, il n'avait pas à s'occuper des honoraires assurés au Clergé sur ces différentes fondations : c'était à ces Messieurs à recueillir, comme ils l'entendaient, la part qui leur revenait. Il fallut une double condamnation du Bailly de Coutances pour faire comprendre au sieur Bataille que les prêtres avaient au moins autant le droit de recevoir de la Paroisse, par son entremise, les honoraires de leurs fonctions, que les ouvriers et employés le salaire des travaux qu'ils exécutaient pour elle.

Ce n'était pas d'ailleurs toujours chose facile de se mettre en possession du produit des rentes foncières appartenant à la Fabrique. A partir du procès de 1733, les Trésoriers exigèrent du *Général* une *charge*, renouvelée chaque année, et rendue exécutoire par l'apposition du sceau du Baillage du Cotentin, contenant l'indication détaillée de ces rentes et de leurs débiteurs. Plusieurs fois, notamment en 1757 et 1758, les Trésoriers eurent recours, pour obliger les bourgeois à leur délivrer cette Charge, à l'intervention du Bailly de Coutances. Il était toujours bien spécifié qu'avec le montant de ces rentes, les Trésoriers devaient payer tous les frais spécifiés dans les actes de fondation, et en particulier les honoraires revenant aux ecclésiastiques de la paroisse.

Pour éviter toute contestation à l'avenir, on prit une mesure décisive vers 1758 : M. André Loyer, prêtre, et le sieur André des Hautbois furent requis par la Communauté des bourgeois, conjointement avec François Le Héricey, prêtre, Agent du Clergé de Villedieu, pour rechercher tous les titres des rentes du Trésor et réviser tous les Comptes de Fabrique depuis l'année 1626. Un État détaillé fut dressé, en 1762, pour chacun de ces objets. Désormais, jusqu'en 1792, l'établissement de la Charge fut d'une grande facilité. Il y avait environ pour 1200 livres de rentes annuelles, dont la moitié à peu près était donnée aux ecclésiastiques chargés d'acquitter les fondations, et le reste demeurait à la Fabrique pour le paiement de ses dépenses ordinaires.

Un autre fait important à signaler à cette époque, c'est l'assistance d'un notaire aux délibérations des assemblées tenues au *banc* ou *au coffre* des marguilliers pour l'élection annuelle du marguillier, ou les différentes adjudications concernant le Trésor de l'Église : et toujours on a soin d'y mentionner la présence de deux témoins étrangers à la paroisse.

Les difficultés se renouvelaient souvent aussi lorsqu'il s'agissait des affaires temporelles de la commune.

Si l'on veut comprendre les plaintes perpétuelles des habitants de Villedieu dans le cours du XVIIIe siècle, plaintes pour lesquelles les droits de la Com-

manderie ne furent souvent qu'un prétexte, il faut
essayer de se rendre compte de la situation pénible faite aux bourgeois, d'une part par la quantité
et le mode de répartition des impôts qu'ils avaient à
payer au Trésor Royal, d'autre part par les sinistres,
épidémies ou autres malheurs dont ils furent si
souvent victimes.

Des incendies violents désolèrent souvent la ville.
Tout le haut du bourg fut brûlé le dernier avril
1674.

« Le 6 mai 1707, l'auberge (1) à l'enseigne de l'Écu de France, celle de Saint-Michel, et plusieurs autres maisons d'un
des faubourgs furent entièrement consumés sur les huit à
neuf heures du soir. Ce spectacle devint d'autant plus terrible, que le feu avait commencé par un tonneau plein d'eau-
de-vie, dont la flamme s'élevait si haut, qu'on l'apercevait de
plus d'une lieue. Les forces humaines n'ayant pu arrêter
la violence de cet élément, on eut recours au Saint-Sacrement, qui n'eut pas plutôt paru, que le feu s'éteignait mi-
raculeusement. »

Le 1er décembre 1721, au moment (2) où le clergé commençait à chanter la messe solennelle de *Saint-Eloi*, le tonnerre tomba sur le clocher et sur le chant de la nef, ainsi
qu'à l'entrée du chœur de l'église : un prêtre fut brûlé
grièvement, et un acolyte, Pierre Navet, écrasé au lutrin ;
les chapes dont étaient revêtus ces deux ecclésiatiques et
leurs habits furent déchirés ; le crucifix brisé avec deux
candélabres, les vitres brisées, et la couverture et charpente
de la tour et de l'église fortement endommagées.

Le *Procureur Fiscal* crut de son devoir, dès le

(1) Manuscrit traditionnel.
(2) Arch. Manche, B. 1679.

lendemain, d'adresser au *Lieutenant général de la Hauté-Justice* des remontrances.

· Ce désordre, arrivé dans un temps où le *Trésor* de ladite église est extrêmement pauvre et n'a presque plus de revenu, le peu qu'il y en avait ayant esté retiré en billets de banque dont il est encore saisi, met cette église dans la dernière désolation ; et comme il est de la gloire de Dieu et du devoir des fidèles de faire les efforts nécessaires pour rétablir ces débris, et qu'il y a tout lieu de penser que le Roy et Monseigneur le Régent estants informés de ce désordre et de la pauvreté ou le trésor de ladite église est réduit, ainsi que de l'indigence et impuissance des habitants *surchargés de taille* et *accablés de maladies* et hors d'état de faire rétablir les ruines de ladite église sans un secours souverain, voudront bien donner quelque soulagement à ces maux, — il convient pour cet effet de vous transporter dans cette église avec votre greffier, pour y dresser un procès-verbal de tous les désordres qui s'y sont passés,... le tout aux fins d'en estre fait remontrance et obtenir de sa Majesté par sa clémence ordinaire le secours dont on espère qu'elle favorise cette pauvre église, s'agissant de la gloire de Dieu et du bien de la religion. »

Le 3 décembre, le Lieutenant fit en effet l'information demandée. Des ouvriers, appelés pour examiner les dégâts, estimèrent le montant des réparations nécessaires à 2.000 livres pour la couverture, 2.000 à 3.500 livres pour la charpente, 130 livres pour la réparation du crucifix, 400 livres pour les vitres et 30 livres pour l'horloge.

Nous ne savons si le Régent de France se laissa attendrir par la supplication qui dut lui être adressée.

D'autres malheurs s'abattirent encore sur le Bourg.

Il arriva en l'année 1725, pendant tout l'été (1), une disette et une cherté de blé causées par une chute continuelle d'eau, qui se répandit dans presque tout le Royaume, et particulièrement dans certains endroits de la Normandie. Elle se fit sentir dans ce Bourg avec tant de rigueur, qu'on était à la veille de voir beaucoup de désordres si la divine Providence n'en eût suspendu le triste moment. De vie d'homme, on n'en avait vu autant : le froment se vendait 15 livres le boisseau ; encore n'en avait-on que par violence. Les maisons des boulangers étaient remplies de gens qui attendait le pain à la bouche du four, et se jetaient dessus avec violence et contusions. Les Magistrats ne pouvaient réprimer la violence, ayant vu dans la ville de Caen la populace soulevée, n'entendant plus qu'un chef : *ventre affamé n'a plus d'oreilles*. La maison du Juge de Police fut pillée, ses carrosses, ses meubles jetés dans la rivière, parce qu'on se persuada qu'il laissait la liberté de faire des amidons qui mettaient la renchère sur le blé. Le calme succéda par une abondance de blé qui vint de Barbarie et autres lieux. Les pauvres, surtout de la Poëlerie, furent soulagés de la Bourse de la Confrérie de Sainte-Anne, obligation fondée sur le Règlement de cette Confrérie, qui dit que les Maîtres et les Varlets dans le besoin seraient secourus des biens dudit Trésor.

Voici, d'après les documents officiels, quelques-unes des charges dont était alors grevée la Bourgeoisie au profit du Trésor Royal.

Outre la *Taille*, qui atteignit en 1744 la somme de 6.429 livres, Villedieu avait été assujetti, pour

(1) Manuscrit traditionnel.

ses maisons et autres lieux (1) aux droits *d'anciens et nouveaux 5 sous* et *subvention à l'entrée*, payables aux termes de la Déclaration du Roi de 1714. »

En 1749, la contribution pour le *Don gratuit*, accordé pour six ans, s'élevait à 3.000 livres, chiffre qui mettait Villedieu au huitième rang des villes de la Généralité de Caen. Une prorogation de cinq années fut imposée pour le même don.

Si nous ajoutons à ces impôts le montant de la *capitation*, du *taillon, solde de la maréchaussée*, et des *étappes*, les différentes *corvées* pour l'entretien des routes, — sans compter les contributions indirectes et les nombreux droits (2) d'enregistrement, contrôle et insinuation, — nous arriverons à un total assez élevé, qu'il s'agissait de répartir parmi les habitants généralement sans fortune.

Et ici que de causes encore de récriminations ! Plusieurs requêtes de l'époque nous en apportent l'écho :

En 1757, une Requête est adressée (3) au contrô-

(1) Arch. Calvados, C. 300.

(2) Outre les droits à payer aux Officiers de la Commanderie, et aux gardes des différents métiers, les bourgeois se trouvaient dans l'obligation de solder les droits revenant aux contrôleurs royaux, soit pour les *pesées* des marchés, soit pour l'examen des mesures, soit pour la surveillance des marchandises. Les papiers de la Haute-Justice (*Arch. de la Manche*) nous indiquent plusieurs de ces fonctionnaires : le *contr leur des étains*, par exemple (B. 1683, 5 décembre 1769) ; — *l'inspecteur et contrôleur aux boucheries*, d'après l'édit de 1745 (B. 1681, 15 juiu 1762).

(3) Arch. Calvados, C. 1491.

leur général par Pierre Pitel Davière contre les
abus de la répartition des contributions — Les habitants de Villedieu demandent l'établissement
d'un tarif pour tenir lieu de la taille (1757) : nouvelle demande en 1762. — En 1763, requête au
Roi en son Conseil « par les Curé, vicaire, prêtres,
syndics, marguilliers et habitants du Bourg de Villedieu, exposant que la mauvaise répartition des
taille, *taillon* (1), quartier d'hyver, subsistances et
crues y jointes, qui se fait arbitrairement par sept
collecteurs, nommés chaque année à tour de rôle,
a rendu ces impôts plus intolérables qu'ils ne le
sont par leurs excès : car dans leurs opérations les
collecteurs, presque tous marchands et artisans
d'une même profession, portent leur jalousie, vengeance et récriminations jusqu'à tel point, qu'il n'y
a personne qui ne tremble d'être leur victime. »

Parfois certains habitants de Villedieu usaient de
procédés moins respectueux pour manifester leur
mécontentement. Dans la nuit du 10 au 11 juillet
1763, une bande de vingt à trente personnes vinrent,
au son du tambour, essayer d'enfoncer à coups de
pierres les portes et fenêtres des maisons où demeu-
raient Jean Nicolas Pilot, contrôleur-receveur des
aides, Busquet, receveur des *tailles* et *quart-bouillon*, (2) et Jean-Baptiste Lefebvre, notaire. On avait

(1) Le *taillon*, établi en 1549, était un impôt destiné à
l'entretien, aux vivres, etc... des gens d'armes ; il s'élevait
jusqu'au tiers du chiffre de la taille.

(2) *Quart-Bouillon* : impôt de la gabelle (sur le sel) dans

cru un instant « à une suite du divertissement (1)
et de la joie publique à l'occasion de la publication
de la paix. » Bientôt les fonctionnaires s'aperçurent
que c'était à *eux* qu'on en voulait et à *leurs bu-
reaux*. Tout se réduisit, heureusement, à des dégâts matériels de peu d'importance.

A cette époque, de nouveaux sinistres avaient ap-
porté de nouveaux sujets de plainte aux bourgeois de
Villedieu ; et, longtemps encore, ils sauront les faire
valoir. Le Mercredi-Saint, 2 avril, de l'année 1760,
un incendie avait détruit une partie du Bourg. L'estimation des pertes nous en fera connaître l'étendue.
Elle est tirée du procès-verbal dressé par Mᶜ Oblin,
Conseiller du Roy, *Eslu*.

Le total s'élève au chiffre de . 63 765 liv.

Perte des meubles . . . 37 861 liv.

Rentes dues sur les maisons incendiées à différents
  particuliers de Villedieu. . 1431 liv. 9 s.

Taille que paient les incendiés 672 liv. 15 s.

Dixièmes (2) desdits . . . . . 372 liv. 14 s.

une grande partie de la Basse-Normandie, qui était approvi-
sionnée par des sauneries particulières : on y faisait bouillir
un sable imprimé d'eaux salines. Le quart de cette fabrication était versé dans les greniers royaux. La distribution du
sel se faisait au taux de 25 livres pesant par tête, que chacun était obligé de prendre au prix de 16 livres le quintal.

(1) Procès-Verbal du 11 juillet 1763. *Arch. de la Manche:*
B. 1682.

(2) Les *dixièmes* et *vingtièmes*, impôt du dixième ou du
vingtième du revenu de tous les biens, auquel les rois
eurent souvent recours pendant les guerres du siècle dernier

63. 765 l. au dernier 20 font   3218 liv.   2   s 6 d.

Rentes à déduire. . . . . 1431 liv.   9 s.

Reste : revenu perdu . . . 1786 liv. 13 s 6 d.

    Quelque temps après cet incendie, en 1763, éclata à Villedieu une violente épidémie. Ce fut la cause d'une mesure excellente pour la paroisse. Dans l'assemblée du Général du 27 janvier, (1) il fut décidé qu'on cesserait d'enterrer les morts dans l'église comme on l'avait jusqu'alors pratiqué au détriment, croyait-on, de la santé publique. Seuls les Curés, les Commandeurs, seigneurs temporels et spirituels du lieu, et les Trésoriers, décédés dans l'année de leur exercice, feraient exception. Le cimetière même du tour de l'église devait être abandonné comme trop petit ou trop voisin des habitations, et l'on rechercherait si le lieu dit les *Croix*, ou le terrain entourant la Chapelle Saint-Etienne, ne conviendrait pas mieux pour cet usage. Les Comptes des années suivantes nous font en effet connaître les dépenses faites au Cimetière de la Chapelle Saint-Etienne.— Des droits sur les inhumations, — avec la croix

    « comme à l'imposition *la plus juste*, la moins arbitraire, qui se répartit sur *tous nos sujets* relativement à leurs biens et facultés ; — et en même temps *la plus avantageuse*, puisque la levée s'en fait sans traité ni remise extraordinaire, et que le produit en rentre en entier en notre trésor royal. » — L'adjudication de la plupart des impôts à des *fermiers* était en effet une des plaies de l'ancien Régime : les exactions de ces fermiers n'étaient pas plus profitables au Monarque qu'aux sujets.

    (1) Cité par CAZIN, *op. cit.*

d'argent, ou avec la croix d'airain, — ainsi que sur le son de la grosse cloche, remplacèrent avantageusement pour la Fabrique les droits qu'elle avait jusqu'alors perçus pour l'ouverture des fosses dans l'église.

Cette mesure permit aussi de songer à établir à l'intérieur de l'église un pavage convenable : on y travaillait en 1788.

Une supplique (1) adressée au Parlement de Rouen, en janvier 1769, ne met plus en cause, cette fois, les collecteurs d'impôt, ni les agents de la Commanderie, mais bien les Juges et Avocats originaires de Villedieu :

« Les Juges étaient du lieu, parents de plusieurs justiciables, par conséquent exposés à de fréquentes récusations ; leur nombre était d'ailleurs insuffisant pour le jugement des procès *criminels* ; et, par suite d'une division entre le corps des Juges et celui des Avocats, en 1766, ceux-ci s'étaient retirés, sauf un, lequel ne pouvait plaider pour toutes les parties : d'où il résultait qu'elles étaient obligées de se traduire devant d'autres juridictions, ce qui leur causait un préjudice considérable. » — Il faut croire que l'amour de la justice était aussi profond dans l'âme des bourgeois que celui de la chicane ! En tout cas, cette supplique se trouve quelque peu en contradiction avec l'heureuse légende de la *potence* (d'autres disent de la guillotine), que les ha-

(1) Cité par Cazin, *op. cit.*

bitants de Villedieu voulaient réserver exclusivement « pour eux et leurs enfants! »

Nous ne pouvons citer toutes les suppliques adres-
sées au Roi ou à ses Officiers des différentes juridictions. Les plaintes s'y retrouvent toujours les mêmes. Voici l'une des dernières et des plus caracté-
ristiques : le peu de succès qu'elle obtint dut sans
doute diminuer la confiance qui avait inspiré les
précédentes :

REQUÊTE PRÉSENTÉE A M. DE FEYDEAU (1), intendant de
la Généralité de Caen, par les habitants de Villedieu, lors
de son passage, *le 30 septembre 1784*, tendante à obtenir
des secours : ils exposent : « qu'en 1760, une partie de la
ville fut ruinée de fond en comble par un incendie ; qu'en
1763 et 1764 une maladie épidémique enleva une infinité
d'habitants, d'autant plus précieux qu'ils étaient la plupart
chefs de famille, malheur qu'une dyssenterie renouvela sur
les fins de 1778 et 1779. » Pour la partie du commerce consistant dans la fabrication des cuivres, ils disent : « que le
premier qui se déchaîna contre Villedieu fut un sieur Com-
balusier, médecin, qui, ennemi de cette petite ville, sans
l'avoir jamais connue ni pratiquée, la dépeignit dans ses
mémoires comme une ville dangereuse à tout étranger par le
subtil poison qu'il prétendait s'exhaler des métaux ; il poussa
l'hyberbole jusqu'à dire que les oiseaux qui passaient sur
Villedieu tombaient morts, étouffés et empoisonnés par les
vapeurs métalliques. C'était cependant le seul commerce et
la fabrication du cuivre qui faisaient subsister les habitants,
au nombre de près de 5.000. »
Puis ils réclament contre la construction des nouvelles
routes ne traversant plus leur ville, la laissant sans commerce et sans ressources. Enfin ils demandent le rétablissement de leur église : « Il restait, disent-ils, aux habitants

(1) Archives du Calvados, Série C. 1074.

de Villedieu un temple pour offrir à Dieu toutes les peines dont ils étaient affligés : et au mois de mars 1780, la principale voûte s'écroula avec une telle secousse, qu'elle ébranla le reste de l'édifice, en sorte qu'aujourd'hui on n'y entre qu'en tremblant. » A l'appui de cette dernière demande sont joints 4 plans.

Note du bureau de l'intendance attaché à cette requête : « Novembre 1784, — rien à faire. — M. l'Intendant, dans sa tournée du mois d'octobre 1784, a vu l'église qui pouvait encore subsister ; il serait impossible de tirer des fonds du Gouvernement : et il n'y a pas moyen d'en trouver d'autres quant à présent. Quant aux chemins, la proposition n'est pas admissible. »

L'état suivant (1) des charges et revenus de Villedieu au 1er janvier 1782 (*Imprimé rempli*) sera comme un résumé de toutes les plaintes que nous avons recueillies dans ce chapitre et dans les précédents.

REVENUS

Biens patrimoniaux	néant
« en fonds de terre	»
Biens en maisons	»
Biens en moulins	»
Biens en rentes, etc.	»

Villedieu eut autrefois 11 livres et quelques sols de rente à percevoir sur la recette des tailles d'Avranches, mais les titres se sont trouvés égarés et la rente ne se paie plus.

DÉPENSES ET CHARGES.

La ville ne paie pas d'impositions, ne possédant rien. Les habitants paient 2560 l. de taille, 1708 l. taillon, 1660 l. capitation.

(1) Arch. du Calvados, C. 1491.

Villedieu n'ayant pas de revenus, est obligé de solliciter lè rejet de certaines menues dépenses pour affaires de communauté ; soit pour procès, vacations de syndics aux chevauchées et tirages de milice, envoi de billets dans les paroisses sujettes aux logements des troupes et dont la dépense annuelle varie suivant les circonstances, mais qui, pour l'ordinaire, reviennent annuellement à 250 livres. Cependant, Villedieu ayant été obligé de soutenir des procès contre le seigneur du lieu et contre différents particuliers qui cherchaient à se soustraire aux impositions, a dù emprunter en dix ans près de 5.000 livres, dont plus de 2.000 livres sont encore dues aux prêteurs. Le passage des troupes fait la plus forte dépense et peut être estimé à 100 livres année commune. Il ne se fait de dépenses que le moins possible et au plus bas prix ; ainsi il n'y a pas lieu d'espérer d'augmentations ou de diminutions, quelque économie qu'on puisse apporter dans les charges, ordinaire et extraordinaire. Le casernement des troupes dans le lieu a fait un tort réel aux habitants pour leurs maisons et pour les lits et autres ustensiles fournis aux troupes qui y ont été en quartier, de plus de 6.000 livres pendant 3 ans à peu près que les troupes y ont été.

RÉSULTAT : *Revenus,* néant. — *Dépenses* et *charges,* 250 livres.

Certifié par BONVOISIN, *syndic militaire de Villedieu,* 16 novembre 1782.

Vu par l'intendant de Vire, le 16 décembre 1782.

Le peu d'attention qu'on attachait à ces réclamations continuelles, la crainte aussi de les voir se renouveler d'ùne manière intempestive à l'occasion du passage du Comte d'Artois lors de son voyage au Mont-Saint-Michel, explique la lettre suivante de l'Intendant Esmangart, *devenu depuis préfet de la Manche.*

Paris, 28 avril 1779 (1)

A Messieurs les Officiers Municipaux de Villedieu

Je vous préviens, Messieurs, que Monseigneur le Comte d'Artois doit passer à Villedieu le 10 du mois prochain en se rendant en Bretagne. Vous pouvez permettre à la Bourgoisie de prendre les armes et de border la haye sur le passage du Prince, à l'entrée de votre ville ; mais je vous recommande expressément de deffendre qu'on tire aucun coup de fusil sur son passage, et même de vous assurer que les fusils ne sont pas chargés. Sans cette précaution, il pourrait arriver des accidents qu'il est bien important de prévenir. Je mande la même chose à mon Subdélégué avec lequel vous voudrés bien vous concerter sur tout.

Vous pourrés présenter vos hommages au Prince, mais il ne veut point de harangue : ainsi, vous aurés soin de vous conformer aux ordres que je suis chargé de vous faire passer à cet égard.

Je suis bien parfaitement, Messieurs,
Votre très humble et très obéissant serviteur

ESMANGART

L'Ancien Régime touchait à sa fin. Avant d'assister aux transformations si rapides de notre patrie, jetons un coup d'œil sur l'histoire parcourue depuis la fondation de Villedieu.

C'est à des Chevaliers protecteurs du Tombeau du Christ que cette ville doit son origine : un Monarque, à la fois souverain d'Angleterre et duc de Normandie, leur accorde, en pure aumône, et sans

(1) L'original de cette pièce se trouve entre les mains de M. Oscar Havard, dont un des ascendants figurait alors parmi les officiers municipaux de Villedieu. Le sindic d'alors était M. Engerran.

aucune redevance, le plein domaine des dix-sept arpents de terre qui composeront la Commanderie. Pendant plusieurs siècles, les familles qui se fixent auprès du couvent jouissent d'une paix et de privilèges vraiment dignes d'envie. La Corporation des Poëliers en profite pour s'organiser avec des règlements capables de défier les plus nobles inspirations des économistes.

La guerre de Cent Ans vient apporter le trouble dans cette heureuse bourgade: les rançons, la dispersion des habitants, les ruines amoncelées éprouvent péniblement les vassaux de l'Ordre de Saint-Jean-de-Jérusalem. Cependant ils se relèvent rapidement sous la direction de leur Commandeur et de leur Curé. Ils ont appris d'ailleurs à se répandre au dehors ; et la protection du Roi de France, achetée, il est vrai, aux dépens de leurs biens, assure des débouchés à leur industrie dans toutes les villes du Royaume.

Mais ils perdent bientôt la présence de leur meilleur protecteur. La suppression du chef-lieu de la Commanderie les laissera davantage livrés à eux-mêmes. Ils trouveront dans leur énergie et leur foi la force de se garantir contre les ennemis de leur religion. Le XVIIe siècle verra les ruines d'un vaste incendie relevées avec vaillance. Le développement des Confréries de métiers, comme des Confréries pieuses, l'institution des grandes fêtes du Sacre, seront, avec les missions, les gages d'un épanouissement religieux digne de tout éloge.

La perte des antiques privilèges *suspendus*, pour ne pas dire supprimés, par la centralisation royale, va produire, au XVIIIᵉ siècle, des effets désastreux. Des maladies épidémiques, de nouveaux sinistres, l'affaiblissement d'un commerce séculaire livré à la concurrence étrangère, la multiplication des impôts nouveaux, telles sont les causes d'un malaise indéfinissable.

Les requêtes sans réponse au Gouvernement royal, la fermeté souvent trop dure des régisseurs de la Commanderie, achèvent de mécontenter la population : les mutineries, les révoltes contre tout fonctionnaire qui n'est pas originaire de la paroisse se multiplient : malheureusement, la religion des Bourgeois ne trouve pas un exemple influent dans certains ministres du sanctuaire.

Alors, qu'un courant d'idées de destruction vienne à passer dans le pays, et les habitants seront prêts à se laisser entraîner à des excès regrettables, si des hommes, aussi fermes qu'intelligents, ne savent pas s'opposer à de semblables débordements.

L'épreuve, à laquelle nous allons assister, n'aura qu'un temps. Avec le calme, renaîtra le souvenir du passé ; et Villedieu saura reprendre peu à peu dans les belles époques de son histoire les meilleures institutions, en les adaptant, lorsqu'il sera nécessaire, aux habitudes de notre siècle.

APPENDICE

I. — CONFIRMATION DES STATUTS DES POELIERS (1)

LUDOVICUS DEI GRATIA, FRANCORUM REX notum faci- Lettres de
mus universis presentibus et futuris. Louis XI.

Cum jampridem pro bono Reipublice et totius Regni nostri et augmentacione operis et ministerii Padellarie, certa
privilegia, statuta et Constituciones, ad requestam et supplicacionem Magistrorum et Operariorum predicti operis et
ministerii Padellarie, per carissimum avum nostrum Regem
Francie, cui parceat CHRISTUS, date concesse et confirmate
fuerint, et deinde per carissimum genitorem nostrum, quem
Omnipotens absolvere dignetur, predicte Constituciones, privilegia, statuta et alia de novo per predictos Magistros et
Operarios prefati operis et ministerii aut eorum Procurato-
res tradite, fuerunt concesse et confirmate, prout latius hæc
possunt apparere per litteras dictorum avi et genitoris nos-
trorum per eos concessas dictis Magistris et Operariis prefati operis et ministerii, quarum Litterarum Genitoris nostri,
in quibus littere avi nostri sunt inserte, tenor sequitur et est
talis :

KAROLUS, DEI GRATIA, FRANCORUM REX, universis pre- Lettres de
sentes Litteras inspecturis Salutem. Charles VII.

(1) *Ordonnances des Rois de France*, t. XVIII, p. 176. Extrait du Trésor des Chartes, reg. 209, n° 54.

Cum dudum ad requestam et supplicacionem Magistrorum et Operariorum operis et ministerii Padelariorum in
loco de Villa Dei de Saltu Capreoli (2) in nostro Ducatu
Normannie ordinatorum et residentium, pro tunc occasione guerrarum et divisionum in hoc nostro Regno vigentium
etque temporibus preteritis viguerunt in deversis ipsius Regni et obedientie nostre partibus dispersorum et degregato-
rum, aut suorum procuratorum propter hoc per eosdem
Operarios constitutorum, eisdem Magistris et Operariis certa privilegia, constitutiones et statuta per carissimum genitorem nostrum, quem Salvator humani generis absolvere
dignetur, pro bono Reipublice et augmentatione dicti operis data, concessa et confirmata fuissent, prout hæc latius
dicunt apparere per Litteras dicit predecessoris nostri super hoc per eum concessas dictis Magistris et Operariis ejusdem ministerii : quarum tenor de verbo ad verbum sequitur in hunc modum :

Secondes
Lettres de
Charles VI. KAROLUS, Dei gratia, Francorum Rex, universis pré-
sentes Litteras inspecturis, Salutem.

Cum nuper ad supplicationem operariorum Padellarie in
Villa Dei de Saltu Capreoli in Ducatu Normannie ordinatorum et Presidentium, aut suorum Procuratorum propter
hoc per eosdem Operarios constitutorum, de quorum pro-
curatione nobis legitime apparuit quibusdam Litteris pa-
tentibus sub sigillo curie Vice Comitis : Ville de Saltu Capreoli confectis quarum tenor talis est :

A tous ceux qui ces présentes lettres verront ou orront,
Roger Faucon, vicomte de Villedieu de Saulchevrel, Salut !
Savoir faisons que audit lieu de Villedieu, devant nous,
Vicomte des susdit, furent présents c'est assavoir : Guillaume

(2) Saultchevrcuil.

GAULTIER, RAOUL CERCEL, PERROT CERCEL, GUILLAUME
PICAULT, THOMAS LE PAESLIER, JOUVION LE PAESLIER, CO-
LIN PICAULT, ROBIN OBELIN, JEHAN LE PAESLIER, GENDRE
PITEL, JACQUET DE FESCAMP, DENYS NAVET, GUILLAUME DE
RINCOURT, JEHAN PETIT dit JANNOT LE ROY, pour lui establis-
sant et faisant fort pour JEHAN LE ROY dit le PETIT et pro-
mectant qu'il aura fermes et agréables les choses qui s'en-
suivent, OLIVIER GAULTIER, COLIN DE CERVILLE, l'aîné,
(COLIN DE CERVILLE le jeune), ROBIN CERCEL l'aîné, JEHAN
CERCEL le jeune, ROBIN LE DO, JEAN LE PAESLIER, GENDRE
VITRON, BERTIN LE MOR, JEAN DAVY l'aîné, ROBIN DE
GRANVILLE, THOMAS JAQUEMIN dit ALEXANDRE, JEAN JAC-
QUEMIN son fils, ROBIN BLOUET, JAQUET LE PAESLIER, RAOUL
OBELIN, JEHAN DAVY le jeune, ROBIN VITRON, JEHAN
PICAULT, JACQUET JOSEPH, JEHAN MOCTEREUL, RICHARD LE
PAESLIER, JEHAN LE POTIER et GUILLAUME DE FESCAMP,
tous bourgeois desdits lieux de Villedieu et Saulchevrel et
Maîtres en l'art et science de Paeslerie, pour eux establissans
et faisans fort pour le demourant des austres maistres de la
Paeslerie desdits lieux de Villedieu et de Saulchevrel, qui,
de leurs bonnes et pures volontés, sans aucune contraintes ni
pourforcement, congneurent et confessèrent, et, par les mesmes présentes, congnoissent et confessent avoir fait, ordonné, constitué et estably, et par ces Lettres, font, ordonnent,
constituent et establissent de commune voulonté leurs Procureurs généraux et certains Messagers espéciaulx, c'est
assavoir, COLIN DE RENNES, JEHAN DAVY le jeune et RO-
GIER le ROY et chascun d'eux portant ces Lettres pour eulx
se fonder pour eulx et en leurs noms touchant le mestier
de la Paeslerie en toutes Cours tant d'Église que secul-
lières, en Parlement, en Exchiquier, et partout ailleurs
où ils auront affaire pour icellui Mestier et vers tous et
contre tous leurs adversaires, soit en demandant ou en
deffendant en toutes leurs causes, querelles, procès, negoces,
feinctes poursuites et demandes meues ou à mouvoir, qu'ils

ont et actendent à avoir, tant en demandant que en deffendant, soit pour eulx et contre eulx, contre toutes personnes
clercs ou lays par devant tous juges ordinaires ou extraordinaires, soit de Cour d'Eglise ou secullière, soit devant Légats
ou Soubz-Légats, Conservateurs, Baillifs, Vicomtes, Maïeurs,
Prevosts, Seneschaulx, arbitrateurs ou amyables compo-
siteurs, et par devant tous autres Juges, de quelque condition
et auctorité qu'ils usent ou soient fondés et de eux se porter à
la Court du Roy, nostre Sire, pour impectrer à faire impectra-
cion touchant le prouffit et utilité dudit mestier de la Paeslerie, et partout ailleurs où ils verront que bon leur sem-
blera, donnans et octroyans les dessusdits Constituans à
leursdits Procureurs ensemble et chacun par soy portant ces Lettres, plein pouvoir, auctorité et mandement
espécial, pour eulx et en leurs noms, au nom que dessus,
en tous lieux et places et en tous cas, de plaider pour eulx
et en leurs noms, de commencer et lever proces et iceux mettre à fin, de pacifier et compromestre leurs causes, de faire
compromis à temps et à peine, de jurer, en l'âme d'eux, tout
ce que ordre de droit requiert et enseigne, de pourchasser
les biens, rentes, revenues, esmolumens appartenans audict
Mestier, de prendre, cueillir et lever ce que y appartient, de
donner lettres de quittance, une ou plusieurs, generaument
et especiaument de faire en cas touchant ledit mestier tout
ce que leurs Procureurs generaux et certains Messagiers
espéciaulx duement estably peuvent et doyvent faire pour eulx
ou contre eulx en demandant et en deffendant tout aussi
comme feroient ou pourroient faire lesdits Constituans se
presens y estoient en leurs personnes ; iceux Constituans et
octroyans que leursdits Procureurs ensemblement et chascun d'eulx pour soy portant ces dites Lettres puisse faire et
instituer, commettre, ordonner et establir soubs eulx, par
vertu de ces Presentes et du pouvoir à eulx donné par lesdits constituans pour eulx et en leurs noms, au nom que dessus, ung ou plusieurs substituts ou substitués qui ait ou

aient tel et semblable pouoir comme eulx-mesmes et leursdits Procureurs generaulx establys et certains Messagiers
especiaulx et qu'ils puissent faire tout ainsi au caz dessus dit
comme le feroient leursdits Procureurs généraux et certains Messagiers espéciaulx, ou ils mesmes se presens y
estaient enpersonne ; promectans iceulx constituans, par la
foy et serment de leurs corps, et sur les biens, revenues,
rentes et esmolumens appartenans audit Mestier, et de tous
leurs biens, meubles et héritaiges, tenir de ce que dit est
sans aller à l'encontre de ce que par lesdits Procureurs,
Substitut ou Substituts, sera fait, besongné, procédé et pour-
chassé à cause dudit Mestier de Paeslerie, et de relever
leursdites procurations ou substituer l'un d'iceulx de tous
courts frais, peines, despenses et missions qui par eulx
seront faits à la cause susdite, et iceulx despens leur rendre
et restituer, à leurs taxations, plaisir, voulenté et ordonnance, ce que par eulx ou chascun d'eulx, pour ledit cas,
sera mis, frayé et despensé, dont chascun d'eulx, au regard
de ce que chascun aura mis, sera cru, sans faire autre
preuve, par leurs sermens, conscience et advis, et s'obligent les dits Constituans paier l'amende et juge se mestier est et il appartiengne. Et vouldrent et s'obligèrent iceulx
Constituans que ceste procuracion ait pouoir pour eulx le
tems et terme de deux ans et tenir ce que dit est, sans ce que,
ledit tems durant, ils le puissent revocquer ne rappeler en
aucune manière ; et quant à toutes les choses dessusdites
et chacune d'icelles tenir, entretenir, maintenir, parfaire et
accomplir de poinct en poinct, lesdits Constituans obligèrent tous les biens appartenans à la garde dudit mestier et
tous leurs biens, meubles et héritaiges. En tesmoing de ce,
nous avons scellé ces presentes du grand Scel aux causes de
ladite Vicomté.

Ce fut faict en la présence de THOMAS DESFORGES, GUIL-
LAUME BRIANS, JEHAN PICAUT et plusieurs autres, le samedi
xiijᵉ jour de Febvrier, l'An de Grâce Mil cccc et six.

Et le Mardi, xxij° jour dudit moys de Febvrier, devant nous, Vicomte dessus dit, se présentèrent Guillaume Sauvaige et Colin de la Champeigne, Maistres dudit Mestier et Bourgeois dudict lieu de Villedieu, qui, de leurs bonnes et pures voulentés, sans aucune contraincte, congnurent et confessèrent semblablement, comme dessus est dit, avoir fait, ordonne, commis et estably, ordonnèrent, firent, commirent et establirent leurs Procureurs dessusdits Davy, Roy et de Rennes, qui par les dessusdits aultres Maistres dessus nommés auroient esté confermés et establiz, et promisrent et s'obligèrent en toutes choses comme lesdits Constituans. Presiens à ce, Guillaume Brians et Jehan Picaut.

Et le Samedy xxvj° jour dudit mois de Febvrier, audit lieu de Villedieu devant nous furent présens Thomas le Pottier et Andry Joseph, Maistres en icelluy Mestier et Bourgeoys de ladite Villedieu, qui, de leurs bonnes et pures voulentés, confessèrent et eulx s'obligèrent en toutes choses, comme les dessusdits autres Maistres Constituans, et passerent, firent, ordonnerent, constituerent et establirent leurs procureurs pour et à la cause dessusdite lesdits Davy, Roy et de Rennes, eulx obligeans et voulans qu'ils procurent pour eulx comme pour les autres constituans premiers et dessus nommés et pour les causes dessus touchées, promettans tenir ce qui, en ce cas sera faict, besoigné, procuré et procédé.

Ce fut fait en la présence de Jean Picaut, Guillaume Briens, et de plusieurs autres, ledit xxvj° de Febvrier, l'An et jour dessusditz. Ainsi signé Picaut. *Gratis.*

Suite des Lettres de Charles VI. Nos, pro conservacione Statutorum et Ordinacionum super facto operis Padellarie predicti, de quo Littere procuratorie predicte mentionem faciunt factarum et edictarum, certas alias Litteras Statutorum et Ordinacionum dictarum confirmatorias duximus concedendas sub hac forma :

KAROLUS, Dei gratia, Francorum Rex, universis pre- 1ᵐᵉ Lettres de Charles VI.
sentes Litteras inspecturis, salutem.

Ea que ex deliberacione matura et ordinacione provida
Statuta sunt obtinere debent roboris firmitatem. Notum
itaque facimus nos vidisse Litteras Statutorum et Ordinacionum super facto operis Padellarie, in Villa Dei Saltu Capreoli, in Ducatu nostro Normannie, factorum et edicto-
rum, quorum tenor dicitur esse talis :

A tous ceulx qui ces lectres verront ou orront, JEHAN DA- Lettres du Bailly de Rouen.
vy, seigneur de Sᵗ-Père-Avy, Chevallier, Conseillier du Roy,
notre Sire, et son Bailly de Rouen, Salut.

Sur ce que COLIN de RENNES et ROGIER le ROY, pour tous
les autres Maistres et Ouvriers du Mestier de Paeslerie en
la Ville de Villedieu de Saulchevrel, estaient venus devant
nous à Rouen et nous avaient monstré et exhibé certaines
Lectres patentes en double queue et scellées de cire verte,
saines et entières en scel et en escriptures, si comme par
l'inspection d'icelles apparoit, desquelles Lettres la teneur
en suit :

A tous ceux qui ces lettres verront, RAOUL ROILLART,
BAILLY DE VILLEDIEU de Saulchevrel, Salut.

Comme déjà pieça certaines Ordonnances eussent esté
faictes et ordonnées par le congié de justice, par la volonté
et assentement des maistres et aussi des varlets de l'art et
science du Mestier de Paeslerie, ouvrans en ladicte ville
de Villedieu, ainsi qu'il nous est apparu par la coppie d'une
Lettre scellée du scel de la Vicomté dudit lieu de Villedieu,
de laquelle la teneur s'ensuit :

*Suivent les Lettres du Vicomte de Villedieu (1329, vieux
style), et du Bailly (1328), donnant les premiers Statuts des
Poëliers. (Voir p. 49).*

Lettres du Bailly de Villedieu présentées au Bailly de Rouen.

Savoir faisons que aujourd'huy, audit lieu de Villedieu, furent présens pardevant nous Bailly dessusdit, COLIN DE RENNES, ROBIN VITRON, JEHAN DAVY, l'esné, JEHAN DAVY le jeune, JEHAN LE PAESLIER le jeune, gendre de JEHAN VITRON, JEHAN CERCEL, GUILLAUME SAUVAIGE, CADET JOSEPH, COLIN DE CERVILLE, OLIVIER GAULTIER, COLIN CHAMPAIGNE, JEHAN LE PAESLIER, ROBERT COLIN, JACQUET JOSEPH, COLIN PICAULT, GUILLAUME DE FESCAMP, JACQUET DE FESCAMP, DENYS NAVET, GUILLAUME DE RUCOURT, JEHANNIN PICAULT, ROGER LE ROY JHAN LE PAESLIER l'esné, THOMAS LE PAESLIER, GUILLAUME PICAULT, PERROT, CERCEL, RAOUL CERCEL, GUILLAUME GAULTIER, JACQUET LE PAESLIER, ROBIN BLOUET, ROBIN DE CERVILLE, THOMAS LE POTIER JEHANNIN JACQUEMIN et JEHAN MOCTEREUL, tous Maistres et Ouvriers en l'art et science dudit Mestier de Paeslerie, ouvrans et demourans en ladite ville de Villedieu, qui nous disrent et exposerent pour le bien, honneur et prouffit dudit Mestier et aussi de la chose publique, et pour eschever (1) plusieurs maulx et fraudes qui pourroient estre faictes et commises, estre chose convenable et nécessaire que les Ordonnances contenues ès Lettres dessus transcriptes fussent en aucunes choses augmentées, et aucunes autres Ordonnances et Statuts avecques icelles joinctes et adjoustées et, pour ce, s'il plaist au Roy, nostre Sire, à Monsieur le Grant Prieur de France de la saincte Maison de l'Hospital de Saint-Jehan de Jérusalem et à Monsieur le Commandeur dudit lieu de Villedieu, leur octroyer et confermer, tous lesdits maistres, d'un commun assentement et voulenté, o le congié de justice, ont ordonné et se sont consentiz, accordez et obligez tant pour eulx que pour leurs successeurs, à faire, tenir et accomplir les Ordonnances et Statutz qui cy après ensuyvent, et qu'ilz soient joingts et

(1) Esquiver, empêcher.

adjoustés avecques leurs autres Ordonnances contenues aux Lettres dessus transcriptes.

Suivent les nouveaux articles que nous avons donnés au chap. V. p. 77.

Et nous, Bailly dessusdit, eu sur ce conseil et advis, regardé estre le bien dudit mestier et de la chose publique, les avons à ce ouys et receus au cas qu'il playra au Roy, nostre Sire, à mondit sieur le Grand Prieur de France et aussi à mondit sieur le COMMANDEUR dudit lieu de Villedieu, leur octroyer, accorder et confermer que les choses dessusdites et chacune d'icelles aient pardurable fermeté pour le temps advenir. En tesmoing de ce, nous avons scellées ces présentes du scel aux causes dudit Bailliage, faictes et données audit lieu de Villedieu, le Mardi iiij^e jour de Mars l'An Mil CCCCVJ (1).

Ainsi signé :
J. DE CAUMONT.

Et nous avoient instamment requis que, pour la perception et augmentacion du bien, honneur, utilité et prouffit d'eulx, dudit mestier et marchandise d'icellui, et affin de savoir se esdites Lettres avoient aucuns points ou articles qui fussent préjudiciables audit mestier et marchandise, ou s'il estoit nécessaire d'y en mectre et augmenter aucun, nous feissions voir et visiter les Lectres dessus incorporées aux Gardes, Maistres et Ouvriers dudit Mestier à Rouen, lesquels rapportassent devers nous ce qu'il leur sembleroit convenable, se eulx avoient audit Mestier semblable Ordonnance ou en avaient ainsi ou aultrement plus duement accoustumé à user, et mesmement, que eux deissent et déclarassent si en ladite ordonnance falloit diminucion,

Suite des Lettres du Bailly de Rouen.

___
(1) 1306 *vieux style*, soit 1307.

correction ou augmentacion, en obtemperant à laquelle
requeste, et, en faveur du bien et utilité dudit Mestier et du
bien commun, nous avons mandé et fait venir devant nous
plusieurs des Maistres et Ouvriers dudit Mestier à Rouen,
auxquels nous avons monstrées et baillées les dites Lectres,
en leur exposant ladite requeste et en leur faisant commandement que icelles Lectres eulx vissent et advisassent ensemble à la fin dessusdite et rapportassent brefvement
devant nous leur advis et opinion.

Savoir faisons que aujourd'hui se comparurent par devant nous, Guillaume LEPESSONIER, PERRIN et DUVAL,
Gardes et Visiteurs dudits Mestier de Paeslerie pour ceste
présente année en ladite ville de Rouen, JEHAN FOL-
LART, JEHAN BATAILLE, BERTIN COLMÈCHE, ROBIN DELA-
MARE, JEHAN FOLLART le jeune, COLIN DE VICEREN, GUIL-
LEMIN DANCHE, tous Maistres et Ouvriers dudit Mestier et
demourans audit lieu de Rouen, lesquels dirent, tesmoi-
gnèrent et affermèrent par leurs serments que eulx ensemble, et autres d'icellui Mestier, d'ung commun accord et
consentement, en accomplissant le commandement par
nous à eulx fait sur ce fait, avoient veu et visité au mieulx
et plus seurement qu'ils avoient peu et seu ladite Ordonnance, laquelle estoit à leurs advis et conscience, bien et
duement faicte au prouffit et utilité, honneur dudit Mestier et des Ouvriers et marchandises d'iceluy, et selon la
forme et teneur d'icelle, usoient et avoient eulx et leurs
semblables acoustumes à user en ladite Ville et Banlieue de
Rouen, ou de la plus grant partie des articles contenus en
icelle et ne savaient en ladite Ordonnance aucun points ou
articles qui ne feussent bons, espediens et convenables,
pour l'estat et honneur dudit mestier et de la chose publique, et n'y savoient ne vouloient mectre aucune correction, ni diminution, mais pour le bien et l'augmentation d'i-
celle était bonne et convenable chose que, en ladite Ordon-

nance, feust mis et ajousté ung article dont ils avoient et
ont acoustumé à user audit lieu de Rouen, duquel la teneur
est telle :

« C'est assavoir que nul ne puisse fonder forge sur forge. »
Et ledit article comprins et déclaire en ladite Ordonnance,
leur semblait icelle estre bonne et loyale sans plus y mettre
ne y ajouster. Oy lequel Rapport et tesmoignaige, Nous, en
tant que nostre office peult toucher et regarder, et que
faire le pouons, meismes et mectons nostre consentement
à ladite Ordonnance, et icelle voulumes et voulons estre tenue et gardée sans enfraindre. En tesmoing et par appro-
bacion des choses devant dictes avons mis à ces Lettres le
Grant Scel aux causes dudit Bailliage.

Le Lundi xviije jour du mois d'Avril, l'an mil cccc et
sept.

CARON.

Quibus visis et audita super hoc supplicacione operario-
rum dicti operis in predicta Villa de Saltu Capreoli, eas- Suite des 1res Lettres de Charles VI.
dem litteras et omnia et singula contenta in eisdem rata et
grata habentes, laudamus, ratifficamus et approbamus, ac
de nostra speciali gracia, in quantum rite et juste facta fuerunt, confirmamus, omnibus Senescallis, Baillivis, Prepositis, Justiciariisque et Officiariis et subditis nostris et eorum loca tenentibus, et eorum cuilibet si sit opus, com-
mendamus in mandatis ut dictas Constitutiones et Ordina-
tiones ceteraque omnia et singula in dictis Litteris contenta
teneant, et inviolabiliter observent, faciantque ab omnibus
observari firmiter et teneri.

Et ut hec stabilitate perpetua solidentur, Sigillum Nostrum
jussimus his apponi, Nostro in his et alieno in omnibus
Jure salvo.

Datum Parisiis, Mense Aprili post Pascha, Anno Domini
millesimo cccc septimo, et Regni Nostri vicesimo septimo.

Suite des se-
condes Let-
tres de Char-
les VI. Verum, et cum predicti Operarii, pro eo quod multa in-
conveniencia Reipublice, damna, et impense importabiles
dictorum operariorum de die in diem insequebantur et insequuntur atque pro tempore futuro insequi formidabant,
occasione deffectus certarum ordinacionum super contentis
iis quibusdam articulis dictorum statutorum et ordinacionum operii predicti faciendarum, pro obtinenda provisione
super hoc à nobis, certas alias litteras procuratorias, sigillo
curie dicti Vicecomitis ville de Saltu Capreoli roboratas, cer-
tis procuratoribus, ceu nunciis passaverunt sub iis verbis :

Suit la Lettre de Roger Faucon, Vicomte de Villedieu, v. p. 80.

Fin des Let-
tres de Char-
es VI. Notum facimus quod Nos, audita humili et reiterata sup-
plicatione Operariorum predictorum aut suorum procuratorum nobis porrecta, utilitateque et commodo Reipublicæ
dicti nostri Ducatus Normannie et operis predictique in
hoc versari cognovimus, aliisque super hoc considerandis,
cum matura deliberacione consilii pensatis, evitareque cupientes dampna, interesse et expensas quas exinde ipsi
Operarii possent sequi, predicta omnes condiciones in dictis
Litteris procuratoriis ultimatim superius insertis contentas
ac omnia alia in aliis litteris superius incorporatis contenta,
rata et grata habentes, VOLUIMUS, laudavimus, concedimus
et tenore presentium, in quantum juste et rite facta fuerunt,
confirmamus de gracia speciali ; quibuscumque Senescallis,
Baillivis, Prepositis, Justiciariisque, Officiariis et subditis
nostris aut eorum loca tenentibus, et eorum cuilibet, si sit
opus, commictendo, mandantes ut dicta Statuta et Ordinaciones cum additionibus predictis, ceteraque omnia et
singula in dictis Litteris contenta, teneant inviolabiliter et
observent, faciantque ab omnibus observari firmiter et
teneri. Quod ut firmum et stabile perpetuo perseveret, presentibus Litteris Nostrum fecimus apponi Sigillum, Nostro
in aliis et altero in omnibus jure salvo.

Datum Parisiis, die xxvj° mensis Julii, Anno Domini Millesimo cccc° octavo, Regni vero Nostri vicesimo octavo.

Verum quia multa inconvenientia Reipublice Regni nostri, dampnaque et expensas importabiles dictis magistris et operariis, occasione dcffectus certorum articulorum et addicionum contentorum in dictis articulis dictorum Statutorum et Ordinacionum operis predicti, et etiam occasione dispersionis et exageracionis dictorum Magistrorum et Operariorum facte occasione dictarum guerrarum et divisionum quæ in diversis regni dicti et obedientie partibus insequebantur, et de die in diem insequuntur, atque pro tempore futuro insequi verisimiliter dubitentur, et super quibus a nobis provisione obtinenda certi fuerunt facti articuli de novo addicionales superius declaratis, et Nobis ex parte dictorum Magistrorum et Operariorum aut eorum Procuratorum, quantum ad hoc sufficienter fundatorum, traditi, quorum tenor sequitur super his verbis :

Voir ces articles page 84.

Suite des Lettres de Charles VII.

Quibus visis, et audita super hoc supplicacione dictorum Operariorum nobis porrecta, consideratisque utilitate et commodo Reipublice et operis predicti augmentacione, quas in hoc versari cognovimus, aliisque super hoc considerandis cum matura deliberatione consilii pensatis ; evitareque cupientes dampna, interesse et expensas quas exinde ipsi operarii et eorum operarii possent sequi, predictas omnes Ordinaciones et addiciones ultimate superius insertas et contentas in eisdem, et omnia alia superius incorporata et inserta, non derogantes una ab aliis, et casu quo esset aliqua derogacio, VOLUMUS ultimas et posteriores Ordinaciones et addictionnes earum sortiri effectum, rata et grata habentes, laudamus et concedimus, et tenore presentium, in quantum rite et juste facta fuerunt, de gracia speciali, per presentes confirmamus.

Fin des Lettres de Charles VII.

Igitur, quibuscumque Senescallis, Baillivis, Prepositis, Justiciariisque Officiariis et subditis nostris, aut eorum loca tenentibus, et cuilibet commictendo, si sit opus, MANDAMUS ut dicta Statuta et Ordinaciones, ceteraque omnia et contenta teneant inviolabiliter et observent, faciantque ab omnibus observari, firmiterque teneri.

Et quia dicti Operarii presentibus Litteris in diversis partibus et locis hujus nostri Regni indigere possunt, Volumus VIDIMUS(1) et SUMPTIS ipsarum Litterarum sub Sigillis Regiis confectis fidem indubiam adhiberi sicut et presenti originali. Quod, ut firmum et stabile sit et permaneat in futurum, presentibus Licteris nostrum fecimus apponi Sigillum, nostro in aliis jure et in omnibus alieno semper salvis.

Datum PITAVIS, xxij⁰ die Novembris, Anno Domini Millesimo quadrengentesimo tricesimo quarto, Regni vero Nostri decimo tertio.

SIC SIGNATUM :

Per Regem, in suo Consilio, BUDE, PICART.

Fin des Lettres de Louis XI. — Qui quidem Magistri et Operarii predicti operis et Ministerii Padellarie pro nunc existentes requisiverunt a Nobis humiliter redicta Statuta et Privilegia confirmari et auctorisari secundum eorum formam et tenorem. Quapropter, audita supplicacione eorum consideratisque utilitate et commodo Reipublice et operis augmentacione, cupientes evitare dampna, interesse et expensas quas ipsi Operarii et Magistri possent incurrere, et utilitatem Reipublice et totius Regni Nostri augmentare et confirmare, predictas Ordinaciones, Statuta et Privillegia ac omnia et singula in Litteris supra scriptis contenta rata et grata habentes, eas et in ea Laudavimus, Approbavimus et Ratifficavimus, et per presentes, de Nostre potestatis plenitudine, certaque sciencia ac

(1) VIDIMUS, copie authentique.

speciali gracia etauctoritate nostris, Laudamus, Approbamus, et, tenore presentium, si et in quantum predicti Magistri et Operarii predicti operis et ministerii Padellarie eis juste et debite usi sunt et gavisi, Confirmamus.

Quocirca, Preposito Parisiensi, Baillivis Viromandie, Silvanectensi, Cenomanie, Turonie, Rhotomagi, Senescalis Pictaviensi, Xanctonensi (1), ac omnibus et ceteris Justiciariis nostris aut eorum loco tenentibus, presentibus et futuris: et eorum cuilibet ipsorum prout ad eum pertinuerit, tenore presentium Damus in mandatis quatenus Magistros et Operarios predicti ministerii Padellarie aut eorum posteros, nostris presentibus ratifficacione, approbatione et confirmacione dictorum Ordinacionum et Statutorum in Litteris supra scriptis contentorum, uti et gaudere pacifice et quiete faciant et permictant, absque ipsos in premissis aut quoslibet ipsorum nunc vel in futurum inquietando seu inquietari et molestari patiendo ; quinimo, si aliquod impedimentum in eis oppositum fuerit, illud statim tollant et amoveant seu tolli et amoveri faciant, visis presentibus, indilate. Et quia dicti Operarii et Magistri presentibus Litteris in diversis locis et partibus hujus nostri Regni possunt indigere, Volumus quod VIDIMUS et transsumptis presentium Litterarum Nostrarum sub Regni Sigillis confectis fides indubia adhibeatur sicut presenti originali. Et ut premissa stabilitatis perpetue robur obtineant, presentes Litteras Sigillo Nostro fecimus muniri, nostro tamen in ceteris ac in omnibus alieno juribus semper salvis.

DATUM apud Plesseyum de Parco, die secunda Mensis septembris, Anno Domini millesimo quadrengentesimo octuagesimo primo, Regni vero Nostri vicesimo primo.

Sic *signatum* :

Per Regem :

(1) Du Vermandois, de Senlis, du Maine, de la Touraine, de Rouen, du Poitou, de la Saintonge.

ARCHIPRESULIBUS SENONENSI ET VIENNENSI, EPISCOPIS ABRICENSI ET PICTAVENSI, Magistris JOHANNE DE LA VAQUERIE, Presidente, ADAM FUMÉE, Magistro Requestrarum, KAROLO DE PONTOZ, et aliis presentibus. J. CHARPENTIER. Visa : *Contentor* J. TEXIER.

II — PROCÈS VERBAL DE L'ASSEMBLÉE GÉNÉRALE

DES POELIERS DE FRANCE TENUE A CHATELLERAULT

(1490) (1).

A TOUS CEUX qui ces présentes Lettres verront, Louis du Puys, Licencié-ès-loix, Juge ordinaire à Châteleraud pour le Roy notre Sire, Salut. Sçavoir faisons que ce jourd'huy datté, de ces présentes, se sont comparus et présentez par-devant nous, en la Cour ordinaire dudit Châteleraud, LAMBERT SAUVAGE, JEAN SAUVAGE et LAMBERT DE CERVILLE, Maîtres Poilliers et Fondeurs, Procureurs des autres Poilliers de ce royaume.

Lesquels nous ont dit et exposé que, pour obvier aux in-convénients et abus qui, de jour en jour, se forment, ad-viennent et ensuivent audit Mestier et artifice de Poillerie, Le Roy notre Sire, par ses Lettres patentes de Chartre et Privilège par Luy donnés auxdits Maîtres (2), à nous mon-trées et exposées, données à Amboise au Mois de May der-nier passé, avoit voulu et ordonné que leur Mestier fust et soit représenté corps et collège licite entr'eux — et que les Maîtres et Ouvriers d'iceluy Mestier puissent faire et avoir Bourse Commune, pour et afin de survenir aux besoins et nécessitez d'iceluy Mestier et autres — et que lesdits Maî-tres et Ouvriers se puissent comparoir et présenter en per-sonne, et faire assemblée par chacun an, pour nommer et élire un Garde dudit Mestier pour garder et faire garder et entretenir les Statuts, Privilèges et Ordonnances dudit Mestier

(1) Archives Municipales de Villedieu-les-Poëles, HH. 2.
(2) Ces Lettres étaient sans doute une confirmation des Lettres de Louis XI de 1481 et de celles qui s'y trouvent citées.

et visiter les Maîtres et Ouvriers dudit Mestier, à ce qu'aucune faute contre ny soit faite ny commise. A cause de ce, avons voulu et ordonné lesdits Statuts :

Que chacun Maître dudit Mestier fût et soit tenu soy comparoir, au jour ordonné desdits Gardes, en personne, et à la peine de dix livres tournois d'amende, moitié audit notre Sire, et moitié à la Bourse Commune, qui seront payez par chacun Maître défaillant, (1) sans excusation légitime, laquelle excusation ledit défaillant écrira, et est tenu faire procuration suffisante pour conclure des affaires communes, touchant ledit Mestier et autres choses qui seront mises en termes esdites assemblées touchant iceluy.

Comme ces choses apparoissent estre licites par lesdites Chartres et Patentes à iceux données par le Roy notre Sire, confirmatives de tels et semblables privilèges aussi donnés audit Mestier par le feu Roy, deûement scellées, et que les Maîtres susdits au dit art, comme Procureurs, demanderoient faire assembler ladite assemblée à tous les Maîtres dudit Mestier dudit Roiaume, et icelle être tenue à l'heure et au jour ensuivant, en cette ville de Châteleraud ;

A tous requérans, qu'à eux et auxdits Maîtres dudit Mestier de Poillerie, voulissions donner congé et permettre d'eux assembler en cette ville de Châteleraud, pour y être traité, fait et parlé, conclu et ordonné en icelle assemblée, touchant les soins et affaires dudit Mestier ;

En obtempérant à leur requeste, et veües par nous lesdites Lettres de Chartre, et par vertu d'icelles, Nous, auxdits Maîtres et Ouvriers dudit Mestier de Poillerie, avons permis et donné licence d'eux assembler ensemble par devant nous, pour traiter et parler des affaires dudit Mestier.

Et ce fait, se sont comparus et présentés par-devant Nous, audit lieu, lesdits Procureurs, lesquels ont fait appeller et

(1) Manquant, faisant défaut.

audiencer tous les Maîtres dudit Mestier de Poillerie, aux-
quels ils dirent avoir fait assembler ladite assemblée. C'est
asçavoir JEAN SAUVAGE, JEANNOT MORLEUR, PIERRE PÉCAU-
ME, GUILLAUME SAUVAGE, JEAN OBELIN, JEAN DOUITÉ, LAM-
BERT SAUVAGE, JEAN HÉBERT, LOUIS DOUITÉ, COLIN OBE-
LIN, FRANÇOIS CERCEL, JEAN BONNET, LAMBERT DE CER-
VILLE, ÉTIENNE BELOT, RAULIN HÉBERT, COLIN MÉRIGON,
ET YVES OBELIN, tous Maîtres et Ouvriers dudit Mestier, lesquels se sont présentez en leurs personnes, et, après ce fait,
et lecture faite des Statuts et Ordonnances de leur Mestier et
mesme des Ordonnances aussi faites en leurs assemblées,
ont après ce agi de plusieurs choses concernantes ledit Mestier, et ils se sont enparollés et consultés ensemble, voulu,
consenty, appointé et ordonné en ma présence les points et
articles cy-après déclarez, pour être par eux et ceux du
Mestier gardés et observés pour Ordonnances et Statuts, de
point en point, d'article en article, jusques à la prochaine
assemblée, sans les enfraindre en quelque partie. C'est à
sçavoir :

Que, touchant les heures que les Compagnons dudit Mestier doivent besongner, que les Compagnons et Ouvriers
dudit Mestier besongneront à leurs heures accoutumées et
ne besongneront à autre heure, sur peine de dix sols d'a-
mende, en cas de défaut, par chacune fois qu'ils en seront
repris ; et avec ce auront lesdits Compagnons dudit Mestier
leurs heures de repos, ainsi qu'ils ont acoutumé d'ancienneté, et laisseront leur ouvrage encommencé, ainsy qu'ils
ont de coutume.

Et seront lesdites heures de repos égales tant en une ville
qu'en l'autre et égalées par les Gardes dudit Mestier.

Et, en chacune ville, où est ouvré dudit Mestier, par les
Valets Compagnons sera éleu deux d'entr'eux, pour eux
donner garde de ceux qui enfraindront ladite Ordonnance
et besongneront outre leurs dites heures ; et iceux Compagnons élus seront présentés par les Compagnons à la Jus-

tice du lieu pour faire serment d'eux loyaument y gouverner.

Item, a été ordonné et apointé par lesdits Maîtres que,
par chacune Fonte que chacun desdits Maîtres fera, il sera
tenu bailler demie-livre d'airain, au poids de marc, pour la
Confrairie dudit Mestier, à peine de dix livres à apliquer
au Roy et à ladite Confrairie par moitié.

Item, a été ordonné et apointé que chacun desdits Maîtres
paira, par chacune semaine, deux deniers tournois, au
profit de ladite Confrairie, comme ils ont acoutumé, pour
en estre distribué, ainsy qu'il a esté autrefois ordonné
et dit par lesdits Statuts, c'est à sçavoir pour marier les
pauvres femmes vefves, et pour nourir les pauvres orphelines de la nation dudit Mestier.

Et, semblablement, chacun Valet et Compagnon baillera, à la fin de chacune semaine, deux deniers à son Maître, pour apliquer comme dessus.

Item, Qu'aucun Maître dudit Mestier ne prendra ny baillera à besongner à aucun Valet ou Compagnon dudit Mestier,
qui soit aloüé Valet d'un autre Maître dudit Mestier, sans ce
que, premièrement (1) que le dit Valet informe audit Maître,
qui luy veut bailler à besongner, il ne soit plus Valet de
l'autre et qu'il soit content de luy ; et à la peine de dix
livres tournois à apliquer, moitié au Roy, et moitié à la Bourse commune dudit Mestier.

Item, Qu'aucun Maître dudit Mestier, quelqui soit, ne
levera son ouvreur (2), ne tiendra boutique, en quelque lieu
ou place que ce soit de ce Roiaume, sinon ès lieux où il y a
foires et marchez, et sur peine de vingt livres d'amende, à
apliquer, comme devant, au Roy et à la Bourse Commune,
pour chacune fois qu'ils feront le contraire.

Item, Qu'aucun ne sera d'orenavant reçeu à comparoir

(1) Avant que.
(2) *Lever son ouvreur :* ouvrir un atelier.

par Procureur ès assemblées qui seront dorenavant ordonnées, mais comparoitront en leur personne, s'ils n'ont légitime excuse, auquel cas ils envoiront leur procuration avec
excusation, dont faisant mention, ainsy qu'il est contenu
par lesdits statuts et privilèges dudit Mestier.

Item, Que nul, quelqui soit, ne sera receu d'ouvrer dudit
Mestier, comme Maître, sinon qu'il soit fils de Maître, ou
fils de fils ou de fille de Maître, et natif de ce Royaume, et
nay en loial mariage, et que premier il n'ait enseigné par-
devers la Justice du lieu où il sera demeurant, ou par devers le Garde ou son Commis, comment la Maîtrise luy
apartient; et à la peine de dix livres, à apliquer comme
dessus.

Item, Que toute marchandise dudit Mestier qui sera expo-
sée en vente par quelque personne que ce soit, sans premièrement être marquée ainsy qu'il apartient et qu'on a
acoutumé de faire; ladite marchandise sera prise et con-
fisquée moitié au Roy et moitié à ladite Bourse commune.

Item, que nul ne sera receu à l'art et office de fondre,
écorner (1), *sartiller*, ne souder, sinon que la Maîtrise dudit
Mestier luy apartienne, et à la peine de dix livres à prendre
moitié sur le Maître qui le recevra et l'autre moitié sur ledit
ouvrier qui fera ledit office.

Item, et ensuivant les Privilèges et Statuts dudit Mestier,
tout ouvrage sera fait de poids, de compte, de mesure et de
forme, c'est à sçavoir au poids et marc où l'on pèse l'argent,
et à la mesure où on a acoutumé faire les bonnes Poilles et
ouvrages de Poillerie et de façon. Et si aucun Marchand, ou
qui que ce soit, est trouvé portant marchandise et ouvrage
de Poillerie, qui ne soit bien et düement faite et exercée
comme dit est, il l'amendera à l'Ordonnance de Justice. Et
pour ce que bonnement on ne pouroit ajuster un cent de

---

(1) *Ecorner*, *sartiller*, mots à peu près synonymes, qui signifient :
couper les angles des bassins pour en arrondir les bords.

Poilles, sans y avoir aucune fois trois livres plus ou trois
livres moins, a esté ordonné que le Maître qui aura fait
ledit ouvrage n'en sera point repris, s'il n'y a plus de diffé-
rent que trois livres plus ou trois livres moins.

Item, q'un chacun maître dudit métier aura un Poinçon et
merq., pour marquer son ouvrage, duquel Poinçon le Garde
dudit Mestier ou son commis auront l'emprainte en plomb.
Et si aucun Maître veut de nouvel lever son ouvreur, il
sera tenu aporter son Poinçon et merq. par-devant ledit
Garde ou son commis pour estre visité, — et s'il est approuvé pour bon, il sera tenu paier la somme de trente sols
tournois au profit de leurdite Bourse Commune.

Item, Qu'cun Maître dudit Mestier ne tiendra que deux
Valets, pour besongner au long du jour, à pain et à pot,
fors les Aprentifs, qui seroient en leur première commence,
et que lesdits Valets soient de la ligne dudit Mestier, que la
Maitrise leur apartienne, et aussy qu'ils aient paié leurs
devoirs ; et à la peine de dix livres à paier par ledit Maître,
moitié au Roy et moitié à ladite Bourse Commune.

Item, que les Aprentifs *troussieux* (1), durant le temps de
leur aprentissage, pourront besongner aux heures de repos,
devant leur Maître ou leur Maître Valet, ou un autre petit
Aprentif.

Item, que nul Maître ne poura accompagner avec luy
aucun Maître en iceluy Mestier, sinon qu'il ait paié sesdits
devoirs de Maître et que ce soit le père et le fils ensemble,
ou le frère avec le frère, et à la peine de dix livres par
chacune fois qu'ils en seront repris et feront le contraire ;
et ladite amende pour apliquer comme dessus.

Item, que les Compagnons dudit Mestier, ne autres, ne
besongneront *à coup séant* audit Mestier, en aucun ouvrage,

(1) *Troussieux* : ceux qui frappaient sur le bassin, que tenait le *bat-
teux* c'est-à-dire celui qui *donnait à battre.*

si ce n'est à tailler bassins et *conquillons* (1), ainsy qu'on a acoutumé faire au temps passé ; à la peine dessus dite et à apliquer comme dessus.

Item, que les Compagnons dudit Mestier, à qui la Maîtrise apartient, pourront *lanter* (2) à toute heure, en aprenant ledit Mestier, de l'une baterie en l'autre, sans en prendre aucun salaire, jusques à ce qu'ils soient aagés de vingt et deux ans ou environ.

Item, qu'aucune vieille œuvre ne soit réparée ny mise en état de neuve, ne aucun ouvrage ne soit fait de ladite vieille œuvre sans refondre, en aucun ouvreur de baterie, ne ailleurs, dudit Mestier, où l'on fera fonte et ouvrage neuf, fors et excepté jusques à une livre et au-dessous ; et à la peine de dix livres tournois à paier par celuy qui fera le contraire.

Item, que les Ouvriers dudit Mestier à qui la Maîtrise apartient ouvreront dudit Mestier jusques aux heures établies et acoutumées, — et prendront leurs heures de repos ainsy qu'ils ont acoutumé, — et ne feront le contraire sur les peines dessus dites.

Item, que nuls dudit Mestier ne feront aucun petits Poillons pour *mesgneux* (3), en quelque manière que ce soit, pour ce que, s'ils le faisoient, ils travailleroient aux heures qu'ils se doivent reposer ; par quoy ils ne pouroient loïaument faire leur journée, à la peine de dix sols à apliquer comme dessus, toutes les fois qu'ils en seront repris.

Item, que nul Maître ne baillera ny ne fera bailler aucune Poille à *lanter*, à la tâche, d'aucun Ouvrier dudit mestier

(1) *Conquillons* ou *contillons* : petites serres en airain destinées à maintenir les poëles pendant qu'on les battait.

(2) *Lanter* : faire avec la tête du marteau des *lantures*, ou enjolivements sur une pièce de chaudronnerie.

(3) *Mesgneux* : cè mot peut désigner les gens de la famille (*mesgnie*), ou bien rappeler le nom de *meignen* donné aux chaudronniers ambulants.

gaignant sa journée avec aucun desdits Maîtres, à la peine
de dix livres tournois pris sur ledit Maître, et à apliquer
comme dessus.

Item, que nul n'ouvrera de marteau à une main, sinon
qu'il fust de la ligne dudit Mestier ; et a esté fait ce présent
article pour aucuns *troussieux*, qui auroient esté mis à
cotoquer (1) ; et ne poura être présent en aucune assemblée ;
et à la peine de dix livres tournois à apliquer comme dessus ; lesquelles seront prises sur le Maître qui le mettra
en besongne.

Item, Et a esté apointé et avisé par lesdits Maîtres que
les enfans de GILLETTE DÊTRE, vefve de feu JEAN BOUDET
et fille de feu PICARD DÊTRE, natif hors de ce roiaume, ouvreront jusques à *Lignon lever* (2), pour ce qu'ils avoient
apris, et semblablement aux enfants diceluy DÊTRE, pour
ce que père diceluy besongnoit comme Maître.

Item a esté avisé et apointé que lesdits Maîtres pouront
forger forge sur forge en leur dit métier, comme ils ont fait
l'année passée.

Item, a esté fait ce présent article de nouvel que nul
Maître dudit métier ne souffrira que l'on fonde aucuns ai-
rains en son hostel, s'ils ne sont a luy ou a autre Maître
tenant ouvreur de baterie ; à la peine de dix livres, à apliquer comme dessus.

Furent lesquels Statuts ordonnez ainsy citez, écrits et leûs
plusieurs fois et que lesdits Maîtres et ouvriers dudit métier,
présents à ladite Assemblée ont tous dit et déclaré qu'ils
sont bons, valables et profitables — et qu'ils et chacun
d'eux les vouloient tenir et entretenir de point en point et
d'article en article, sans aucunement les enfraindre, — et

(1) *Cotoquer* ou *comorner* : redresser les bassins qui après chaque
chaude (ou récuisson) s'étaient un peu déformés.

(2) *Lignon lever* : enlever le lien qui retenait plusieurs bassins placés les uns dans les autres en forme de *cuvelette*, lorsqu'ils avaient
été suffisamment battus ensemble.

qu'elles estoient faites pour le bien public et augmentation dudit métier.

Lesdits Maîtres ensemblement assemblés, la plus grande part et saine partie d'iceux ont nommé et éleu pour Garde dudit métier ledit JEAN OBELIN, demeurant à Saumur, pour faire garder, entretenir et observer lesdits Statuts et Ordonnances — et faire la visitation sur les ouvrages, Ouvriers et Maîtres dudit Mestier et autrement, ainsy qu'il est accoutumé de faire, dujourd'huy jusques à la fête de la Magdeleine prochain venant, qu'on dira mil quatre cent quatre-vingt-onze, aux gages, honneur, droits et émoluments accoutumés.

Lequel ils Nous ont présenté, Nous requérant que de luy voulissions prendre le serment de loïaument soy porter, gouverner audit office. — Ce que nous avons fait, et juré solennellement ledit OBELIN, et comme sur le saint Évangile, qu'audit office il se portera et gouvernera bien loïaument et honnestement, au profit du Roy, de ladite chose publique et de l'augmentation dudit Mestier.

Et ce fait, ledit Garde, du consentement desdits Maîtres a assigné la prochaine assemblée en la ville de Poitiers, audit jour et feste de la Magdeleine prochain venant, pour y être traité des affaires de ladite Communauté ; et à chacun desdits Maîtres ledit Garde a baillé assignation d'eux comparoir audit jour, sur les peines devant dites, et qu'ils ont accepté.

Et outre ce, ledit Garde et Maîtres susdits, de leur gré, avons jugez et condamnez à tenir et entretenir de point en point lesdits articles, lesquels ils nous ont asseré être vrais, et iceux entretenir fermement et loïaument à leur pouvoir, sans aucunement les enfraindre, et sur les peines en chaque article ordonnées, à apliquer comme dit est.

Donné et fait à Chateleraud, par-devant Nous, Juge susdit, et scellé de notre Scel, le vingt et troisiesme Jour de Juillet, l'An mil quatre cent quatre-vingt-dix.

Ainsy signé : Louis du Puys, et scéellé en cire rouge, à simple queüe.

Donné et fait pour coppie et collation faite à l'original, en la Cour ordinaire de Chateleraud, pour le Roy notre Sire, et scellé du Contrescel estably aux contrats dudit lieu, pour ledit. Sire.

Le Vingt-Quatrième jour dudit mois de Juillet, an susdit mil quatre cents quatre vingt-dix — Signé : L'evescher, ladite coppie et collation faite à l'original.

Du 24e jour de septembre 1686, le présent a esté collationné sur l'original, par moy Philippe Foubert, greffier au Bailliage de la Haute-Justice de Villedieu; lequel nous attestons estre véritable, en tout le contenu.

Lequel original est demeuré au greffe. Le présent délivré à Jean André Pilliers, Maistre de Mestier de Poillerie, suivant qu'il l'a requis, pour luy servir et valloir, qu'il appartiendra, lesd. jour et an que dessus.

Foubert Ph.

III — TABLE ALPHABÉTIQUE DES SURNOMS

DES VASSAUX DE LA COMMANDERIE DE VILLEDIEU LES POELLES QUI ONT RENDU DÉCLARATION POUR LA CONFECTION DU PRÉSENT PAPIER TERRIER (1710) (1).

	feuillets		feuillets
* AUBER Françoise .	132	* AUBER Marie Jaqueline. . . .	357
* AUBER Pierre . .	132		
* AUBER Raymond .	257 V°	* ANDRÉ François André	357
* AUBER Gilles. . .	289		
* ANDRÉ Jaques .	295	* AUBER Marie . .	361 V°
* ANDRÉ Madelaine.	324	* ANDRÉ Ligotière Jean	283 V°
* ANDRÉ Jean . .	355 V°		

(1) Les chiffres des feuillets permettent de trouver l'emplacement des fiefs en se rapportant au tableau suivant : les lettres A, B, C, etc., de ce tableau correspondent à celles du plan donné en tête de l'ouvrage.

F. 110 à 235 : A	*Grande Rue* du côté de l'Orient depuis la *Porte du Pont-de-Pierre* jusqu'à la *Place des Croix Brisées.*
F. 235 V° à 269 : B	Rues de *la Carrière, Jacob* et *aux Mezeaux.*
F. 270 à 350 : C	Au couchant entre la Grande Rue et la Rivière à commencer par le haut du Bourg proche le *lieu patibulaire* et finir *au Caquet.*
F. 350 V° à 405 : D	Entre la *Basse Rue* et la Rivière depuis *le Caquet* jusqu'au *Pont-Picard.*
F, 406 à 415 : E	*Isle Billeheut* entre la Rivière et le domaine non-fieffé du Commandeur depuis le *Pont-Picard* jusqu'au *Pont-Chignon.*

	feuillets		feuillets
* Mᵉ AUBER Guillaume	450 Vᵒ	* BOUDET Grandchamp, Jean . .	114
* AUBER Pierre. .	450 Vᵒ	* BRIENS fils, Jean .	115
* AUBER Jean . .	450 Vᵒ	* BOSCHER Laurens.	117

F. 416 à 444 :
    F   Entre la *Grande Rue et le bicu du Moulin* depuis le *Cimetière* jusqu'au *Pont-de-Pierre*, où est comprise la rue *Taillemache*.

F. 445 à 450 :
    G   Au-delà du Pont-de-Pierre vers Saint-Pierre-du-Tronchet, où étaient autrefois les Moulins *à Tan* et *à Draps* de la Commanderie.

F. 450 Vᵒ à 409 :   *Entre la Grande et la Basse Rue* depuis le *Cimetière* jusqu'au *Caquet*.

Les noms de famille *précédé d'un* (*) se trouvent déjà dans le Terrier de 1587. C'est, on le verra, la majeure partie. — Un certain nombre de noms donnés par le terrier de 1587 ne se voient plus dans celui de 1710. Plusieurs familles avaient pu émigrer ; mais quelques autres pouvaient demeurer encore, soit dans les faubourgs de Villedieu, soit même comme simples locataires dans le Bourg, sans être considérés comme *Vassaux directs* de la Commanderie, et obligés comme tels à faire leurs déclarations. — Voici les noms les plus connus qui ne se trouvent pas ici : Picard, Besnard, le Gay, Couldray, Mazure, le Masson, du Grippon, le Boutillier, le Servoisier, Faucon, Javel, Héricey, le Goupil, Baudet, Phelipotte, Levesque, le Gentil, de Serville, le Pallier, Sauvage, de Raynes, Martel, Moctereuil, le Chapetoys, Vitron, Champagne, Grafart, de Fescamp, Lelièvre, Piel, le Routier, Hue, Blondel, Jacquet, Jacquemin, Loisel, Maheu, du Prey. — Remarquons encore que plusieurs noms très connus à Villedieu dès la première moitié du XVIIᵉ siècle, comme ceux de Besnou et Mauviel, ne se rencontrent pas dans le terrier de 1587.

TABLE DES MATIÈRES

CHAPITRE VI

CHAPITRE VII

Procès au XVIᵉ siècle

CHAPITRE VIII

Personnages célèbres de Villedieu

CHAPITRE XII

L'HOPITAL DE VILLEDIEU. — AFFAIRES MILITAIRES

L'Hopital. Sa fondation. — Industries qu'on y exerce. — Son état en 1784. — Demande de l'union des
biens de l'Abbaye de Hambye ou du Prieuré de la
Bloutière.
Affaires militaires : Passage des troupes. — Garnisons à Villedieu. — La Maréchaussée. — La Milice.

CHAPITRE XIII

L'INDUSTRIE DE VILLEDIEU AU XVIII° SIÈCLE
ADMINISTRATION DE LA BOURGEOISIE

www.ingramcontent.com/pod-product-compliance
Lightning Source LLC
Chambersburg PA
CBHW061126220326
41599CB00024B/4182